BREVE

Historia
contemporánea de

CHILE

Osvaldo Silva Galdames

COLECCIÓN POPULAR

507

BREVE HISTORIA CONTEMPORÁNEA DE CHILE

OSVALDO SILVA GALDAMES

BREVE HISTORIA CONTEMPORÁNEA DE CHILE

COLECCIÓN

POPULAR

FONDO DE CULTURA ECONÓMICA
MÉXICO

Primera edición, 1995

F
3081
S54
1995

D. R. © 1995 Fondo de Cultura Económica
Carretera Picacho-Ajusco, 227; 14200 México, D. F.

ISBN 968-16-4327-5

Impreso en México

I. PRESENTACIÓN DE CHILE

EL TERRITORIO

EN EL último cuarto del siglo XVI, Alonso de Góngora Marmolejo, uno de los primeros cronistas, escribía: "Es el reino de Chile y la tierra de la manera de una vaina de espada, angosta y larga", resaltando, así, la peculiar forma del país encerrado entre la "Mar del Sur" y la "Cordillera Nevada", con un ancho, en esa época, de aproximadamente 400 km y una longitud cercana a los 3 000 km. Los límites de la Capitanía General de Chile habían sido refrendados en Reales Cédulas expedidas por Carlos V en 1552 y 1554. La primera confirmaba la concesión de una gobernación al capitán Pedro de Valdivia, otorgada por su representante Pedro de la Gasca, "desde Copiapó que está en 27° de la línea equinoccial a la parte sur hasta 41° de la dicha parte, procediendo nortesur derecho por meridiano, e de ancho entrando de la mar a la tierra hueste leste cien leguas". Mediante la segunda se la prolongaba hasta el estrecho de Magallanes, creando otra gobernación entre dicho paso y el Polo Sur que, más tarde, se anexó a la anterior. Desmembramientos durante la época colonial y tratados de límites con las repúblicas de Argentina, el Perú y Bolivia terminaron por configurar el actual mapa del país, desde la Línea de la Concordia, en los 17°30' hasta los 90° de latitud sur, teniendo como eje el meridiano 70° de longitud oeste. Su largo se aproxima a los 8 000 km, mientras que el ancho medio apenas llega a los 180 km.

La superficie de Chile alcanza 2 006 626 km², de los cuales 756 626 km² corresponden al llamado Chile continental, incluyendo la isla de Pascua, localizada en Oceanía, con 165 km² de extensión, y las islas esporádicas: Sala y Gómez, San Félix, San Ambrosio y el archipiélago de Juan Fernández, bastante alejadas del litoral. El resto configura el Territorio Antártico Chileno, que forma un triángulo delimitado por los meridianos 53° y 90° de longitud oeste, con vértice en el Polo Sur. Chile es, pues, un país *tricontinental* debido a la singular distribución espacial de su territorio. No obstante, al comparar superficies, ocupa el tercer lugar en Sudamérica, después de Brasil y Argentina. Sin considerar el sector antártico, sólo es mayor que Paraguay, Ecuador, Guyana, Uruguay y Surinam.

La unidad geográfica entre Sudamérica y la Antártida se logra, principalmente, por la cordillera de los Andes, que se sumerge en el cabo de Hornos para reaparecer en la Tierra de O'Higgins bajo el nombre de *Antartandes*. Los geólogos han establecido que se trata de una sola cadena afectada por procesos tectónicos.

CARACTERÍSTICAS DEL RELIEVE

Cuatro franjas longitudinales estructuran la orografía del país: Planicies Costeras; Cordillera de la Costa; Depresión Intermedia y cordillera de los Andes, consideradas de oeste a este. Estas franjas, sin embargo, no son continuas ni presentan el mismo aspecto a lo largo del territorio. Gran parte de las costas carecen de planicies o éstas son tan estrechas que apenas se notan. La Cordillera de la Costa está erosionada por los cursos de los ríos o por la acción de los glaciares que, en algunos sectores, la devastaron completamente; la Depresión Intermedia se encuentra cortada por profundas quebradas en su sección septentrional; al sur del desierto de Atacama cordones montañosos unen a ambas cadenas de cordilleras, lo que da origen a los Valles Transversales que, a su vez, dejan paso a cuencas con ricos suelos agrícolas, anuncio del feraz Valle Longitudinal que se prolonga hasta el golfo de Reloncaví; a partir de allí los glaciares, en un proceso similar al que experimentaron las faldas de la cordillera de los Andes, la despedazaron, dando origen a miles de islas enmarcadas por fiordos, donde desembocan ventisqueros, y angostos canales ensanchados sólo en los pasos del estrecho de Magallanes y el canal de Beagle, únicas vías naturales al norte del temido cabo de Hornos, que unen a los océanos Atlántico y Pacífico. El macizo andino, imponente en el norte, pierde altura y prestancia a medida que se acerca al término del continente americano. Esta peculiar configuración geográfica obliga a describir el relieve desde una perspectiva latitudinal a fin de precisar sus características físicas reales.

REGIONES NATURALES

De acuerdo con la topografía, condiciones climáticas, cursos de agua, recursos económicos y usos de la tierra, en el territorio chileno pueden distinguirse cinco regiones naturales que se superponen a las 13 político-administrativas:

a) *Norte Grande*

Comprende las regiones de Tarapacá y Antofagasta. En esta región predominan los climas áridos, diversificados por la latitud y la altura. Zona con escasas lluvias, a excepción de la cordillera de los Andes que recibe abundantes precipitaciones en los meses estivales, posee, sin embargo, fértiles valles, quebradas y oasis de gran valor agrícola cuando las aguas bajan por cursos que permanecen secos o intermitentes gran parte del año. El único río que desemboca permanentemente en el mar es el Loa. Entre éste y el río Copiapó se halla la superficie más estéril del orbe: el desierto de Atacama.

En la costa, con una pluviosidad que apenas alcanza a registrarse en la zona limítrofe con el Perú, se acrecienta la cantidad de las precipitaciones a medida que se avanza hacia el sur. Estas aguas y las *camanchacas* o neblinas matinales posibilitan el crecimiento de cactáceas y de hierbas anuales. Debido a la influencia de la fría corriente de Humboldt, las temperaturas son más bajas de las que corresponderían a su latitud. La acción moderadora del mar se aprecia, además, en la pequeña oscilación térmica diaria y estacional que otorga al sector la condición de una "eterna primavera", razón por la cual allí se concentra la mayoría de su población. Tierra adentro, sólo Calama, el núcleo urbano de Chuquicamata, la mayor mina de cobre a tajo abierto del planeta, alberga una cantidad de habitantes comparable a los de Arica, Iquique y Antofagasta, las más densas urbes portuarias de la región.

La Cordillera de la Costa, que nace al sur de Arica, es alta y maciza, y cae abruptamente al mar, por lo cual las planicies litorales son muy angostas o casi inexistentes, lo que obliga a las ciudades a crecer sobre sus laderas.

Al norte del río Loa la Depresión Intermedia está cortada por profundas quebradas cuyos lechos, si hay agua, suelen aprovecharse para cultivos en medio de una vegetación natural que tiñe de verde al predominante desierto pampino, cuya principal característica es la gran oscilación diaria de la temperatura.

La cordillera de los Andes, con cumbres que sobrepasan los 6 000 metros de altura, posee climas esteparios favorecidos por las lluvias de verano que permiten el desarrollo de formaciones de gramíneas, especialmente *ichu* y *coirón*, o, donde hay vertientes, de *bofedales* con pastos y junquillos. Allí pastorean *llamas, alpacas* y *vicuñas*, o anidan *parinas*, hermosos flamencos andinos, además de otras especies animales.

El Norte Grande tiene una densidad poblacional muy baja debido al rigor de su clima y a las escasas oportunidades de empleo que ofrece. La población es mayoritariamente urbana. Los sectores rurales están conformados por descendientes de *aymaras* y *atacameños* que viven del cultivo y la ganadería, practicados con las mismas técnicas de sus antepasados prehispánicos. Estos sectores se aglutinan en pequeños poblados de casas de piedra con techos de paja.

La economía está orientada básicamente a la minería y la pesca. Yacimientos de salitre, cobre, oro, plata, azufre y litio dan movimiento a bullentes campamentos levantados en la sequedad polvorienta del desierto. La explotación de los recursos marítimos alimenta a las fábricas de harina de pescado. La actividad industrial, ajena a dichas operaciones, es intrascendente, lo que contrasta con el gran movimiento comercial generado en la zona franca de Iquique.

b) *Norte Chico*

Incluye las regiones de Atacama y Coquimbo. Se le conoce también como Valles Transversales debido a la conjunción de cordones montañosos desprendidos de ambas cordilleras y que enmarcan hondonadas encajonadas por cuyo fondo se desplaza el río que les da nombre: Copiapó, Huasco, Elqui, Limarí y Choapa. Aquí terminan los climas desérticos debido al aumento de las lluvias y de las camanchacas. Los cursos fluviales llevan agua todo el año. Sin embargo, por arriba de los 700 metros de altura se observa una ausencia de nubes. Cielos siempre límpidos convierten esta región en sitio ideal para la instalación de observatorios astronómicos como los levantados en los cerros La Campana, Tololo y La Silla.

Las Planicies Costeras se ensanchan dejando al descubierto largas playas. La Cordillera de la Costa, rota en su continuidad por la desembocadura de los ríos, todavía es lo bastante alta para impedir el paso de las influencias marinas hacia el interior. La Depresión Intermedia, interrumpida por los cordones serranos, encierra valles con suelos de singular fertilidad. La cordillera de los Andes presenta muchas cumbres que sobrepasan los 6 000 metros, destacando el nevado Ojos del Salado que, con sus 6 893 metros, es el más alto de Chile.

Zona agrícola y minera por excelencia, su clima es propicio para el cultivo de frutales y hortalizas. En los sectores muy asoleados se produce una vid apropiada para la elaboración de *pisco* y vinos generosos. En la precordillera las *veranadas*, pastizales naturales surgidos en primavera cuando la pluviosidad es abundante, alimentan ganados caprino, ovino, asnal y mular, originando una práctica ganadera trashumante que se desplaza entre la costa y el macizo andino. Hierro, cobre, oro, plata, mercurio, manganeso y numerosos yacimientos de piedras semipreciosas (lapislázuli, ónix y combarbalita) completan su riqueza mineral.

La población se localiza a la orilla de los ríos, centros mineros y los puertos. La actividad económica descansa en las tareas agromineras que, junto con la pesca, sostienen a las industrias conservera, vitivinícola, envasadora de productos del mar y elaboradoras de aceite y harina de pescado.

c) *Valle Central*

Abarca las regiones de Valparaíso, Metropolitana de Santiago y del Libertador General Bernardo O'Higgins. En ellas predomina el clima mediterráneo, lo cual, unido a la fertilidad del suelo y a los profusos recursos hidráulicos, le da al área un marcado tinte agropecuario que ha ido perdiendo a consecuencia del desmesurado crecimiento urbano y la concentración industrial. Estas regiones aglutinan a más de 50% de la población chilena; Santiago con 272.1 hab/km² y Valparaíso con 73.6 hab/km², poseen las mayores densidades demográficas del país.[1]

Las Planicies Costeras son angostas, si bien cuentan con márgenes suficientes para el desarrollo de hermosas playas. La Cordillera de la Costa se adentra hacia el este hasta casi juntarse con la de los Andes, dando forma a dos cuencas, la de Santiago y la de Rancagua, cuyos rellenos volcánicos, fluviales y glaciares contribuyeron a la feracidad de los terrenos localizados en el sector de la Depresión Intermedia. En la cordillera de los Andes reaparecen los volcanes de más de 6 000 metros de altura.

Predomina la población urbana asentada en las capitales regionales (Valparaíso, Santiago y Rancagua), aunque también hay gran cantidad de centros urbanos, con poblaciones superiores a 10 000 habitantes, enclavados en las comarcas agrícolas y mineras. Muchos de estos centros se han convertido en "ciudades dor-

---

[1] Las tres regiones, por contraste, sólo ocupan 8.4% de la superficie total de territorio continental chileno.

mitorio" o están conurbados con los lugares cuyos moradores encuentran ocupación en actividades industriales, financieras, comerciales y de servicios.

La agricultura se orienta esencialmente al cultivo de frutales, hortalizas, cereales y plantas forrajeras. Ganado vacuno, caballar, ovino y caprino ramonean en las zonas de las cordilleras. Importantes yacimientos de cobre —entre los que destaca El Teniente, la mayor mina subterránea del mundo—, oro, plata, cemento, yeso y arcilla dan vida a la minería comarcana. La explotación de los recursos marinos y de todo tipo de industrias complementan una economía que, en sí misma, constituye una síntesis de los principales tipos humanos chilenos: minero, huaso, roto, obrero y proletariado marginal.

d) *Valle Longitudinal*

Comprende las regiones del Maule, del Biobío, de la Araucanía y de los Lagos. Zona con una gran variedad de climas templados lluviosos, es el corazón de las actividades silvoagropecuarias chilenas, enriquecidas por la minería del carbón y el oro. Las tareas pesqueras e industriales se concentran en Biobío, la tercera región más poblada del país.

Las Planicies Costeras alcanzan su mayor amplitud en el golfo de Arauco, para terminar uniéndose a la Depresión Intermedia más al sur, debido al fraccionamiento de la Cordillera de la Costa por efecto de erosiones glaciales y fluviales que en algunos sectores la hicieron prácticamente desaparecer. El extenso y fértil Valle Longitudinal se ensancha hacia el Seno de Reloncaví, viéndose quebrado sólo por el curso de ríos navegables en su curso inferior. La cordillera de los Andes, al perder

14

altura, permite la existencia de pasos hacia el oriente, vías naturales de comunicación con la Patagonia. La erosión glacial y algunos fenómenos tectónicos afectaron las faldas de la base occidental de la cordillera andina, dando vida a numerosos lagos.

La humedad y temperaturas medias son propias para el crecimiento de un bosque nativo compuesto por diversas especies: quila *(Chuspea quila)*, luma *(Amomyrtus luma)*, canelo *(Drimys winteri)*, raulí *(Nothofagus alpina)*, coigüe *(Nothofagus dombeyi)*, roble *(Nothofagus glauca)*, roble pellín *(Nothofagus obliqua)*, lenga *(Nothofagus pumilio)*, lingue *(Persea lingue)*, mañío *(Podocarpus nubigenus)*, laurel *(Laurelia sempervirens)*, tepa *(Laurelia philippiana)*, ulmo *(Eucryphia cordifolia)*, olivillo *(Aextoxicon punctatum)*, ciprés *(Autrocedrus chilensis)*, alerce *(Fitzroya cupressoides)* y, en la cordillera de los Andes, a partir del nacimiento del río Biobío hasta el lago Nahuel Huapi, la araucaria *(Araucaria araucana)*, que también crece en la cordillera costera de Nahuelbuta. Su fruto, el *pehuén*, constituyó la base de la alimentación de las bandas andinas prehispánicas. Las dos últimas especies, de lento desarrollo, han sido declaradas monumentos nacionales, prohibiéndose su explotación.

La agricultura litoral es de secano y utiliza el riego natural de las lluvias para el cultivo de legumbres. Es, también, zona de forestación con plantaciones artificiales de pino insigne *(Pinus radiata)* y eucalipto *(Eucaliptus globulos)*. En el valle propiamente dicho se siembran arroz, trigo, cebada, avena, maíz; forrajeras (trébol y alfalfa); "plantas industriales" (maravilla, tabaco, remolacha, *raps* y lino) y frutales (primordialmente manzanos y guindos, además de frutillas y frambuesas).

La mayor parte del ganado bovino del país, tanto lechero como de engorda, se cría en esta región, al igual que ovejas, caballos de pura sangre y cerdos.

La pesca y el marisqueo se practican en lugares con costas poco escarpadas y aguas tranquilas.

La actividad industrial está profundamente ligada a la condición silvoagropecuaria de la región. Plantas de celulosa, madereras, lecheras, de cecinas, envasadoras de alimentos terrestres y marinos, curtidurías, refinerías de azúcar, textiles, etc., se alzan por doquier. La industria pesada se localiza en la región del Biobío, donde sobresale la planta siderúrgica de Huachipato —abastecida por los cercanos yacimientos carboníferos de Lota, Coronel y Arauco, y el hierro de los Valles Transversales—, además de los complejos petroquímicos y astilleros de la Armada Nacional en Talcahuano.

Al sur del río Biobío se encuentran las reducciones mapuches que se incorporaron al territorio nacional en las últimas décadas del siglo XIX. Más de medio millón de seres humanos luchan por conservar su lengua y costumbres seculares en medio de un mestizaje étnico y cultural de clara raigambre europea: españoles, alemanes, suizos, franceses e italianos.

e) *Zona Austral*

Constituida por Chiloé y las regiones de Aisén del General Carlos Ibáñez del Campo y de Magallanes y la Antártida chilena. Se trata de un área de inhóspitas condiciones climáticas, con vientos y fuertes mareas en la costa, selvas impenetrables en el continente y una configuración archipelágica en gran parte de su extensión territorial, que atrajo tardíamente, salvo la isla de Chiloé, a los colonizadores. Punta Arenas, fundada en 1849, fue una colonia penal levantada en remplazo del inhabitable Fuerte Bulnes (1842). La espontánea ocupación de Aisén corrió por cuenta de chilenos emigrados desde la

Patagonia cuando ésta fue cedida a Argentina por el tratado de límites de 1881. Hasta hoy Aisén es zona de colonización, y esta condición se extiende a la Antártida, donde se levantó un asentamiento pionero, Villa Las Estrellas, para albergar a familias civiles con objeto de afianzar la soberanía nacional en ese continente, resguardado ya por las bases General Bernardo O'Higgins, Arturo Prat, y ocupado por el centro meteorológico Presidente Frei, a cargo de las tres ramas de las fuerzas armadas. A pesar de estos esfuerzos, continúan siendo las dos regiones con menor densidad demográfica de Chile: 0.6 hab/km² para Aisén y 0.09 hab/km² para Magallanes, cifra que, sin considerar el territorio antártico, asciende a 1 hab/km².

Las planicies litorales, muy menguadas, desaparecen en el sector oriental de la isla de Chiloé. La Cordillera de la Costa conserva algunas estribaciones de pequeño tamaño en la isla de Chiloé, en los archipiélagos de los Chonos y en las Guaitecas, para desvanecerse por completo en la península de Taitao. Lo mismo ocurre con la Depresión Intermedia que, intermitentemente, se escurre en la fachada oriental del archipiélago de Chiloé. La cordillera de los Andes está fragmentada y bastante disminuida en altura debido a la acción de los glaciares que aún siguen afectándola mediante ventisqueros desprendidos desde los campos de hielo patagónico. Fiordos, canales y estrechos la han horadado hasta su base transformando las antiguas cimas en islas que jalonan el mar hasta el cabo de Hornos, donde se hunde para reaparecer en la Antártida con el nombre de *Antartandes*.

El bosque natural, conformado especialmente por alerces, algunos de cuyos ejemplares tienen cerca de 4 000 años, ciprés de las Guaitecas *(Pilgerodundron uvifera)*, lenga, además de las otras especies mencionadas, ha sido profundamente afectado por la acción del hombre que, en su afán de abrir espacios para la ganadería bovina, ha quemado extensas áreas ocupadas por un recurso que, por la lentitud de su crecimiento, se estima no renovable. En la Patagonia y en Tierra del Fuego la superficie está cubierta por un pasto gramíneo, el coirón (*Festuca sp.*), alimento sustentador de la enorme cantidad de ganado ovino que pasta en ella y que constituye la base de la actividad económica, dando vida a mataderos, frigoríficos, lecherías y fábricas de alfombras y choapinos. Los aserraderos se abastecen de los árboles nativos: alerce y lenga. La minería ocupa un lugar importante, pues abarca los únicos yacimientos de petróleo y de gas natural del país (Tierra del Fuego y estrecho de Magallanes), refinados parcialmente en la zona. También se extraen plomo, zinc, cobre, plata y oro.

CONSOLIDACIÓN DE LOS LÍMITES TERRITORIALES

Cuando se independizaron de España, las nuevas repúblicas, surgidas de los "reynos" en que política y administrativamente se subdividía la América colonial, acordaron mantener los mismos límites señalados en el último mapa confeccionado por el cartógrafo real Juan de la Cruz Cano y Olmedilla (1775), principio conocido como *uti possidetis*. Sin embargo, numerosos factores, entre ellos la creación de Bolivia, la falta de una política concreta de ocupación y colonización en ciertas regiones, así como las compensaciones motivadas por gastos en conflictos bélicos, generaron numerosas controversias al momento de acordar lindes definitivos entre los países de la zona. Los gobiernos chilenos recurrieron al expediente de tratados y arbitrajes a fin de demarcar los confines del territorio nacional.

La frontera norte

La Capitanía General de Chile se iniciaba, de acuerdo con el mapa mencionado, en el río Loa que, por ende, marcaba el extremo meridional del virreinato del Perú, situación alterada por Bolivia al establecer en Cobija un puerto propio sobre el Pacífico, incluyendo (en la Constitución de 1842) como parte de su territorio el "distrito litoral de Cobija". Este hecho provocó justificadas reclamaciones por parte de Chile, atenuadas, casi veinte años después, por el espíritu americanista que animaba a los gobernantes y parlamentarios de la década de 1860. Un tratado firmado en 1866 estableció como límite el paralelo 24° de latitud sur, acordando ambos países repartirse por mitades los derechos de exportación del guano descubierto en Mejillones y de lo que se descubriese, junto con otros minerales, entre los paralelos 23° y 25° de latitud sur.

Al estallar la Guerra del Pacífico, Chile confinaba al norte con Bolivia; cuando firmó con el Perú el Tratado de Paz de Ancón (1883) éste cedió "perpetua e incondicionalmente, el territorio de la provincia litoral de Tarapacá", localizado entre la quebrada de Camarones y el río Loa, a Chile, y dejaba bajo administración chilena las provincias de Tacna y Arica, entre el río Sama y la quebrada de Camarones, por un lapso de diez años, al término de los cuales un plebiscito determinaría a qué país se incorporarían en definitiva, debiendo dicho país entregar al otro diez millones de pesos en moneda chilena de plata. La consulta nunca se efectuó, pues no se aprobó el protocolo que establecía cómo debía efectuarse el plebiscito. Otro tratado, suscrito en Lima (1929), acordó que Tacna quedaría para Perú y Arica para Chile, disponiendo que la Línea de la Concordia, como se denominó a la raya fronteriza, corriese 10 kilómetros al norte del ferrocarril de Arica a La Paz, con las inflexiones necesarias para conservar en territorio chileno las azufreras del volcán Tacora y la mitad de la laguna Blanca. Otras disposiciones obligaban a Chile a construir, sin cargo para el Perú, un malecón de atraque para barcos de gran calado en Arica, un edificio de aduana y una estación para el ferrocarril de Tacna, obras terminadas en 1985. También se dispuso que ninguno de los dos países podría ceder a un tercero la totalidad o parte de los territorios que habían quedado bajo sus jurisdicciones sin previo acuerdo entre ellos.

La frontera oriental

El Tratado de 1866 con Bolivia tuvo efímera vida. En 1874 un nuevo tratado mantuvo como límite el paralelo 24° de latitud sur, y la medianería en los derechos de exportación del guano entre los paralelos 23° y 25°, suprimiendo los derechos correspondientes a otros minerales en aquella zona. A cambio, Bolivia convino no aumentar, durante 25 años, los impuestos y las contribuciones a las personas, industrias y capitales chilenos que operaban en la provincia de Antofagasta. Sin embargo, en 1878 una ley gravó con 10 centavos cada quintal de salitre exportado. Ello motivó la intervención militar chilena en defensa de los intereses de sus ciudadanos. Tal fue el origen de la Guerra del Pacífico. Al término de la conflagración se firmó un Pacto de Tregua (1884) mediante el cual Bolivia dejó bajo administración chilena los territorios comprendidos entre el río Loa y el paralelo 23° de latitud sur. Veinte años después, el Tratado de Paz y Amistad entre los dos países estableció la cesión perpetua a Chile de la superficie ocupada en virtud del Pacto de Tregua, determinándose los principios para trazar una frontera longitudinal que se extiende casi 850 km. Además, Chile reconoció a Bolivia el "libre derecho de tránsito comercial por su territorio y puertos del Pacífico", y le autorizó la construcción de un ferrocarril entre Arica y La Paz, inaugurado en 1913.

Con Argentina, en cambio, las reclamaciones por la toma de posesión del estrecho de Magallanes (1843) y las discusiones acerca de la soberanía sobre la Patagonia engendraron ásperas disputas zanjadas por el Tratado de Límites de 1881. Se resolvió que hasta el paralelo 52° de latitud sur, la frontera se fijaría en las más altas cumbres que dividen las aguas. Desde allí se trazaría una línea hacia el oriente en dirección a Punta Dungeness, en la entrada del estrecho. Las tierras al norte de ella serían argentinas, y chilenas las que quedaran al sur. La Tierra del Fuego fue dividida entre Argentina al oriente y Chile al poniente por una línea vertical trazada desde el cabo Espíritu Santo hasta el canal de Beagle; todas las islas al sur de éste hasta el cabo de Hornos y las que se encontrasen al occidente de Tierra del Fuego pertenecerían a Chile.

La demarcación de la frontera resultó difícil, pues en el sector sur de la cordillera de los Andes no coincidían las cumbres más altas con la divisoria de las aguas. Argentina defendió el primer criterio y Chile el segundo. Para dilucidar el problema se firmó, en 1893, un Protocolo que no solucionó la cuestión. Debió, entonces, recurrirse al arbitraje de Su Majestad británica, quien expidió un laudo, en 1902, fijando normas para el trazado fronterizo en esa región. El mismo año se firmó un Tratado General de Arbitraje que designaba como árbitro permanente a la Corona británica, a fin de arreglar pacífica y amistosamente cualquier discrepancia sobre los límites territoriales. En tal carácter la Corona resolvió la divergencia suscitada por la demarcación del valle de Palena (1966). Otro conflicto, relacionado con las islas Picton, Nueva y Lennox, surgió cuando Argentina postuló la tesis de que le pertenecían por hallarse al oriente del canal de Beagle. Chile rebatió esta posición argumentando que ello implicaba darle al canal un trazado distinto al señalado por sus descubridores y expresado en la cartografía tradicional. La discrepancia fue sometida al arbitraje de Su Majestad británica, quien, asesorada por una Corte Internacional de juristas, sentenció en favor de Chile. Argentina, en un acto sin precedentes, declaró el fallo "insanamente nulo". Esta actitud creó una tensa atmósfera en las relaciones bilaterales hasta el punto de temerse un conflicto bélico. A fin de evitarlo, ambos gobiernos decidieron, en diciembre de 1978, solicitar la mediación de Su Santidad el papa Juan Pablo II, quien aceptó la petición. El 29 de noviembre de 1984, en Ciudad del Vaticano, en un Tratado de Paz y Amistad recibió sanción oficial el acuerdo que alcanzaron ambas naciones, reafirmando así la voluntad de solucionar pacíficamente las controversias, preservar la paz y la amistad y promover la mutua cooperación e integración económicas. En cuanto a las islas, se reconocieron chilenas, y los espacios marítimos se delimitaron de acuerdo con el principio de zona económica exclusiva (200 millas marinas) aprobado en la Convención del Mar (1982) convocada por las Naciones Unidas. Aún está por resolverse la demarcación definitiva de los límites en Laguna del Desierto y en los Campos de Hielo para que se cumplan cabalmente los propósitos expresados en 1984.

El territorio antártico chileno

Durante el siglo XVI las tierras al sur del estrecho de Magallanes fueron consideradas como una masa continua que se prolongaba hasta el Polo Sur, motivo por el cual la Corona española insistía en que los gobernadores de Chile emprendiesen la exploración de aquellas ignotas regiones. Las peripecias de la conquista, antes y después del abortado intento de colonizar el estrecho en 1584, impidieron materializar la orden. Sin embargo, de allí arrancan los antecedentes históricos y jurídicos que avalan los títulos sobre el continente antártico, reforzados por consideraciones geográficas y por la proximidad a él. Basado en dichas premisas, el presidente Pedro Aguirre Cerda promulgó, en 1940, un decreto en el que se expresaba lo siguiente: "Forman la Antártica Chilena, o Territorio Chileno Antártico, todas las islas, islotes, arrecifes, glaciares *(pack-ice)* y demás, conocidos y por conocerse, y el mar territorial respectivo, existentes dentro de los límites del casquete constituido por los meridianos 53 grados longitud Oeste de Greenwich y 90 grados longitud Oeste de Greenwich". En 1947 se afianzó la soberanía sobre este territorio al erigirse la base naval Capitán Arturo Prat. A pesar de ello, Chile concurrió, junto con otros 11 países, a la firma del Tratado Antártico (1959), que consagró el uso del continente sólo para fines pacíficos y científicos. Y pudo hacerlo así porque el tratado señalaba que sus disposiciones no invalidaban las reclamaciones territoriales anteriores.

II. LOS HABITANTES EN VÍSPERAS
DE LA CONQUISTA ESPAÑOLA

LA SINGULAR configuración geográfica del país permitió al hombre múltiples posibilidades de adaptación tecnológica y social a los variados sistemas ecológicos que ocupó y explotó a lo largo de aproximadamente 15 milenios. Desde el arribo de los cazadores-recolectores, que se alimentaban esencialmente de grandes animales pleistocénicos (mastodonte, ciervo, caballo americano, tigre dientes de sable, etc.) que se desplazaban bordeando los glaciares, el humano debió acomodarse a los continuos cambios climáticos y a las modificaciones ambientales derivadas de procesos erosivos, transgresiones marítimas, movimientos telúricos, erupciones volcánicas o la acción de la corriente de Humboldt, fenómenos modeladores de los actuales climas y paisajes chilenos. Por tales motivos, la evolución cultural no fue uniforme en todo el territorio. Mientras las regiones australes, debido a la lenta retirada de los hielos, se convertían en el último refugio de una fauna incapaz de soportar las temperaturas posglaciales, en las septentrionales la drástica disminución de las precipitaciones desecaba las formaciones boscosas, dando paso a la desertificación de la zona. Así, en tanto al sur los hombres continuaban con sus formas de vida tradicionales, en el norte debían modificar los sistemas de procuración alimentaria a fin de sobrevivir en su nuevo ambiente. Quienes habitaban las planicies costeras pescaban y cazaban animales marinos y recolectaban vegetales silvestres en las desembocaduras de ríos cada vez menos caudalosos; en los valles interiores de la región de la cordillera acechaban llamas *(Lama glama)*, alpacas *(Lama pacos)*, vicuñas *(Vicugna vicugna)*, guanacos *(Lama guanicoe)*, zorros *(Canis culpaeus)*, pumas *(Felis concolor)*, huemules *(Hippocamelus bisulcus)*, pudú *(Pudu pudu)* y otras especies menores. Así experimentaron y aprendieron nuevas técnicas que les permitieron enfrentarse con éxito a los desafíos ambientales hasta convertirse en productores de alimentos allí donde había condiciones para ello.

Los habitantes del Chile prehispánico no vivieron aislados. Mantuvieron contactos e intercambios con las poblaciones de la costa sur del Perú, el altiplano peruano-boliviano, el noroeste argentino y los valles transandinos, adoptando descubrimientos e invenciones generados en aquellos focos, lo que contribuyó a acelerar su propio desarrollo. Las sociedades cercanas a los importantes núcleos innovadores de los Andes centrales, uno de los dos núcleos en donde surgieron civilizaciones en América, fueron los más favorecidos. Las colectividades asentadas en el Norte Grande primero, luego las de los Valles Transversales recibieron diversas influencias, mediante trueques recíprocos, colonización o dominio, y lograron desarrollar complejas estructuras económicas, sociales y políticas equivalentes a las de otros señoríos prehispánicos. Esas colectividades, a su vez, traspasaron sus técnicas y conocimientos al área mapuche, lo que provocó el surgimiento de una organización tribal dividida en linajes incesantemente antagónicos. Por ciertos sectores costeros, los valles interandinos, los archipiélagos, la Patagonia y Tierra del Fuego deambulaban grupos familiares dedicados a la caza, pesca y recolección de alimentos, modo de vida equivalente al de las bandas.

En los valles costeros que reciben la influencia de las camanchacas y cuentan con cursos de aguas intermitentes, dulces o saladas, se instalaron grupos agricultores dedicados a la siembra de maíz, papas, camote, ají, calabazas, tomates, frijoles, algodón, etc. Estos productores de alimentos ocupaban también las quebradas interiores entre los 1 000 y 2 500 metros de altitud. Por encima de ellas y hasta los 3 500 metros, las lluvias estivales posibilitan el cultivo de tubérculos y cereales andinos, así como la crianza de animales auquénidos en praderas naturales de gramíneas. Más arriba comienza el altiplano tarapaqueño, donde mayores precipitaciones, unidas al mal drenaje de la zona, originan áreas pantanosas, los *bofedales*, cubiertos de pastos apropiados para la ganadería. La estratificación vertical del terreno da lugar a diversos pisos ecológicos complementarios entre sí, de modo que los habitantes de la región siempre debieron explotar los diferentes recursos localizados en cada nivel. Los reinos altiplánicos surgidos después de la desintegración de Tiahuanaco requirieron, también, suplementar sus economías aprovechando tanto la producción de quebradas y valles como de los recursos marítimos. A tal efecto, colonizaron ciertos sectores, conviviendo con los habitantes locales. La multietnicidad de la población se registra en la cerámica y el ajuar con que enterraban a sus muertos, cuyos cuerpos se han conservado gracias a que la aridez los desecó, convirtiéndolos en momias naturales. Colonias y señoríos locales fueron dominados por los incas, quienes levantaron sus asentamientos en las cabeceras de los valles o en sitios aledaños a los cursos de aguas saladas donde cultivaban maíz.

La compleja diversidad cultural presente en Tarapacá no impide, sin embargo, detectar la presencia de sociedades claramente estratificadas, con una economía agropecuaria y avanzadas tecnologías cerámica, textil y metalúrgica. Confeccionaban armas y adornos de oro, plata, cobre y estaño; incluso sabían obtener bronce. Sus artesanos fabricaban vasos, cucharas y otros objetos de madera. Su sistema de creencias, quizá debido a la influencia de los aymaras, incluía el culto a las deidades y a los espíritus de sus antepasados; ritos de transición como el corte de pelo, y la fe en una vida sobrenatural. Los curanderos, tras inhalar alucinógenos, averiguaban la causa de las enfermedades, proveyendo los medios para sanarlas, y de las muertes.

Los informantes hispánicos del siglo XVI sólo consignan la existencia de una etnia pescadora, los camanchacas, que se desplazaban en canoas y balsas de tres palos. Debido a la falta de datos desconocemos el nombre de los otros grupos que no tenían filiación aymara o inca.

Distinto es el caso de los atacameños, habitantes de los oasis cercanos al salar de Atacama, los cursos medio e inferior del río Loa, la zona costera hasta la altura de Taltal y el territorio entre ese lugar y la cordillera andina. Hablaban *kunza*, lengua hoy desaparecida. Sus orígenes parecen remontarse al primer milenio de nuestra era, lo que coincide con la desaparición de la esfera de influencia de Tiahuanaco. Las interrelaciones mantenidas con este último Estado iniciaron el proceso de cambio entre los *ayllus*, linajes territoriales de la zona. A las antiguas diferencias de papeles y *status* se agregaron posiciones de privilegio derivadas del manejo de las alianzas y del papel redistributivo asumido por algunos jefes en el contexto de los lazos de intercambio generados por la urbe altiplánica, afianzados, probablemente, por matrimonios exógamos que realzaron y acentuaron el prestigio de los jefes, quienes junto al reparto de tierras

27

y la dirección de las tareas relacionadas con la organización de los trabajos agrícolas asumieron la distribución de los bienes y la celebración de cultos importados desde Tiahuanaco.

Las antiguas confederaciones de aldeas, unidas por lazos de parentesco patrilineal, debieron defender sus territorios de las ambiciones de linajes antagónicos o de invasores que codiciaban sus feraces suelos. Así surgieron fortalezas o *pucaras*, erigidas sobre escarpados emplazamientos naturales, de las que Lasana y Quitor son sus mejores representantes. Sus estructuras defensivas, habitacionales y de almacenaje demuestran que estaban preparadas para soportar largos asedios. Otras, como Turi, constituían verdaderas ciudades fortificadas que, incluso, podían albergar habitantes de asentamientos vecinos.

El *curaca* o principal, mal llamado cacique por los españoles, habitaba una casa más grande que el común de la gente, rodeada por un amplio patio donde se celebraban reuniones y ceremonias. El *curaca* se distinguía por su llamativo tocado coronado con plumas de aves tropicales traídas desde las selvas orientales. Además de presidir los ritos del culto a los antepasados, repartía, anualmente, tierras y animales comunales a cada grupo familiar de acuerdo con el número de sus integrantes, reservándose para sí una superficie mayor, que labraban los miembros del ayllu, cuya producción se consumía en las fiestas y ceremonias comunitarias.

Sus casas eran de piedra cubiertas con techo de coirón. Una pieza servía de dormitorio y comedor. La cocina se hallaba cercana a la bodega y a los corrales donde encerraban sus rebaños de llamas y alpacas que les proporcionaban transporte, carne, lana y estiércol, este último utilizado como combustible o abono. Practicaban una agricultura con riego artificial en las tierras aledañas a los oasis o en las terrazas construidas sobre las laderas de quebradas y cerros; cultivaban maíz, frijol, ají, calabaza y otras especies.

Los atacameños vestían una especie de camisón de lana, abierto en el cuello y los brazos, recubierto por ponchos. Los había comunes —*ahuasca*—, del color del pelo del animal, y finos —*cumbi*—, teñidos con pigmentos vegetales y minerales, y hermoseados con adornos geométricos donde se combinaban los colores rojo, azul, amarillo y verde. Las mujeres llevaban una faja en la cintura. Se cubrían la cabeza con un gorro de lana y calzaban sandalias de cuero. Del cuello se colgaban bolsitas —*chuspas*— en las que guardaban sus más preciadas pertenencias; en otras conservaban hojas de coca, que mascaban mezcladas con cenizas, siguiendo una tradición común a todos los pueblos andinos, durante las largas caminatas por montañas y desiertos a fin de soportar cansancio, hambre y sed.

Papel importante tenían los curanderos y adivinos, quienes, al igual que los participantes en las ceremonias religiosas, inhalaban alucinógenos a través de tubos colocados en las fosas nasales, desde un recipiente de madera las tabletas de rapé. Creían en una vida sobrenatural, y enterraban los cadáveres envueltos en telas, lo que les daba aspecto de fardo, junto con alimentos, adornos y otros implementos. Los cuerpos, al igual que en Tarapacá, fueron afectados por un proceso de momificación natural.

Trabajaban oro, plata y cobre. La cerámica era roja o negra y la decoraban valiéndose de incisiones.

La costa atacameña estaba habitada por los *changos*, pueblo pescador y recolector que navegaba en balsas de cuero de lobo marino infladas. A tal efecto, cortaban la cabeza y las extremidades del animal, y cosían las aberturas con agujas de cactos y con tendones de la misma bestia; en la parte correspondiente a la testa introducían una caña por la cual insuflaban hasta que la piel se llenaba. Dos de aquellas bolsas, unidas en los extremos superiores, conformaban la embarcación. Un tablón servía de asiento al navegante, quien se impulsaba con ayuda de un doble remo. Varios changos eran capaces de arponear ballenas o toninas (*Cephalorhynchus sp.*) y arrastrarlas hacia playas cercanas a desembocaduras de ríos o quebradas, donde levantaban precarios toldos, que protegían del sol con pieles de mamíferos acuáticos.

LOS SEÑORÍOS DE LOS VALLES TRANSVERSALES

Desde el río Copiapó hasta el Choapa vivían los *diaguitas*, pueblo extinguido, cuyo lenguaje, el *kakán*, también desapareció. Esta zona estaba interconectada culturalmente con los atacameños y con las sociedades del noroeste argentino que, a su vez, se relacionaban con los reinos lacustres altiplánicos, razón por la que los diaguitas recibieron de ellos influencias que les permitieron estructurarse como señoríos. Cada valle era políticamente independiente de los otros, de modo que la unidad sólo se manifestaba en el plano de las costumbres y creencias. Estaban divididos en mitades o parcialidades, las de arriba y las de abajo, con sus respectivos jefes; el primero asumía la representación, cuando era necesario, de todo el señorío, posiblemente en razón del control ejercido sobre el nacimiento de las aguas. Sus poblaciones eran endógamas, y contraían matrimonio con los miembros de la otra parcialidad, característica común a las sociedades que poseen una organización dual.

Los diaguitas eran agricultores y cultivaban las mismas especies que los pueblos septentrionales. También eran ganaderos; sus rebaños de llamas y alpacas, empero, eran menos numerosos que los de los atacameños, pues debían trasladarlos de la cordillera a la costa en busca de pastos estacionales. Durante estos recorridos cazaban guanacos, chinchillas (*Chinchilla lanigera*), zorros y pájaros, especialmente perdices. Explotaban los recursos marinos, aunque a sus caletas solían asomarse los changos. Trabajaban los metales y las piedras semipreciosas. Fueron expertos ceramistas; las vasijas, de hermosas formas, llevaban decoraciones en negro y blanco sobre fondo rojo, con grecas y motivos geométricos.

Levantaron aldeas en sectores no cultivables del valle, con casas de materiales vegetales y barro. Almacenaban maíz, semillas y otros alimentos en silos subterráneos recubiertos con una capa de arcilla. Vestían camisas largas y sin mangas, hechas de fibras vegetales, algodón o lana. Calzaban sandalias de cuero.

Creían en una vida sobrenatural, por lo cual conservaban los cadáveres en tumbas de piedra laja muy elaboradas; en la última fase de su desarrollo estas tumbas adoptaron la forma de ataúdes. Junto al difunto colocaban vasijas con alimentos y jarros con chicha de maíz o algarrobo. Desconocemos muchas de sus costumbres, ya que casi la totalidad de la población se extinguió durante el siglo XVI.

LOS MAPUCHES

Desde el río Aconcagua hasta la parte norte de la isla de Chiloé habitaba el grupo étnico más numeroso de Chile: los *mapuches* o "gente de la tierra". Su población, en el momento de la conquista española, alcanzaba el millón de almas. Distribuidos por tan vasto espacio sólo tenían en común la lengua, el *mapudungún*, el sistema de creencias y algunas costumbres. Nunca conformaron un pueblo, pues se hallaban divididos en cientos de linajes territoriales que actuaban como grupos corporados, que asumían, en conjunto, la defensa de sus tierras y familiares. Cualquier ofensa a alguno de ellos era considerada como un agravio a toda la parentela. Al carecer de jefes con poder efectivo, no disponían de mecanismos para ejercer justicia, lo que daba lugar a continuas luchas de venganza entre los diferentes linajes. Las injurias nunca se olvidaban y las rencillas volvían a aflorar durante los festejos sociales, engendrando nuevas luchas entre quienes se consideraban enemigos ancestrales. Tal característica es propia de las estructuras tribales; sin embargo, los mapuches, debido a su gran segmentación interna, no pueden catalogarse como una tribu.

Parece lícito agrupar a los linajes localizados en regiones ecológicamente similares con base en sus sistemas agrícolas, pues éstos implicaban cierta semejanza en cuanto a formas de tenencia de la tierra, interrelaciones sociales, técnicas, instrumentos de trabajo y un determinado ceremonial asociado con las tareas orientadas a la producción de alimentos. Así, básicamente, es posible distinguir tres grandes conglomerados: a) *agricultores con riego artificial*, situados en la hoya del río Aconcagua, en la cuenca de Santiago y el sector norte de la de Rancagua; b) *agricultores de secano*, localizados entre los ríos Cachapoal e Itata, y c) *agricultores de roza*, en las regiones boscosas al sur de aquel torrente.[1] En dichas franjas latitudinales las actividades también se

[1] Deliberadamente hemos prescindido de la artificial división entre picunches, mapuches y huilliches en la medida en que implica sólo la posición geográfica de un grupo respecto del otro. Los araucanos conformaban sólo un pequeño conglomerado de la península de Arauco.

32

diferenciaban de acuerdo con la posición geográfica de los linajes. En la costa se dedicaban a la pesca, extracción de algas y mariscos o a la caza de mamíferos marinos; en ríos y lagos la pesca también tenía un papel importante en el sistema alimentario; en la precordillera se realizaba otra valiosa actividad económica: la caza de guanacos, huemules y pudú, que en invierno se desplazaban hacia los valles sin nieve. En la zona de los lagos la canoa fue un medio de transporte indispensable para aquellos linajes que, buscando seguridad, habitaban sus islas interiores.

Un *lonko*, probablemente el más anciano de la parentela, ejercía como jefe del linaje. No tenía poder efectivo, pues carecía de una fuerza que respaldara sus órdenes. Le correspondía presidir las fiestas y ceremonias de tipo religioso que se efectuaban en un lugar determinado, cercano a su ruca o casa. Cada padre vivía junto a sus hijos casados y ejercía el papel de jefe de pequeñas unidades distritales, la *familia extendida*, en que se subdividía el linaje y que se hallaban diseminadas dentro del territorio reconocido como propio. Al morir, el hijo mayor heredaba el cargo y la hacienda, constituida esta última por mujeres, animales, mantas y ponchos. La familia extendida se fragmentaba, a su vez, en la *familia nuclear*, integrada por un hombre, sus esposas e hijos; sólo dentro de este reducido grupo el padre actuaba como verdadero jefe, pues tenía autoridad para castigar a quien le desobedeciera. La dispersión del linaje en varias unidades residenciales impidió que sus integrantes se agruparan en aldeas.

Los linajes, por diversas razones, entre las cuales debió predominar la escasez de tierras, se segmentaban o separaban, estableciéndose en espacios baldíos. Tres o cuatro generaciones después, olvidando los vínculos consanguíneos que le unían al núcleo de nacimiento, se convertía en un nuevo grupo de parentesco. La filiación era patrilineal y la residencia patrilocal. Sin embargo, en la zona comprendida entre los ríos Itata y Toltén poseían un sistema de doble descendencia, es decir, los hijos pertenecían al linaje paterno en lo que a derechos a tierras y herencia se refería y del linaje materno recibían la protección de los espíritus de sus antepasados.

Los mapuches cultivaban maíz, frijoles, ají, papas, quinua, y otros cereales hoy desaparecidos. Criaban una especie auquénida, parecida a la llama, el *chilihueque* u "oveja de la tierra". Rara vez obtenían mayor beneficio de este animal, pues constituía un medio de intercambio esencial para adquirir esposa, además de que les proporcionaba transporte y lana, con la cual confeccionaban vestimentas, ponchos y frazadas.

La mujer ejecutaba casi todas las tareas económicas del grupo doméstico; sólo le estaba vedado cazar. Por tal motivo, cuando una joven iba a contraer matrimonio su padre debía ser compensado por la pérdida de mano de obra, de modo que se le ofrecían animales y tejidos; la familia extendida, privada de uno de sus miembros reproductores, era agasajada por los parientes del marido con regalos, chicha y alimentos que se consumían en la fiesta con que celebraban los esponsales y la alianza entre ambos linajes. Corrientemente, a esta costumbre se le denominaba *compra de la novia*, hecho que desfigura su significado verdadero, pues sólo se trataba de una doble indemnización. Los mapuches eran polígamos y daban preferencia al enlace con mujeres hermanas entre sí. La "riqueza" de un hombre se medía por la cantidad de esposas que tuviera, expresada en el número de puertas de su ruca, ya que cada mujer disponía de un cuarto con entrada propia, dentro del cual cocinaba y vivía con sus hijos uterinos. El marido pernoctaba con la cónyuge en cuyo cuarto cenaba.

Los mapuches eran animistas, es decir, creían que todo lo existente, orgánico o inorgánico, poseía una especie de ánima en permanente interacción con entidades similares que daban vida y movimiento a los órganos del cuerpo humano. El temor de ofender a las ánimas y provocar su venganza les hizo adoptar una actitud conservacionista con la flora y la fauna. Sólo explotaban lo necesario para su subsistencia. Consideraban que el ánima principal, la que imprimía personalidad al individuo, residía en el corazón, y que al ingerir parte de éste podían adquirir las cualidades que admiraban. Debido a ello sacrificaban a los enemigos que sobresalían por su valentía, sabiduría o elocuencia, devorando pedazos del aún palpitante corazón, con la esperanza de que así se apropiarían de las virtudes codiciadas. Pero antes se cuidaban de sacarle los ojos y arrancarle las extremidades, impidiendo, de tal modo, que las ánimas de la víctima identificasen a los participantes del banquete ritual y se desquitaran persiguiendo y atrapando a sus propias ánimas en reparación del dolor infligido al caído.

Espíritus malignos, llamados *huecuves*, manejados por *calcus* o brujos, causaban penas, dolores, enfermedades y muerte, acciones que evitaban los *pillanes*, ánimas de los antepasados cuya misión era proteger a sus descendientes. Estos espíritus habitaban en el espacio celestial, concebido como prolongación de la superficie terrestre ocupada por el linaje, segura y eficazmente defendidos por el Pillán, espíritu tutelar de cada estirpe, siempre alerta en lo alto de los volcanes. El que las ánimas fuesen propias y particulares del linaje otorgaba a éste una identidad exclusiva, tanto en el plano civil como en el sistema de creencias, que era imposible compartir con sus congéneres, lo que a su vez explicaría los constantes antagonismos y rivalidades que impedían la unificación de los mapuches. En su mente y lenguaje no cabía el concepto de *pueblo*. Sólo en los casos de agresiones foráneas se coligaban temporalmente para enfrentarse al enemigo común, y se ponían bajo el mando de un mismo jefe guerrero, el *toqui*, cuya autoridad cesaba en cuanto finalizaba la conflagración. En un mundo donde el universo de ánimas se relacionaba constantemente con los seres humanos no debe sorprender su permanente preocupación por descifrar presagios que creían percibir en el vuelo de aves, el desplazamiento de las nubes, la dirección en que corrían los animales o la interpretación de los sueños. Éstos, en el fondo, eran visiones reales del ánima personal, que se había trasladado al cosmos sobrenatural mientras dormía. *Dunguves*, augures y adivinos especializados debían analizar las predicciones e identificar a los responsables de enfermedades o muertes, tarea, a veces, que también asumían los chamanes llamados *machi*.

Los hombres a quienes durante el sueño se les revelaba haber sido elegidos para esa función, ejercían el oficio de curanderos. Tras experimentar su primer trance, una especie de estado catatónico durante el cual supuestamente su espíritu viajaba a la morada de los pillanes, el aspirante ingresaba a la escuela de machis, localizada en oscuras cuevas, para ser adiestrado por chamanes ancianos. El aprendizaje incluía autoprovocamientos de estados de trance, métodos de hipnosis colectiva, prestidigitación y el reconocimiento sintomático de dolencias, así como el uso de hierbas medicinales para aliviarlas. Concluido aquél, el nuevo chamán abandonaba el centro de enseñanza y levantaba su ruca colocando frente a ella un *rehue* (poste sagrado), al cual ascendía utilizando los peldaños esculpidos en el tronco, para invocar a las ánimas que lo auxiliarían en su quehacer.

La ceremonia de curación se denominaba *machitún*. El paciente, acompañado de sus familiares, yacía en el piso de la ruca. El machi danzaba a su alrededor mientras tocaba el *kultrún* o tambor sacro, implorando la ayuda de las ánimas, hasta caer en trance. Mientras tanto, ramas de canelo *(Drimys winteri)*, el árbol sagrado mapuche, ardían llenando de humo la habitación. Una vez vuelto del trance, el curandero se inclinaba sobre el doliente para chupar la parte del cuerpo donde suponía que estaba la causa del mal; allí quedaban rastros de sangre, que limpiaba un ayudante. De pronto, ante la sorpresa de los concurrentes, extraía un reptil o un insecto al que consideraba el espíritu malhechor. En seguida recetaba infusiones de hierbas para acelerar la curación. Si el enfermo moría, el machi explicaba que había sido envenenado por un brujo con poderes superiores a los suyos. Instado por los deudos, el machi o un adivino identificaban al culpable, incriminando, generalmente, a miembros de linajes cercanos que no tuviesen mucha parentela, y salían en busca de venganza, lo que contribuía a acentuar la impresión de hallarse en un incesante estado de guerra de todos contra todos. Sin embargo, los mapuches también disponían de mecanismos compensatorios para resolver pacíficamente dichos conflictos.

Velaban a los muertos durante varios días, llorándolos mientras recordaban sus actuaciones y resaltaban sus virtudes. Cuando ya nadie pronunciaba el nombre del fallecido, pensaban que su ánima se había ido definitivamente al mundo sobrenatural. Entonces procedían a enterrarlo, acompañado de alimentos, bebidas y sus más preciados bienes.

Los machis propiciaban rogativas —*nguillatún*— para solicitar al Pillán que les proporcionase buenas cosechas o aplacase su ira cuando se desencadenaban catástrofes naturales: erupciones volcánicas, terremotos y salidas de mar, que ellos atribuían a castigos por mal comportamiento. En tales ocasiones solían ofrendarle un niño.

La vida cotidiana mapuche se iniciaba al alba, cuando las mujeres, luego de encender el fuego en sus habitaciones, abandonaban la ruca en dirección a las frías aguas de los torrentes cercanos, donde se daban el baño matinal. A su regreso, despertaban a los hombres y, mientras éstos iban al río, ellas preparaban un suculento desayuno con carne, guisos y chicha de vegetales. Una vez saciada el hambre de los varones, que comían con cucharas de madera, les tocaba el turno a ellas, quienes tomaban los alimentos con los dedos. Luego salían a trabajar las tierras cultivadas, a cuidar a los animales y a tejer. Los hombres partían a cazar, pescar o, simplemente, se sentaban a conversar, de espaldas al lado oriental de la ruca, donde los recibían acariciadores rayos solares, para transmitir la historia de su linaje a los más jóvenes. Los visitantes eran incorporados al grupo y se les agasajaba haciéndolos compartir los entremeses con que esperaban la cena, que se servía al anochecer. Concluida ésta, en caso de no haber planeado una fiesta que se prolongaría por varios días con sus correspondientes noches, se acostaban esperanzados en que las ánimas los protegerían para tener un buen despertar.

Contaban utilizando los dedos de ambas manos y de los pies; sus medidas eran el geme, el codo, y el pie o paso. Fijaban el tiempo guiándose por los movimientos del Sol y de la Luna. El año comenzaba en el solsticio de otoño (junio), que daba inicio a la preparación de los cultivos.

Sus diversiones favoritas eran el juego del *palín*, o chueca, y apostar cómo caerían los frijoles, pintados de negro en una de sus caras, que lanzaban con la mano como si fuesen dados.

La provincia de Cuyo formó parte de la Capitanía General de Chile hasta la creación del Virreinato del Río de la Plata (1776). Las condiciones geográficas eran notoriamente distintas a las de los Valles Transversales y la cuenca de Santiago. Los feraces suelos agrícolas estaban separados por arenales y ciénagas, lo cual obligaba a sus habitantes a concentrarse en pequeñas aldeas en los valles de San Juan, Mendoza y Uco. Allí vivían los *huarpes,* sociedad cuya estructura se asemejaba más a la de los señoríos diaguitas que a la tribal de los mapuches santiaguinos, con quienes se les comparaba en el siglo XVI. El jefe gozaba de verdadera autoridad, pues ejercía dominio sobre las tierras, los vegetales, especialmente sobre los algarrobos *(Prosopis chilensis)* y los canales de regadío.

Los huarpes tenían una jerarquía de mando coincidente con las unidades sociales en que se dividían: familias, aldeas y valles. El jefe del valle asumía la representación de la comunidad, y contaba con una fuerza coercitiva para hacer cumplir sus órdenes. Designaba, en vida, a su sucesor, cargo que normalmente recaía en el hijo mayor.

Los huarpes eran agricultores que utilizaban el riego artificial. Sembraban frijoles, maíz, quinua y zapallos. Poseían rebaños de llamas y sabían trabajar los metales. Eran patrilineales y patrilocales. Vestían prendas de lana o algodón, semejantes a las de los mapuches, con quienes al parecer compartían también el sistema de creencias.

LOS CAZADORES RECOLECTORES ANDINO-PATAGÓNICOS

La cordillera de los Andes es muy alta en la región de los Valles Transversales y gran parte de la cuenca de

Santiago; nieves eternas y la desnuda cubierta vegetal no la hacían propicia, salvo en sectores con microclimas, para el deambular de los cazadores. Éstos se localizaban en los valles precordilleranos de la banda oriental, colindando con los huarpes, cordones montañosos que anteceden a la Patagonia y las pampas. Ocasionalmente, los cazadores se aventuraban a remontar la cordillera en persecución de guanacos, su principal sustento. Las condiciones cambiaban a partir de la hoya del río Maipo que, encajonado, se desliza hacia el sector del sur de la cuenca santiaguina. Los pastos veraniegos atraían a muchos animales, lo que impulsaba a sus cazadores a cruzar el macizo andino cuando las condiciones climáticas lo permitían. Así, *chiquillanes* y *pehuenches* recorrían los valles bajos andinos cayendo sobre las poblaciones mapuches para robarles mujeres y alimentos. Alternaban estas furtivas incursiones, llamadas *malones*, con pacíficas relaciones de intercambio en las que trocaban sal, plumas y semillas de algarrobo —ingrediente básico para la preparación de un tipo de chicha— por bienes elaborados. Durante el invierno se adentraban en las planicies pampo-patagónicas al sur del río Diamante.

Los chiquillanes se movilizaban, más o menos, entre los 33° 50' y los 36° 30' de latitud sur, en pequeños grupos constituidos por familias extendidas adscritas a un linaje propietario del territorio que défendían celosamente por constituir la fuente de sus recursos alimenticios. El padre ejercía la función de jefe, dirigía el rumbo de sus andanzas y solucionaba los conflictos surgidos entre parientes. Posiblemente también presidía las ceremonias en que se rendía culto a los espíritus de los antepasados, pues al igual que los mapuches eran animistas. Tenían chamanes para curar enfermedades y descifrar presagios. Practicaban la poligamia, aunque debido a la escasez de alimentos un hombre solía mantener sólo a dos esposas, provenientes de linajes vecinos, o robadas a huarpes y mapuches. Levantaban tolderías mientras permanecían en algún lugar que contaba con abundante comida, recubriendo el armazón de ramas con cueros de guanaco, material que también empleaban para vestir sus cuerpos con una especie de camisón sin mangas atado en la cintura, al cual, en invierno, agregaban una manta de pieles sobre los hombros. Otras veces acampaban en cuevas o en abrigos rocosos de la cordillera. Cazaban guanacos, pumas, huemules, ñandúes *(Ptreocnemia pennata)* y otras especies salvajes menores. Explotaban las numerosas salinas comarcanas para trocar sal por otros productos. Poseían una lengua diferente a la de sus vecinos.

Los pehuenches eran llamados así por habitar en el área de dispersión de la araucaria, cuyo fruto, el pehuén, cosechaban y almacenaban en silos subterráneos cubiertos de agua para evitar que germinaran. Éstos eran parte esencial de su dieta. El territorio ocupado por los linajes pehuenches se extendía entre los altos del río Biobío y la margen norteña del lago Nahuel-Huapi. De raíz huárpida, al igual que los chiquillanes, eran sin embargo más altos y delgados. Se untaban el cuerpo con grasa de animales para soportar las bajas temperaturas, y pintaban su rostro, tronco y extremidades con rayas azules y verdes. Llevaban el pelo recogido sobre la cabeza, en forma de moño, atado por una malla de fibras vegetales, donde, a manera de carcaj, ensartaban las flechas cuyas puntas mojaban en sustancias venenosas. Como antídoto ingerían piedras bezares, que eran cálculos extraídos de los guanacos. Esta costumbre los distinguía de los otros grupos de cazadores aledaños, aun cuando en su vestimenta y en sus manifestaciones culturales eran semejantes.

Los *tehuelches*, de origen pampino, erraban por las frías estepas patagónicas al sur de los ríos Limay y Negro, dedicados a la caza de guanacos y ñandúes (los avestruces americanos), actividad en la cual, además del arco y la flecha, empleaban *boleadoras*. Durante la noche levantaban paravientos o toldos de cuero a fin de proteger el fuego alrededor del cual tendían sus mantas para dormir. Estructurados en bandas como sus vecinos occidentales, compartían gran parte de sus costumbres, al igual que con los habitantes de Tierra del Fuego, de quienes quizá se separaron cuando se formó el estrecho de Magallanes.

Desconocían el arte de navegar aunque se acercaban a la costa en busca de animales y aves marinos. Incursionaban por el litoral chilote, donde erróneamente han sido considerados un grupo étnico distinto denominado *poyas*.

Vestían y forraban sus pies con pieles de guanaco, de modo que dejaban enormes huellas sobre la arena húmeda. Tradicionalmente se afirma que a ello se debía el gentilicio de *patagones* que les aplicaron los compañeros de Hernando de Magallanes.[2]

LOS CANOEROS DE LOS ARCHIPIÉLAGOS AUSTRALES

Los miles de islas que jalonan el territorio al sur del golfo de Reloncaví fueron surcadas por grupos con distintos dialectos, que hicieron de la canoa su vivienda casi permanente. La sección norteña de la isla de Chiloé fue

[2] Ramón Morales, en "Patagones y Patagonia: un caso de denominación epónima con una errónea atribución etimológica", publicado en *Anales del Instituto de la Patagonia*, vol. 19, 1989-1990, afirma que el nombre se debe a uno de los gigantescos héroes de la novela de caballerías *Grandes hechos de Primaleón y su hermano Polenda, hijos de Palmerín de Oliva*, publicada en Salamanca (1512).

invadida por los mapuches meridionales o *huilliches*, quienes expulsaron a los *chonos*, habitantes originarios, hacia el sur. Los huilliches incorporaron sus nuevas posesiones a la agricultura, y sembraron maíz y papa *(Solanum tuberosum)*, especie de la cual había muchos tipos silvestres. Mezclados con los vencidos, adoptaron algunas de sus costumbres, lo que dio lugar al desarrollo de un grupo étnico mestizo, los *cuncos*, que conservaron la lengua y creencias mapuches. Se guarecían de las intensas lluvias en chozas cuyas paredes estaban hechas de corteza de árboles recubiertas con pieles de lobos marinos *(Artocephalus gazella)*.

Los chonos se desplazaban sobre *dalcas*, que eran canoas de tres palos unidos con barbas de ballena y calafateadas con grasa de lobos de mar. Vestían cortos camisones de lana, que, según los informantes tempranos, obtenían de pequeños perros domésticos; en la cintura se ajustaban un faldellín de algas secas, y para protegerse de las lluvias usaban una capa de cuero colgada de los hombros. Su alimentación provenía básicamente del mar: cholgas *(Aulacoma ater)*, ostiones *(Clamys patagonica)*, ostra *(Ostrea chilensis)*, choros zapato *(Choromytilus chorus)*, choritos *(Mytilus chilensis)*, erizos *(Loxochimus algus)*, loco *(Concholepas concholepa)*, macha *(Mesodesma donacium)*, almeja *(Protothaca thaca)* y una gran variedad de peces. Las mujeres extraían moluscos y mariscos zambulléndose en el agua con un pequeño cesto de fibras vegetales colgado al cuello. Los ahumaban en las islas donde instalaban campamentos temporales, cerca de cuevas que los protegían del agua y de las bajas temperaturas. El hombre pescaba y cazaba animales acuáticos o terrestres. Usaban anzuelos de concha y de hueso, lanzas, arpones y una especie de puñales.

Los chonos conformaban pequeñas bandas patrilineales cuyos territorios estaban claramente delineados por los canales que serpenteaban las ínsulas entre el archipiélago de Chiloé y el golfo de Penas. Allí navegaban familias nucleares que sólo se reunían cuando las actividades demandaban más mano de obra o cuando debían celebrar festejos sociales y religiosos.

Al sur del golfo de Penas, hasta el estrecho de Magallanes, navegaban los *kawashkar, halakwulup* o *alacalufes,* como se les conoce indistintamente. Sus canoas eran de corteza de árbol, cortada en una sola pieza; en el interior, sobre una cama de musgos, ardía permanentemente la fogata, amparada de lluvias y vientos por trozos de cuero. Aunque confeccionada por los hombres, la embarcación pertenecía a la mujer, quien era realmente la navegante, pues los varones pasaban el día cazando y pescando en las islas, mientras sus mujeres, solas o en grupos, remaban hacia las aguas bajas para marisquear y extraer centollas *(Linthodes antarcticus)* zambulléndose en las frías aguas australes. Al atardecer recogían a sus maridos e hijos, para regresar después de comer a la canoa, donde pernoctaban. En los días lluviosos o cuando enfermaban, dormían en tierra firme, levantando chozas en forma de colmenas, armadas con junquillos portados en la falúa, y que cubrían con pieles o cortezas. Andaban desnudos. Sólo una capa de piel de nutria *(Lutrax provocax),* sujeta al cuello por una correa, los defendía del agua y los ventarrones. Los hombres agregaban, a modo de taparrabo, un triángulo de cuero que ataban a una cuerda ceñida en la cintura.

La estructura social era similar a la de sus vecinos norteños. Las familias que recorrían un mismo territorio se reunían cuando las ballenas varadas les proporcionaban alimento para varios días. Entonces intercambiaban experiencias, narraban la historia del linaje, concertaban matrimonios y, presididos por un chamán, invocaban a las ánimas de sus muertos. Si había suficientes jóvenes, celebraban los ritos secretos de iniciación a la pubertad, en los cuales usaban máscaras, hechas de corteza o madera, para representar a los espíritus bien-hechores. Conocían la técnica de la cestería.

Los *yámanas* o *yaghanes* navegaban al sur de los ala-calufes, con quienes compartían costumbres y modos de vida, y en sus merodeos llegaban hasta el cabo de Hor-nos. Sus embarcaciones también eran de corteza, pero las confeccionaban de tres planchas, unidas con tendo-nes de animales. Cuando estaban en las islas construían chozas coloidales o abovedadas.

LOS CAZADORES DE TIERRA DEL FUEGO

Los *selknam* u *onas*, banda pedestre habitante de la isla Grande de Tierra del Fuego, constituían, junto con los alacalufes y yámanas, la trilogía de las denominadas so-ciedades *fueguinas*. Desconocedores del arte de nave-gar, permanecieron aislados en la ínsula desde que ésta se separó del continente. Tenían esporádicos contactos con los canoeros que se acercaban a sus costas, aunque no sabemos si entre ellos hubo matrimonios mixtos.

La isla no era ecológicamente homogénea, situación que dividió a los selknam en tres linajes localizados al norte y al sur del río Grande, y en el sector del sureste, cuyos moradores se autodenominaban *haus*. Las vivien-das de los onas septentrionales eran simples paravientos de cuero amarrados a estacas; los meridionales, apro-vechando los árboles que crecían en su hábitat, cons-truían chozas de troncos cubiertas con pieles, y en ellas dormían, desnudos, alrededor de una fogata. Todos lle-vaban, a modo de capa, una piel de guanaco que afirma-ban con la mano izquierda; con el mismo material se cubrían los pies. Dejaban caer el cabello suelto hasta los hombros, y lo peinaban con mandíbulas de delfín (*Lagenorhynchus sp.*), o cardas de cinco a siete dientes talladas en barbas de ballena. Cazaban guanacos, animales marinos y aves. Sus chamanes atraían, mediante cantos mágicos, a las ballenas hacia la costa apenas las divisaban en lontananza. Recolectaban vegetales silvestres y raíces.

En su sistema de creencias, los ritos de iniciación, que marcaban el paso hacia la pubertad, desempeñaban un papel de primordial importancia. En el rito de los varones destacaba el *Kloketén*, ceremonia secreta en la cual se les revelaba, tras haber jurado no divulgarlo, cómo los hombres se habían liberado del dominio que, antiguamente, las mujeres ejercieron sobre ellos, intimidándolos mediante apariciones de espíritus que ocultaban el rostro tras horrorosas máscaras y se recubrían el cuerpo con pintura de color negro, blanco y rojo. Por casualidad, un cazador se enteró que los espíritus eran mujeres disfrazadas. Los hombres, en venganza, acordaron matar a todas las mujeres mayores de dos años. A partir de entonces, los varones asumieron el papel de espíritus y se organizaron para mantenerlas domeñadas, asustándolas cada vez que así lo solicitaba un afligido esposo. También les enseñaban el arte de guerrear y las tradiciones del linaje. El rito duraba varias semanas, por lo cual se llevaba a cabo sólo cuando disponían de alimentos en abundancia.

Al igual que el resto de los fueguinos, la mujer ona daba a luz sola. Después de cortar la placenta, se bañaba con el hijo, y regresaba a la choza donde el marido yacía sufriendo los dolores del parto, lo que era una costumbre ritual llamada *couvade*, que tiene la función de vincular al padre con el recién nacido, pues durante el embarazo el hijo sólo había estado ligado a la madre. Probablemente, esta costumbre constituía una reacción

psicológica ante el desconocimiento del proceso bioló-
gico de la gestación.

LA PRESENCIA INCAICA

En los últimos decenios del siglo XV, algunas de las sociedades descritas comenzaron a caer bajo el dominio
de los incas, quienes hacia 1520 habían conquistado
hasta el río Maipo. Los incas lograron la hegemonía
de varias formas: se anexaron las colonias altiplánicas de
Arica cuando se adueñaron de los reinos lacustres altiplánicos; los atacameños les opusieron sangrienta resistencia, al igual que los mapuches de Santiago. Diaguitas y huarpes, en cambio, les presentaron menos
trabas. En cualquier caso, las conquistas fueron selecti-
vas, orientándose hacia aquellos sectores donde había
tierra cultivable, pastizales o yacimientos mineros, además de mano de obra (la población local) para explotarlos. Enormes contingentes acudían a sembrar los
terrenos reservados a gobernantes y sacerdotes; a laborar en las minas, a construir caminos, puentes y *tambos*
o posadas donde aguardaban a los *chasquis,* que eran
los mensajeros imperiales, y se atendía a los funcionarios
enviados para vigilar la buena administración de pueblos que, en su mayoría, seguían regidos por los antiguos jefes locales, ahora elevados a la categoría de "incas
por privilegio". El trabajo tributario estaba sujeto al sistema de la *mita,* definida como faena por turno, ya que
cada comunidad debía enviar una cierta cantidad de
hombres por determinado número de días, al término
de los cuales los remplazaba otro grupo similar. Los *mitayos* eran alimentados y festejados por el Estado, que les
proporcionaba todos los elementos requeridos para la
faena, de modo que sólo entregaban su fuerza física.

En las regiones díscolas y en las áreas fronterizas instalaban colonias de *mitimaes*, encargados de difundir la lengua *quechua*, enseñar las costumbres cuzqueñas y evitar el estallido de rebeliones. Los incas no introdujeron mayores modificaciones al acervo cultural ya existente. Sólo difundieron el culto al Sol, comprendido únicamente por aquellas etnias que poseían el concepto de deidad, así como algunas técnicas para la mejor explotación de los recursos naturales y la organización laboral que les permitía movilizar una gran masa de mitayos. El pretendido papel "civilizador" que se ha asignado a los incas no pasa de ser un mito, según se desprende de los hallazgos arqueológicos.

III. EL DESCUBRIMIENTO DE CHILE O LAS FRUSTRADAS ESPERANZAS DE FÁCIL RIQUEZA (1536)

Los INCAS denominaban Chile al valle de Aconcagua, última región donde, probablemente, impusieron la organización dual. *Michimalonko* gobernaba la mitad de arriba, asentado en las cercanías de los Andes, y *Tanialonko* la mitad de abajo, con núcleo residencial en los alrededores de Quillota. Hasta aquí llegó el adelantado Diego de Almagro, convirtiéndose en el verdadero descubridor de Chile, nombre aplicado posteriormente a toda la Capitanía General, aunque partes de sus términos ya habían sido recorridos por otros exploradores. El 1º de noviembre de 1520, Hernando de Magallanes halló el anhelado paso que comunicaba los dos océanos y lo bautizó como estrecho de Todos los Santos; antes, sus compañeros habían dado nombre a Patagonia y Tierra del Fuego. Seis años después repitió la travesía García Jofré de Loayza, y a fines de 1534, Pedro Calvo Barrientos, soldado a quien le habían cortado las orejas en castigo por sus permanentes trampas en el juego, auxiliado por amigos incas buscó refugio en Aconcagua. Lo acogió Michimalonko, quien lo convirtió en su asesor militar, para intervenir en la lucha que éste mantenía con *Quilicanta*, el gobernador inca de la zona. Ninguno de los tres, sin embargo, tenía el propósito que animaba a Diego de Almagro de descubrir y tomar posesión del territorio.

Almagro, hijo natural, tuvo una vida azarosa, llena

de penurias, hasta que logró embarcarse en la expedición comandada por Pedrarias Dávila. Una vez instalado en Panamá, Almagro amasó una pequeña fortuna, y la invirtió en la sociedad que se había formado para descubrir el fabuloso reino del *Virú*, descrito por los nativos como una tierra resplandeciente en sus calles y casas tapizadas de oro. Luego de tres abortadas expediciones, Francisco Pizarro, uno de los socios, alcanzó hasta Cajamarca, donde apresó a Atahualpa, hijo del último emperador inca, lo que le valió la gloria de haber conquistado una comarca plena de riquezas. Almagro, verdadero organizador de la empresa, sólo recibió, en premio a sus desvelos, la gobernación de la fortaleza de Tumbes. Tal recompensa, muy inferior a la gobernación de Nueva Castilla que Pizarro había obtenido para sí (1529), enturbió la amistad entre ambos, aun cuando Pizarro le dio a Almagro el título de adelantado y lo hizo partícipe del cuantioso botín acumulado.

En 1534, el emperador Carlos V, para reparar la injusticia, otorgó a Almagro la gobernación de Nueva Toledo, que se extendía 200 leguas al sur de la de Nueva Castilla, y desde la costa pacífica hasta tocar la línea fijada en Tordesillas, divisoria de las posesiones españolas y portuguesas. La posición del Cuzco provocó nuevas animadversiones, pues los socios sostenían que se hallaba en sus respectivas jurisdicciones. Acordaron zanjar el conflicto solicitando un fallo a la Corte. Mientras tanto, Almagro levantó bandera de enganche para recorrer su gobernación donde, según los nativos, había más oro que en el Perú.

Una gran cantidad de soldados ociosos, que habían arribado después de que se difundiera profusamente la noticia de la abundancia del oro peruano, se debatían entre la pobreza y la envidia de haber llegado tarde a la quimera americana, lo que permitió a Almagro organizar la mayor empresa conquistadora privada vista hasta entonces en el continente. Más de 400 españoles y miles de indígenas auxiliares, que abrigaban la esperanza de desembarazarse de los conquistadores, salieron del Cuzco en julio de 1535, en dirección del altiplano; bordearon el lago Titicaca y continuaron hacia el sur. A fines de octubre llegaron a Tupiza, donde los esperaban dos nobles incas: *Paullu* y un sumo sacerdote a quienes Manco Inca, emperador cuzqueño designado por los españoles, solicitó facilitarles el camino hacia Aconcagua. Allí recibieron un cargamento de oro enviado como tributo al Inca por los nativos de Chile. Luego de descansar cerca de dos meses, avanzaron, en medio de constantes ataques aborígenes, hasta *Chicoana*, rumbo a la cordillera de los Andes, aún cubierta de hielos. Su travesía fue desastrosa. Los testigos señalan que a muchos soldados se les congelaban los pies y a otros se les desprendían los dedos al quitarse las botas. Los mayores sufrimientos recayeron sobre los nativos. La ruta quedó jalonada de cadáveres con la mueca de la helada muerte en la boca. Almagro, junto con unos pocos compañeros, se adelantó en busca de abastecimientos. El 21 de marzo de 1536 apareció, ante sus incrédulos ojos, el verdor del valle de Copiapó. Fueron acogidos por los naturales, quienes les suministraron abundantes alimentos. La hueste recuperó fuerzas y ánimos, y reemprendió la marcha hacia el valle de Chile, reputado como el más rico de la comarca, según informes de sus amigos incas. El camino fue duro, pues los diaguitas de Coquimbo les presentaron resistencia y escondieron los bastimentos. Impertérrito, Almagro prosiguió hacia su destino. En mayo de 1536 fue alcanzado en la rada de Los Vilos por una de las tres embarcaciones que, al mando de Rui Díaz, seguían a la expedición terrestre portando pertrechos para sus integrantes. La infausta noticia de la pérdida de dos navíos no amilanó a Almagro. Así llegó al valle de Aconcagua o Chile. Allí levantó un campamento, y dio órdenes para reconocer el litoral y las zonas aledañas. La misión, encabezada por Juan de Saavedra, descubrió el puerto de Valparaíso. Otra misión, bajo el comando del capitán Gómez de Alvarado, avanzó hacia el sur. Los mapuches le presentaron débil resistencia a orillas del río Maule, si bien mostraron más agresividad en *Reinohuelén*, en la margen norte del río Itata, considerado el primer combate de la llamada Guerra de Arauco.

Nada de lo observado auguraba las enormes riquezas de oro con las que soñaron al organizarse la hueste. El desánimo cundió entre los soldados; ello, unido a las maquinaciones del *lenguaraz* o intérprete indígena Felipillo, quien instigó, en colusión con los mapuches, un levantamiento en contra de los españoles, y la esperanza de Almagro de que el rey hubiese fallado en su favor la posesión del Cuzco, le decidió regresar a Perú. Pero, antes, atacó violentamente las poblaciones del Norte Chico a fin de capturar esclavos en reemplazo de los *yanaconas* cuzqueños que habían huido a instancias de Felipillo, hecho que influyó en el vertiginoso despoblamiento de la región y desató la sangrienta oposición diaguita al paso de nuevos conquistadores.

En Copiapó, antes de emprender la travesía del desierto, ruta considerada menos riesgosa que la andina, Almagro, en un gesto pleno de magnanimidad, rompió los pagarés de los préstamos que les concediera a la mayoría de sus acompañantes. A principios de 1537 arribó a Arequipa, donde se enteró que el Cuzco estaba a punto de caer en manos de los guerreros incas. La columna, superando flaquezas, ascendió hasta la sierra y salvó a los sitiados. Almagro apresó a Hernando Pizarro, quien gobernaba en nombre de su hermano Francisco, si bien lo liberó poco después y se adueñó de la ciudad. La acción hizo estallar una guerra civil entre los partidarios de ambos capitanes. Almagro, viejo y enfermo, presenció desde una litera la derrota total de sus seguidores en la Batalla de las Salinas (abril de 1538), donde destacó por su actuación Pedro de Valdivia, experimentado capitán de las guerras de Flandes.

Sentenciado a muerte en breve juicio, el cadáver de Almagro fue decapitado en la Plaza Mayor del Cuzco (8 de julio de 1538), ante la vista de su hijo mestizo, Diego de Almagro *el Mozo*, quien prometió vengar dicha ignominia. El descrédito de los de Chile, como denominaron a los frustrados expedicionarios, se esparció al mismo ritmo que la fama atribuida a esas tierras de país pobre y con poblaciones díscolas que no pudieron sujetar.

IV. LA CONQUISTA DE CHILE: EN BUSCA DE FAMA Y HONORES (1540-1598)

EN PREMIO a los servicios prestados, Pizarro otorgó a Pedro de Valdivia un yacimiento de plata en Porco, además de una encomienda de indios y tierras en Charcas. Sin embargo, el espíritu aventurero de Valdivia, así como su deseo de ganar fama y el honor de pasar a la historia conquistando y fundando ciudades en nombre de Su Majestad católica, no se avenían con la tranquila vida sedentaria de un afortunado vecino colonial. Por ello solicitó, insistentemente, autorización a Pizarro para conquistar la región que había descubierto Almagro. Pizarro accedió a fines de abril de 1539, y valiéndose de sus facultades como gobernador designado por el rey, nombró a Valdivia teniente de gobernador en Chile. De inmediato, hizo entrega de su mina y encomienda y levantó bandera de enganche en el Cuzco. Debido al desprestigio del país, sólo se enrolaron unos pocos almagristas, sin destino en el Perú. Valdivia financió la mitad de la empresa con sus propios bienes; el resto lo proporcionó el comerciante Francisco Martínez mediante un contrato que estipulaba igual porcentaje de los beneficios. Por esos días arribó al Perú Pedro Sancho de Hoz, con provisiones de Carlos V que le otorgaba una gobernación en los mismos territorios a los que aspiraba Valdivia. La constitución de una sociedad o *compañía* zanjó la disputa. Sancho de Hoz contribuiría con algunos bienes y dos barcos cargados de mercaderías para auxiliar a los expedicionarios, comprometiéndose a alcanzarlos cuatro meses después.

En enero de 1540, Pedro de Valdivia dejó el Cuzco, acompañado de sólo 11 soldados, una mujer, Inés Suárez, que lo seguía desde Venezuela, y varios *yanaconas*.[1] Tomó la ruta que utilizó Almagro a su regreso. En Tarapacá la hueste aumentó a 110 al incorporarse a ella otros capitanes con sus soldados, que volvían de fracasadas expediciones hacia el oriente del macizo andino. Cuando acampaban a la entrada del desierto llegó Sancho de Hoz con sus secuaces, quienes se habían conjurado para ultimar a Valdivia y asumir la jefatura de la empresa. Descubiertos, fueron condenados a la horca. Sancho de Hoz salvó la vida renunciando a todos los derechos en la compañía. Pedro de Valdivia quedaba como único caudillo. Nuevos refuerzos se agregaron a su empresa en Atacama la Grande y en Copiapó (24 de octubre de 1540), donde tomó posesión del territorio, en nombre del rey de España, bautizándolo Nueva Extremadura, tanto en reminiscencia de su lar natal como por el deseo de borrar el abominado nombre de Chile. Valdivia contaba, entonces, con 151 soldados.

La travesía por el distrito diaguita no estuvo exenta de violencia generada por el recuerdo del paso de Almagro. A mediados de diciembre se hallaban en el valle del Mapocho. Las partidas de reconocimiento avistaron un lugar donde el río se abría en dos brazos, que

---

[1] En quechua, el término *yana* se aplicaba a los servidores perpetuos, quienes habían sido eliminados, artificialmente, de los censos poblacionales, perdiendo, por tanto, sus derechos a la tierra. En tiempos de la conquista, muchos indígenas peruanos se convirtieron voluntariamente en sirvientes de los españoles, para participar en las empresas conquistadoras a cambio de ser incluidos en el reparto del botín.

rodeaban una pequeña isla coronada, al oriente, por un cerro que podía servir de atalaya. Valdivia lo juzgó ideal para establecer el primer asentamiento español en la región.

Fundación y destrucción de Santiago

El 12 de febrero de 1541 se firmó el acta fundacional de Santiago del Nuevo Extremo; su planta, en forma de damero, fue trazada por el alarife Pedro de Gamboa. A continuación, Valdivia repartió solares a quienes merecían ser vecinos de la ciudad; los nuevos propietarios, por mano de sus yanaconas, levantaron chozas de cañas con techo de paja. Al fundar la urbe tan lejos de los confines peruanos, Valdivia puso de manifiesto su anhelo de independizarse de la tutela de Pizarro para colocarse bajo la del monarca español, esperanzado en que éste le otorgase los ansiados títulos y mercedes con los cuales alcanzaría la fama. Deseaba, además, evitar deserciones en vista de la pobreza de Chile y de los naturales recelos provocados por las mercedes de tierras[2] y las encomiendas[3] de indios que se otorgaron a ciertos conquistadores.

El 7 de marzo Valdivia procedió a instituir el primer Cabildo, organismo representante de los vecinos que,

---

[2] Estancias o haciendas de gran extensión, y *chacras* o suelos cultivables cercanos a la ciudad, que se otorgaban a perpetuidad, y que podían traspasarse de padres a hijos, o venderse.

[3] Juan Solórzano Pereira, en su *Política Indiana,* define la encomienda como "un derecho concedido por merced real a los beneméritos de las Indias para cobrar y percibir para sí los tributos de los indios que se le encomendaren, por sus vidas y la de un heredero, conforme a la ley de sucesión, con cargo a cuidar del bien de los indios en lo espiritual y temporal y de habitar y defender las provincias donde fueron encomendados y hacer cumplir todo esto..."

en ciertas circunstancias, podía actuar en nombre del rey. Luego designó a sus dos alcaldes, seis regidores, un mayordomo y un procurador.

En los primeros días de mayo circuló, por bocas indígenas, el rumor de que Francisco Pizarro había sido asesinado por Diego de Almagro *el Mozo*. Los vecinos de Santiago, temiendo que el estallido de una nueva guerra civil los dejase aislados del Perú y que un hipotético triunfo de los almagristas implicara el desconocimiento de las dádivas entregadas por Pedro de Valdivia, solicitaron a éste, en representación del rey, que aceptase el nombramiento de gobernador y capitán general interino de Chile (10 de mayo). Tras sucesivas negativas de Valdivia, se convocó a Cabildo Abierto, exigiéndole que recibiese el cargo; en caso contrario elegirían a otro capitán. Así, el 11 de junio de 1541, Pedro de Valdivia se convirtió en el primer gobernador de Chile, designando a Alonso de Monroy teniente de gobernador para que lo remplazase en caso de ausencia. La actividad del mandatario fue febril: inició la explotación de los lavaderos de oro de Marga-Marga; ordenó la construcción de un navío en Concón, junto a la desembocadura del río Aconcagua, y acechó constantemente a los mapuches comarcanos. Mientras, ciertos españoles descontentos planeaban matar al gobernador, apoderarse del bajel en cuanto fuese botado al agua y retornar al Perú. Pero Valdivia, una vez enterado de la conjura, regresó rápidamente, desde la costa, a imponer el orden. El 10 de agosto ahorcó a cinco de los confabulados.

Los mapuches, encabezados por Tanjalonko, aprovecharon la crisis interna y cayeron sobre Concón; dieron muerte a los españoles y quemaron la embarcación; luego atacaron a los encargados de supervisar las tareas en el lavadero y huyeron al sur del río Maipo.

Furioso, Valdivia se aprontó a castigarlos. Salió con 90 hombres en su persecución, apresando, previamente, a siete ancianos lonkos, para dejarlos como rehenes en Santiago. A pesar de ello, Michimalonko atacó durante todo el día 11 de septiembre de 1541, lo que puso en jaque a los españoles hasta que Inés Suárez, espada en mano, cortó las cabezas de los jefes prisioneros, arrojándolas hacia los asaltantes. Éstos se retiraron gritando victoria, pues habían incendiado la ciudad, acabado con cuatro cristianos y veintitrés caballos. El resto, malherido en su mayoría, contemplaba lo único que pudo salvarse de la destrucción total: dos puercas, un cochino, una gallina, un pollo y dos puñados de trigo.

AÑOS DE DESESPERANZA

Envueltos en sus andrajos, los españoles se dieron a la tarea de reconstruir Santiago, manteniéndose día y noche vigilantes, mientras recolectaban alimentos silvestres y sembraban el trigo. Auxiliares importantes fueron los yanaconas peruanos, a quienes terminaron por considerar como sus hijos. Felizmente, por otra parte, la cosecha de trigo fue productiva, al igual que la fertilidad de los cerdos.

Valdivia ordenó recoger todo el oro obtenido para enviar en busca de bienes y refuerzos al Perú. En enero de 1542, encomendó esta tarea a Alonso de Monroy, quien salió con una escolta de cuatro jinetes. Luego de una serie de peripecias, entre las que figuró un breve periodo de cautiverio en Copiapó, Monroy logró llegar al Cuzco, donde obtuvo los préstamos necesarios para adquirir todo tipo de elementos. Incluso entusiasmó a 60 hombres para que lo acompañasen. Un comerciante, Lucas Martínez Vegazo, despachó por su cuenta el navío *Santiaguillo*, al mando de Diego García de Villalón, cuyo arribo a Valparaíso, en septiembre de 1543, fue objeto de inenarrable júbilo. Tres meses después arribaron Monroy y su pequeña hueste. Terminaban las penurias para los conquistadores.

SE INICIA EL RECONOCIMIENTO DEL TERRITORIO

Valdivia deseaba emprender cuanto antes la conquista del sur, que era la región con mayor densidad de pobladores nativos de Chile. Sus capitanes Francisco de Aguirre y Francisco de Villagra marcharon hacia el río Maule, donde habían buscado refugio los mapuches de Santiago. Varios de éstos fueron obligados a regresar para reasumir su condición de mano de obra en encomendada. Juan Bohón recibió el encargo de fundar una ciudad en el valle de Coquimbo para contar con una base intermedia entre Santiago y el Perú. Así nació, en 1544, La Serena de Nueva Extremadura. Ese mismo año, Juan Bautista Pastene amarró su nave *San Pedro* en Valparaíso. Valdivia lo nombró teniente de capitán general en el mar, y le solicitó que reconociera las costas hacia el estrecho de Magallanes. Pastene exploró el litoral hasta la bahía de San Pedro (41° de latitud sur), tomando posesión de estas tierras en nombre del rey. En 1546, el propio Valdivia encabezó una expedición que llegó al río Biobío, donde lo detuvieron los mapuches. Abrumado por la superioridad numérica de éstos, el conquistador tornó grupas bajo el amparo nocturno.

LA NUEVA DISTRIBUCIÓN DE LAS ENCOMIENDAS

Valdivia había repartido los indígenas por referencia de nombres de lonkos sin saber exactamente cuántos eran y dónde se encontraban (1542). Así, la mayor parte de las 70 primeras encomiendas incluían seres inexistentes, lo cual motivó las airadas reclamaciones de los beneficiados. Con un mayor conocimiento de las comarcas y de la estructura social de los mapuches, Valdivia redujo a 32 la cantidad de encomenderos, decidiendo, a su arbitrio, quiénes conservarían y quiénes perderían sus encomiendas. Los afectados se reunieron en torno de Sancho de Hoz y organizaron otra abortada conspiración contra el gobernador.

La rebelión de los encomenderos en el Perú

Los encomenderos, al ver amenazadas sus prerrogativas por los anuncios de la abolición del sistema de la encomienda, se alzaron contra el monarca. Depusieron y mataron al virrey Blasco Núñez de Vela (1546), lo que dio lugar al estallido de una guerra civil entre los rebeldes, encabezados por Gonzalo Pizarro, y los que permanecieron leales al soberano. Éste envió a restablecer el orden, con el título de presidente y plenos poderes, al licenciado Pedro de la Gasca. Valdivia decidió, en 1547, ir al Perú y ponerse a disposición del real representante. Francisco de Villagra quedó a cargo del gobierno, y hubo de hacer frente a otra conjura de Sancho de Hoz, que aprovechó la desazón de quienes, autorizados a regresar con sus haberes a España, fueron engañados por Valdivia; éste les requisó el oro valiéndose de la fórmula de empréstito forzoso. Sancho de Hoz, descubierto, fue finalmente ahorcado.

Valdivia se enroló en la hueste de De la Gasca, a la que guió en la batalla de Jaquijahuana, donde las fuerzas leales a la Corona obtuvieron un triunfo definitivo.

El presidente recompensó sus valiosos servicios militares, y lo nombró, en propiedad, gobernador y capitán general del "reyno de Chile", como comenzaba a denominarse a la Nueva Extremadura. Los límites de ésta se fijaron entre los paralelos 27° y 41° de latitud sur. Además de otras dádivas, el presidente le permitió a Valdivia reclutar hombres y armar una flota con armas y pertrechos.

El proceso a Valdivia

Cuando el flamante gobernador se hallaba en Arequipa, se le ordenó regresar a Lima a fin de responder a una serie de acusaciones en su contra. En el proceso se le absolvió de la mayoría de los cargos; se le obligó, empero, a traer desde España a su legítima esposa, doña Marina Ortiz de Gaete, y a casar o expulsar del reino a Inés Suárez, su mal disimulada concubina. Ésta decidió contraer matrimonio con Rodrigo de Quiroga. Valdivia reasumió el mando en julio de 1549, seis meses después de la destrucción de La Serena.

El empuje urbanizador

Al sentirse obligado a premiar con tierras y encomiendas a sus compañeros, localizar nuevas fuentes auríferas a fin de atraer a más conquistadores y activar la economía del reino, el capitán general se aprestó a incursionar en las poblaciones meridionales. Antes había ordenado a Francisco de Aguirre reconstruir La Serena (1549). En 1550, Valdivia fundó Concepción; en 1552, La Imperial, Valdivia y Villarrica, en las proximidades de lavaderos de oro, y el fuerte de Tucapel; en 1553 nacieron los fuertes de Arauco y Purén, además de la ciudad de Los Confines de Angol. El mismo año, cumpliendo precisas instrucciones, Francisco de Villagra colocó los cimientos de Santiago del Estero en la transandina provincia de Tucumán. Con la erección de aquellos asentamientos, Valdivia esperaba copar el dominio territorial de la gobernación; sin embargo, sólo contribuyeron a dispersar a la escasa población europea en una vasta superficie donde las tempranas victorias de sus armas no habían amedrentado a los moradores nativos. Por el contrario, la acción urbanizadora favoreció las intenciones libertarias de los aborígenes. En diciembre de 1553 éstos cayeron sobre Tucapel y lo destruyeron. Valdivia se hallaba al sur de Concepción; informado del hecho, resolvió imponer ejemplar castigo a los rebeldes. Se hizo acompañar de sólo 42 soldados, más unas decenas de indios amigos, y se dirigió hacia Tucapel, donde esperaba contar con el auxilio de los milicianos estacionados en el fuerte de Purén, cuya movilización se impidió por una serie de estratagemas mapuches. Ante las ruinas de Tucapel, los españoles debieron enfrentarse a miles de mapuches que los esperaban emboscados. En tan desigual refriega (25 de diciembre) sucumbieron casi todos los invasores. Valdivia, herido, fue hecho prisionero; mientras un consejo de ancianos decidía su destino, *Lautaro*, quien hacía las veces de caballerizo, le quitó la vida con un descomunal mazazo que le asestó en la cabeza. La admiración al coraje y a la valentía del gobernador ameritó que su corazón, aún palpitante, fuese repartido entre los principales lonkos y toquis que esperaban adquirir dichas cualidades ingiriendo la morada del ánima que las proporcionaba.

LA CONTRAOFENSIVA MAPUCHE

Lautaro demostró poseer un gran genio militar. Supo, además, introducir entre su gente el concepto de "guerra terrenal", ajeno a la mentalidad nativa que planteaba las luchas en términos de los ancestrales enconos que sostenían los espíritus de sus antepasados. Elegido toqui general, Lautaro organizó a los guerreros, según sus habilidades bélicas, en compañías de piqueros, flecheros, infantes y caballería. Adoptó la táctica de ofensivas envolventes y en embates sucesivos. Una vez adiestrados, sus soldados acosaron Angol, Villarrica y Purén hasta lograr despoblarlas. Luego derrotó a Villagra en la batalla de Marigüeñu (febrero de 1544). Los sobrevivientes buscaron refugio en Concepción, cuyos habitantes, incapaces de defenderla, la abandonaron al ímpetu destructor de Lautaro. Una epidemia de tifo obligó a suspender las hostilidades indígenas hasta diciembre de 1555. Entonces los nativos arrasaron la recién reconstruida Concepción. Alentado por su fácil victoria, Lautaro avanzó hacia Santiago; Villagra lo detuvo en Peteroa (1556). Meses después, Lautaro intentó un nuevo ataque a la capital, pero fue traicionado y los españoles lo sorprendieron en los cerros de Caune, donde encontró la muerte.

EL DESCONCIERTO ESPAÑOL

Al momento de fallecer Valdivia, Jerónimo de Alderete se hallaba en España gestionando la extensión de la gobernación hasta el estrecho de Magallanes. Alderete figuraba en primer lugar en la lista de sucesores consignada por Valdivia en su testamento; le seguía Francisco de Aguirre, a la sazón en Tucumán. Los cabildos de las ciudades del sur, ante la desesperada situación, designaron gobernador interino a Francisco de Villagra, cuyos triunfos le permitieron mantener el cargo a pesar de las reclamaciones de Aguirre y sus partidarios.

La Corona, al conocer el fallecimiento de Valdivia, nombró en su remplazo a Jerónimo de Alderete, y prolongó además los límites de su gobernación hasta el estrecho de Magallanes, tal como Alderete lo solicitó por encargo de Valdivia, ordenándole explorar los territorios al sur del estrecho. Alderete se embarcó hacia Panamá, donde lo sorprendió la muerte. El virrey del Perú nominó gobernador a su propio hijo, García Hurtado de Mendoza, joven de apenas 21 años, quien suplió su inexperiencia con un séquito de connotados asesores, entre quienes se contaba Alonso de Ercilla y Zúñiga, vate encargado de cantar las hazañas del nuevo mandatario.

LA PACIFICACIÓN VIOLENTA

Don García estaba convencido de que la ineptitud de los capitanes era lo que impedía terminar la conquista. Esperaba dar pronta cuenta de ésta con los casi 500 soldados que le acompañaban. Se embarcó hacia La Serena, donde apresó a Villagra y a Aguirre, a quienes encerró en un pequeño navío. Zarpó luego rumbo a Concepción para entrar de lleno en la guerra. Construyó un fuerte en las cercanías de la abandonada ciudad, al que de inmediato asaltaron los mapuches. Esta refriega duró varios días y se resolvió a favor de los españoles sólo cuando arribaron refuerzos desde Santiago. Al mando de un numeroso contingente, don García atravesó el río Biobío, y logró sucesivas victorias en Lagunillas y Millarapue. A modo de escarmiento castigó cruelmente a

los prisioneros, cortándoles la nariz o los brazos. Galva-
rino, uno de los mutilados, siguió combatiendo con lanzas atadas a sus muñones; recapturado, se le colgó de
un alto árbol. Don García, alentado por los triunfos,
reconstruyó Concepción y emprendió otra incursión
hacia el sur; fundó las ciudades de Cañete de la Frontera y Osorno (1558), y repobló Angol y el fuerte de Arauco. Exploró hasta el golfo de Reloncaví, donde, en una
pequeña canoa indígena, un grupo de sus hombres,
entre los que figuraba Ercilla y Zúñiga, reconoció la
isla Puluqui del archipiélago chilote.

En el ínterin, su capitán Alonso de Reinoso, a cargo
de Cañete, sorprendió una partida mapuche que encabezaba el toqui Caupolicán. Se capturó a este último y
se le condenó a morir empalado, sentándolo en un palo
aguzado que horadaba sus entrañas mientras "indios
amigos" flechaban el desnudo torso. Estas actuaciones
y el carácter autoritario de don García motivaron severas quejas, que llegaron a oídos de Felipe II, quien decidió destituir al virrey y a su hijo. Don García abandonó
Chile en 1561, poco después de que Pedro del Castillo
trazase, en su nombre, los fundamentos de Mendoza,
en la provincia de Cuyo.

LA TOMA DE POSESIÓN DEL ESTRECHO DE MAGALLANES

Hurtado de Mendoza encomendó a los pilotos Juan
Ladrillero y Francisco Cortés Ojea explorar las costas
del estrecho, linde meridional de la gobernación, al
mando de las naos *San Luis* y *San Sebastián*, respectivamente. Los exploradores zarparon de Valdivia en noviembre de 1557. Un temporal los separó, y mientras
Cortés Ojea navegaba por los canales interiores, Ladrillero llegó al estrecho, recorriéndolo de oeste a este.

Cerca de la boca oriental, en el cabo que bautizó como Posesión, tomó dominio del paso en nombre del rey y de don García. Tras innumerables penurias, Ladrillero regresó a Valdivia en enero de 1559.

EL FLANDES INDIANO

La resistencia mapuche no había terminado, como lo suponían los españoles, quienes, asombrados de la fortaleza y habilidad guerrera de los nativos no dudaron en compararlos con sus más temibles enemigos europeos. Francisco de Villagra, antiguo compañero de Valdivia, sucedió a Hurtado de Mendoza. Don Francisco, anciano y enfermo, designó gobernador interino a su primo Pedro de Villagra, uno de los grandes capitanes de la hueste española. Éste atribuyó las derrotas a la gran dispersión de los conquistadores, por lo cual ordenó despoblar algunos fuertes para concentrar a sus defensores en las ciudades más estratégicas. Algunas intrigas desde Santiago aceleraron la destitución de Villagra, por lo que tomó el mando Rodrigo de Quiroga, viejo y leal amigo de Valdivia. Quiroga reinició las excursiones armadas, lo que le permitió recuperar los fuertes de Arauco y Cañete. Su capitán, Martín Ruiz de Gamboa, cruzó el canal de Chacao; conquistó Chiloé y fundó la ciudad de Castro en 1567, el mismo año en que Felipe II ordenó instalar una Real Audiencia en Chile, con asiento en Concepción, para que asumiera el gobierno y la justicia del reino. Melchor Bravo Saravia, docto en derecho pero desconocedor de los afanes bélicos, asumió el cargo de presidente y capitán general (1568). Tras dos derrotas (Marigüeño y Purén), debió abandonar los fuertes de Arauco, Cañete y Purén. Ante este fracaso fue sustituido por Rodrigo de Quiroga y la Real Audiencia se clausuró.

El nuevo gobernador esperó el envío de refuerzos para adentrarse en territorio mapuche. Cuando aquéllos arribaron obtuvo algunos éxitos opacados por la presencia de los corsarios ingleses en las costas chilenas. Quiroga falleció en 1580, sucediéndole su yerno, Martín Ruiz de Gamboa, quien fundó la ciudad de San Bartolomé de Chillán a fin de pacificar la región entre los ríos Maule y Biobío, permanentemente amagada por pehuenches y mapuches. La Corona, que deseaba disminuir los gastos ocasionados por la conquista de estas apartadas tierras, nombró gobernador a Alonso de Sotomayor (1591), destacado capitán de las guerras de Flandes. A pesar de su prestigio, Sotomayor no tuvo el éxito esperado, pues carecía de los recursos indispensables para emprender una gran campaña contra los nativos. Fue relevado por Martín García Oñez de Loyola, sobrino del fundador de la Compañía de Jesús. Al estar casado con una *ñusta* o princesa inca, se pensaba que por medio de ella, Martín García podría lograr un mayor acercamiento con los indígenas. De esta manera, intentó seguir una política conciliadora: protegió a los encomendados y liberó a los prisioneros, a quienes hizo entrega de regalos, herramientas y semillas, además de que les pidió que propalasen entre sus parientes la nueva actitud del gobierno. Sin embargo, estos actos se interpretaron como una muestra de temor y debilidad que daría lugar a otro levantamiento general.

CURALABA: EL GRAN TRIUNFO MAPUCHE

El toqui Pelantaro encabezó una sublevación que se inició con ataques a Angol (diciembre de 1598). El gobernador se hallaba en La Imperial; al enterarse del hecho decidió socorrerlos acompañado de sólo 60 jinetes. Después de una dura jornada, el gobernador y los suyos pernoctaron, sin mayores prevenciones, en el llano de Curalaba, a orillas del río Lumaco, pero los mapuches los sorprendieron al alba del día 23. A pesar de la heroica resistencia española, únicamente se salvaron dos hombres. La cabeza del gobernador sirvió de antorcha para encender la insurrección. Una tras otra cayeron las ciudades de Angol, Santa Cruz de Oñez, Chillán, Valdivia, La Imperial, Osorno y Villarrica. Quedaron en pie Concepción y Castro. Después de 50 años de lucha, los mapuches habían recobrado las tierras localizadas al sur del Biobío, río que se transformaría en la frontera colonial.

LA ECONOMÍA MINERA

Los señoríos prehispánicos conocían la técnica metalúrgica para extraer y trabajar los metales preciosos. Cuando fueron dominados por los incas debieron enviar la producción al Cuzco, donde hábiles artífices moldeaban variados objetos cuyo uso era monopolio de la nobleza incaica. Los hombres comunes sólo tenían acceso a estas alhajas cuando se las regalaba el emperador, quien, de ese modo, recompensaba los servicios prestados a su linaje y al Estado. El límite meridional de los yacimientos de oro parece haber sido el lavadero de Marga-Marga, en el valle de Quillota, cuya ubicación reveló Michimalonko a Pedro de Valdivia. De allí extrajeron las primeras pepas los conquistadores; poco después, se agregaron otras arenas auríferas cercanas a Santiago (Lampa y Colina), y el mineral de Andacollo, en La Serena. Al extenderse la conquista hacia el sur, las ciudades se erigieron en las proximidades de lavaderos: Quilacoya en Concepción, Madre de Dios en Valdivia, Pozuelos en Osorno y los de La Imperial y Villarrica. Como la Corona recibía 20% (el quinto real) del producto bruto, se aseguraba la recaudación del impuesto permitiendo circular sólo oro moldeado y marcado. Había fundiciones en Santiago, La Serena y Concepción, a cargo de un ensayador, al que vigilaba el tesorero, contador y veedor de la real hacienda. Hacia 1580, la producción del metal amarillo disminuyó ostensiblemente debido al descenso de la población indígena, a las regulaciones que protegían el trabajo encomendado y a la negativa de los nativos para participar en dichas faenas.

LAS TAREAS AGROPECUARIAS

El clima de tipo mediterráneo del Chile central permitió la rápida adaptación de cereales, frutas y hortalizas europeos. Sin embargo, los conquistadores, más interesados en la busca de oro, sólo cultivaron las mejores tierras en las inmediaciones de las ciudades. La producción de esas *chacras* estaba destinada, esencialmente, al consumo doméstico. Los mapuches, a su vez, adoptaron el trigo y la cebada en desmedro de los cereales nativos (*teca* y *madi*), debido a su mayor rendimiento y mejor capacidad para conservarse almacenados. Algunos cultivos industriales se introdujeron en los valles de Huasco y La Serena (olivares), La Ligua (caña de azúcar) y Aconcagua (cáñamo). La *hacienda*, unidad económica casi autárquica, se desarrolló en el último cuarto del siglo XVI, en virtud de que exportaba parte de la producción al Perú: trigo, frutas secas, aguardiente, vino, cuero, *charqui*, aceitunas y maderas.

Más importante fue la actividad ganadera en los grandes latifundios o estancias. Caballos, reses y ovejas se reprodujeron con gran facilidad, al punto de que, 15 años después de la fundación de Santiago, el precio de los equinos había bajado 80%. Los animales pastaban libremente en terrenos sin cercar, por lo cual se realizaba cada año un rodeo a fin de separar las crías y marcarlas con las señas de sus dueños, ya registradas en los Cabildos. La matanza de vacunos se llevaba a cabo en los meses de diciembre y enero, y de ella se aprovechaban esencialmente el cuero y el sebo. La carne que no alcanzaban a desecar —*charqui*— se la dejaban a los carroñeros. Entre los mapuches, la oveja terminó por desplazar al chilihueque y la carne de yegua se convirtió en su manjar favorito.

La política mercantilista de la Corona contribuyó al precario desarrollo de la actividad manufacturera en Chile, pues, al igual que en el resto de América, estaba sujeta al monopolio comercial con España y a la prohibición de producir bienes que pudiesen adquirirse en la metrópoli. Molinos de trigo fueron la primera manifestación industrial del reino; les siguieron rústicas destilerías de vinos y aguardientes; obrajes que, con técnicas y mano de obra nativa, producían toscos paños y objetos de cerámica; numerosos astilleros donde se botaban lanchas y balandros; un ingenio de azúcar funcionaba en La Ligua, y en Puangue una industria de jarcias.

Sastres, zapateros, sombrereros y carpinteros conformaban los oficios menores de la economía del siglo XVI. Casi todos ellos eran indígenas originarios del Perú o descendían de los yanaconas traídos por los conquistadores. El valor de los servicios y el precio de los bienes de estos artesanos los fijaba el Cabildo, organismo encargado de asegurar el abastecimiento de la ciudad, e incluso podía prohibir el traslado de los artesanos si con ello se resentía el funcionamiento normal del mercado. El barrio de La Chimba, en la margen norteña del río Mapocho, albergaba la mayor parte de aquellos talleres.

LA REGULACIÓN DEL TRABAJO INDÍGENA

A fin de evitar los abusos de los encomenderos, se dictaron normas o tasas para suavizar el trabajo obligatorio de los nativos, de manera especial en los lavaderos de oro. Pedro de Valdivia eximió de semejantes faenas, sin mucho éxito, a lonkos y mujeres. Hurtado de Mendoza promulgó la tasa de Santillán (1559), que incluía en la categoría de tributarios únicamente a los hombres mayores de 18 años y menores de 50. Tomando como modelo el sistema incaico de la mita, establecía que sólo podría enviarse a las minas a uno de cada seis encomendados, el cual recibiría la sexta parte del valor extraído, el *sesmo de oro*, administrado, en conjunto, por el corregidor, el cura doctrinero y el lonko. Uno de cada cinco hombres laboraría en las estancias por un periodo que no rebasaría los cuatro meses. Quedaban eliminados los castigos corporales y se prohibía trabajar los domingos o días festivos. La tasa encontró resistencia por parte de los encomenderos, de modo que experimentó una serie de modificaciones que la desvirtuaron por completo. Debido a ello, Martín Ruiz de Gamboa dictó otra tasa en la que se fijaba a los hombres que tuvieran entre 18 y 50 años un tributo anual en dinero o especies, equivalente a 9 pesos de oro de 8 reales cada uno en el obispado de Santiago y a 7 de iguales características en el de La Imperial, con exclusión de los lonkos. La tasa fracasó porque los indígenas se resistieron a trabajar sin estar obligados a hacerlo, resultando la depresión de la principal fuerza laboral del reino.

En 1579, Francis Drake, al mando de una escuadra de tres barcos, penetró en el estrecho de Magallanes. Las tempestades hundieron a uno de los barcos y separaron a los otros dos. El *Golden Hind,* arrastrado por los vientos, navegó hasta el fin del continente, donde tuvo lugar el descubrimiento de un nuevo paso entre ambos océanos. La embarcación enfiló después hacia el norte e intentó desembarcar en la isla Mocha. Posteriormente atacó e incendió Valparaíso, donde se apoderó de un cargamento de oro destinado al Perú. Drake pretendió repetir la hazaña en La Serena, pero sus habitantes lo impidieron. No ocurrió lo mismo en Arica ni en El Callao, donde capturó otro bajel cargado con oro. Dueño de un cuantioso botín, Drake continuó saqueando naos españolas hasta los alrededores de San Francisco de California. Allí torció al poniente, y luego, tras cruzar el cabo de Buena Esperanza, se encaminó hacia el puerto de Plymouth, desde donde zarpara tres años antes, y adonde ahora arribaba con la gloria de haber sido el segundo navegante en dar la vuelta al mundo (1580).

LOS ENSAYOS COLONIZADORES EN EL ESTRECHO DE MAGALLANES

Alarmado por las correrías de Drake y temeroso de que otros corsarios amagasen las costas del Pacífico americano, el virrey del Perú ordenó explorar el estrecho en busca de sitios donde levantar defensas. Cumplió la misión Pedro Sarmiento de Gamboa, quien recorrió el paso de oeste a este a fin de tener una visión de sus características más estratégicas (1579). Elaboró un plan de colonización que propuso al rey. Una vez aprobado, Sarmiento fue nombrado gobernador y capitán general de Magallanes. Fracasado su primer intento expedicionario (1581), le concedieron recursos para armar una flota de 16 navíos que, transportando cerca de 600 colonos y todos los implementos requeridos para asentarse en la región, zarpó de Sevilla en enero de 1582. Las dificultades propias de tan riesgosa travesía redujeron a cinco los barcos que llegaron a su destino. En 1584, Sarmiento fundó las ciudades de Nombre de Jesús, en la boca nororiental del estrecho, y Rey Don Felipe, en la península de Brunswick. A fin de remplazar los hombres y bienes perdidos, regresó a España. Su nave cayó en poder de los ingleses; una vez liberado, fue apresado por hugonotes franceses y estuvo recluido en un calabozo hasta que Felipe II pagó su rescate. Pasaron casi dos años antes que pudiera regresar a la península y enterarse del triste fin de las colonias magallánicas.

EL REGRESO DE CORSARIOS Y PIRATAS

Thomas Cavendish decidió emular la hazaña de Drake. En enero de 1587 entró en el estrecho de Magallanes, donde divisó las esperanzadas señales de 18 sobrevivientes de Nombre de Jesús. Sólo rescató a uno. En la otra colonia, a la que rebautizó como Puerto de Hambre, solamente halló cadáveres; de la horca pendía, mecido por el viento, el cuerpo de un hombre que se suicidó en su solitaria desazón. Tras pasar por las islas Mocha y Santa María, recaló en Quintero, cerca de Valparaíso, donde perdió 12 marinos en una refriega con los habitantes nativos. Tomó el rumbo de su antecesor, y en las costas de Acapulco logró apoderarse del valiosísimo cargamento de oro y mercaderías orientales almacenadas en las bodegas de la flota que comerciaba entre Filipinas y América. Con el palo mayor de la nao forrado de oro y con sus tripulantes vestidos de seda, Cavendish arribó en septiembre de 1588 a Plymouth en calidad del segundo inglés que había circunnavegado el orbe.

Otro británico, Richard Hawkins, asaltó Valparaíso (1594) y vació el contenido de cinco barcos surtos en la bahía. Fue capturado en un combate naval frente a las costas ecuatorianas.

En 1600, los hermanos holandeses Simón y Baltasar de Cordes atravesaron el estrecho. Separados por las tormentas, Baltasar se dirigió hacia Chiloé, donde se apoderó de Castro; un destacamento español enviado desde el continente lo desalojó. Poco después, Oliverio Van Noort cayó sobre Valparaíso; apresó las embarcaciones ancladas allí y degolló a los marineros, con excepción del piloto Juan Sandoval, a quien prometió salvarle la vida si lo guiaba hacia el norte. Sin embargo, una vez que Sandoval cumplió su cometido, Van Noort lo arrojó a los tiburones. Fue el primer holandés en dar la vuelta al mundo.

LA FORMACIÓN DE LA SOCIEDAD: EL MESTIZAJE AL DERECHO

Los primeros mestizos chilenos tuvieron como padre al transculturizado Calvo Barrriento, y fueron reputados como indígenas. La expedición de Almagro dejó prole en las criadas andinas que acompañaban a la hueste, y en diaguitas o mapuches que fueron violentadas en diversas circunstancias. Estos "mestizos al derecho", hijos de españoles y nativas, no tuvieron contacto con sus progenitores, pues éstos pronto abandonaron el te-

74

rritorio. En la empresa conquistadora de Valdivia venía una española que no dejó descendencia; en cambio, las mujeres procedentes del Perú dieron a luz "hijos de cristianos", a quienes sus padres conservaron y españolizaron debido a la necesidad de contar con brazos que contribuyesen a defender lo conquistado. Posteriormente, vientres mapuches aumentaron el mestizaje, fomentado por la ausencia de mujeres blancas en el reino de Chile: en 1549 había tres; hacia 1565 llegaban a 417, mientras que la población masculina superaba la cifra de 6 000 almas. A pesar de la elevada mortalidad entre los hombres, secuela del enfrentamiento armado, y de que las viudas volvían a casarse pronto, la gran mayoría de los españoles o criollos se reproducía con indígenas, a las que mantenían, en concubinato encubierto, en condición de criadas, situación que compartían las esclavas negras que parían mulatos. Durante todo el siglo XVI, los mestizos disfrutaron de una posición diferente a la de sus similares en el resto de América. Al ser reconocidos por sus progenitores, tenían derecho a ser sus herederos; se casaban con españolas, criollas o mestizas, y procreaban hijos en cuya sangre iba disminuyendo cada vez más el porcentaje del elemento nativo, hasta que éste se eliminaba por completo. Los mulatos, en cambio, casi nunca perdían su condición, pues se unían entre ellos o con mestizas, negras o mapuches. Sus vástagos se asimilaban a uno de aquellos grupos, según la categoría socioeconómica que poseían. Sólo los hijos de blancos podían adscribirse a su grupo. Los nacidos de uniones entre aborígenes y negros recibían el calificativo de *zambos*.

Los mestizos, por decisión propia, se españolizaron o mapuchizaron. Otros vivieron en ambos mundos, sirviendo como intermediarios entre españoles y mapuches. Tampoco faltaron aquellos que, al sentirse postergados en sus aspiraciones, renegaron de una identidad para adoptar la contraria.

El mestizaje fue un factor preponderante en la formación de la población chilena que, en el siglo XVI, se distribuía a lo largo de 350 000 km², contribuyendo a otorgarle una homogeneidad poco común en el continente, como lo demuestra el hecho de que existieran sólo seis grupos con connotación étnica: españoles (peninsulares o americanos), mestizos, indios, mulatos, negros y zambos. Al finalizar la conquista, Chile estaba habitado por unas 550 000 personas, de las cuales 300 000 se consideraban indígenas, divididos, más o menos en partes iguales, entre "indios amigos" e "indios de guerra" o "rebeldes".

EL DRAMÁTICO DESCENSO DE LA POBLACIÓN NATIVA

Se calcula que al iniciarse la conquista la población de todos los grupos aborígenes superaba el millón, concentrados en su mayor parte en la región mapuche (800 000). El efecto de pestes, enfrentamientos armados, explotación laboral y mala alimentación fue determinante en su brusca disminución. Los diaguitas del Norte Chico casi habían desaparecido al finalizar el siglo XVI, y los mapuches experimentaron una disminución cercana a 75%. Sólo los extremos del territorio, en razón de sus difíciles condiciones climáticas y tardía conquista, mantuvieron la densidad poblacional que, por lo demás, era bastante escasa.

LA ACCIÓN EVANGELIZADORA

Los reyes de España asumieron la tarea de convertir a los idólatras pueblos americanos como un designio divino,

76

lo que obligaba a los capitanes de las empresas conquistadoras a llevar clérigos consigo. Pedro de Valdivia trajo a tres, quienes, entre espadas y pólvora, se dieron maña para bautizar a los nativos sin adoctrinarlos, a fin de salvarlos del pecado original y evitar su eterna condena.

Dominicos, franciscanos y mercedarios fueron los primeros religiosos que se instalaron en el reino. Luego lo hicieron los jesuitas (1593) y los agustinos (1595). A fin de tener éxito en su misión, los frailes aprendieron las lenguas nativas. Mantuvieron, además, escuelas donde enseñaban a leer y escribir.

En 1561 se creó el obispado de Santiago, que se le entregó al clérigo Rodrigo González Marmolejo, compañero de Valdivia. Dos años después se instituyó el obispado de La Imperial, con jurisdicción desde el río Maule, al sur, y encabezado por fray Antonio de San Miguel, quien ordenó traducir el catecismo al mapudungún y fundó un seminario en el que se ordenaron gran cantidad de sacerdotes expertos en la lengua del país. A partir de la década de 1570 funcionó una escuela de gramática en la catedral de Santiago, transformada en seminario por el obispo Diego de Medellín, en cuya diócesis la cristianización fue más rápida debido a la escasa población nativa y el mayor contacto que ésta tenía con los españoles. En el obispado de La Imperial, por el contrario, la tarea fue ardua, pues los aborígenes se resistían a abandonar la poligamia; las más de las veces la evangelización se redujo solamente a bautizar a quienes aceptasen este sacramento. El jesuita Luis de Valdivia puso óleo y crisma a más de 70 000 mapuches en 1597. Desconocedores de la doctrina, muy pocos mapuches se confesaban y comulgaban. Al finalizar el siglo los sacerdotes no pasaban de sesenta.

El dominico Gil González de San Nicolás fue un gran defensor de los mapuches. Proclamó injusta la guerra y el trato que los indígenas recibían de los encomenderos. Llegó a amenazar con la excomunión a quienes participasen en las entradas armadas, aduciendo que el papa había entregado estas tierras a España con objeto de evangelizar a sus habitantes y no para explotarlos.

En 1569 se instauró, en Lima, el Tribunal del Santo Oficio de la Inquisición, a fin de juzgar a herejes y a quienes se desviasen de la fe. El Santo Oficio carecía de jurisdicción sobre los indígenas. En Chile hubo comisarios encargados de iniciar los juicios que, luego, proseguían en Lima.

LA EDUCACIÓN

Durante los primeros años de la conquista no se requirieron escuelas públicas debido a la falta de alumnos, de modo que los frailes enseñaban a soldados analfabetos las primeras letras. A medida que aumentaba el número de mestizos el oficio de maestro adquirió mayor importancia. En 1548, desempeñó este cargo Pedro Hernández de Paterna. Más adelante, el Cabildo mantuvo una escuela primaria, donde, al igual que en las conventuales, sólo se aprendía a leer y escribir. Los estudios secundarios debían continuarse en Lima, si bien ello tuvo que ser así sólo hasta que se estableció el Colegio de Santo Domingo (1595). Posteriormente, los jesuitas abrieron el Colegio de San Miguel, donde se impartía cursos de gramática, latín y filosofía.

LA LITERATURA DE LA CONQUISTA

En el siglo XVI se cultivaron tres géneros literarios: el epistolar, la crónica y la poesía épica. En el primero sobresalen las *Cartas* de Pedro de Valdivia, plenas de amor por el terruño y en las que se narran los esfuerzos desplegados para poblar y dominar Chile. Cristóbal de Molina compuso *Conquista y población del Perú*, capítulos dedicados al viaje de Almagro, a quien acompañó en su desventura. Gerónimo de Bibar fue el autor de *Crónica y relación copiosa y verdadera de los reynos de Chile*, la más detallada exposición del paisaje, costumbres de los naturales, y de los hechos que él vivió hasta 1558. Alonso de Góngora Marmolejo redactó la *Historia de Chile desde su descubrimiento hasta el año 1575*, y Pedro Mariño de Lobera escribió *Crónica del reyno de Chile*, que finaliza con el gobierno de Oñez de Loyola. Entre los poemas épicos sobresalen *La Araucana*, de Alonso de Ercilla y Zúñiga, destinada a resaltar el heroísmo mapuche, en especial el que desplegaron los indios de Arauco para defender sus territorios, y *Arauco domado*, de Pedro de Oña, primer escrito de un hombre nacido en Chile. Esta obra ensalza la figura de García Hurtado de Mendoza, quien, siendo virrey del Perú, contrató a De Oña para que compusiera su loa.

V. LOS AGITADOS SIGLOS COLONIALES (1600-1810)

EL TUMULTUOSO SIGLO XVII EN EL REINO DE CHILE

A LA conquista siguió un periodo de poco más de dos siglos durante los cuales se fue plasmando la institucionalidad del reino, adecuándola a las circunstancias que surgieron tras la implantación de la frontera en el río Biobío, línea divisoria de los distritos donde predominaban, valores y mentalidades españolas o nativas. Esta frontera no implicó, sin embargo, una total separación, pues se desarrolló un sistema de intercambio y un modo de vida fronterizo que posibilitaron la influencia recíproca entre españoles e indígenas que habría de delinear la fisonomía histórica de Chile.

La defensa de la frontera

El abandono de las ciudades al sur del Biobío por parte de sus habitantes que habían logrado escapar de la muerte o el cautiverio en la más penosa de las miserias —llamados *rotos* en alusión al descalabro sufrido— dio lugar a que se generalizara un clima de temor y desconsuelo que la Corona trató de atenuar designando gobernador a Alonso de Ribera, uno de los más prestigiados oficiales del ejército español (1601).

Tan pronto arribó a Chile, Ribera se dio cuenta de que la conquista no podría llevarse a cabo con las milicias vecinales y solicitó la creación de un ejército permanente. Mientras, puso en marcha un plan consistente en levantar una serie de fuertes en la margen norte del Biobío para impedir que los mapuches lo cruzaran y pacificar el área circundante; una vez logrado dicho objetivo, trasladaría, en forma paulatina, la línea fortificada cada vez más hacia el interior, hasta dominar todo el territorio. En 1604 el rey aprobó los proyectos de Ribera y ordenó enviar un *real situado*, desde las cajas reales del Perú, para financiar los sueldos de los 1 500 hombres que conformarían la planta del ejército regular. Ribera escogió las estancias y haciendas que abastecerían a la milicia; creó un obraje textil y talabartero para proveerla de telas y artículos de cuero, y fundó un hospital donde atender a los soldados. Dio mayor importancia a la infantería, pues la caballería, fundamental en las violentas campeadas del siglo XVI, había perdido eficacia al perfeccionar los mapuches armas y tácticas para enfrentarla. Ribera fue, en tal sentido, el verdadero organizador del ejército colonial. Puso fin a la guerra ofensiva, y logró acuerdos de paz con los lonkos de Arauco y Tucapel, quienes le permitieron levantar los fuertes de Santa Margarita de Austria y de Paicaví, iniciándose así el avance de la frontera al meridión del río Biobío.

El reordenamiento social y económico

A raíz del abandono de las ciudades sureñas apareció un nuevo tipo social, el español pobre, que buscó amparo en las grandes estancias, donde recibía, a cambio de resguardar sus lindes o de desempeñar otras labores, tierras para sustentarse él y su grupo familiar. Allí, el criollo empobrecido alternó con mestizos, indígenas, mulatos y negros, con lo que dio comienzo la amalgama de costumbres, creencias y sangre que caracterizaría a la cultura campesina del Chile central, dominada por el *huaso*,[1] expresión de aquella multifacética mezcla.

"Mestizos al revés" y españoles renegados, que se habían mapuchizado dentro de la frontera, constituyeron los otros tipos humanos que surgieron de las nuevas condiciones imperantes en el reino.

Los vecinos, liberados de sus obligaciones militares, activaron las tareas agrícolas, pues contaban con un mercado: los soldados del ejército profesional y sus familiares, cuyo abastecimiento contaba con el respaldo de los sueldos percibidos. La estancia se transformó en hacienda. El real situado, si bien dio lugar a una dependencia presupuestaria del virreinato, inyectó moneda a la precaria economía de la conquista al fomentar el comercio y el desarrollo de los obrajes.

Los mapuches experimentaron un cambio en su secular estructura social igualitaria. La acumulacion de bienes secuestrados a los europeos, de esclavos y de mujeres blancas, que utilizaban como mano de obra para confeccionar artículos no tradicionales y trabajar la tierra, posibilitó la aparición de hombres ricos, los *ulmenes*, germen de una diferenciación de rango y *status* que alteró las relaciones recíprocas internas.

El mestizaje al revés

Muchas de las cautivas se convirtieron en las esclavas o las concubinas de toquis, lonkos y otros hombres

[1] El término podría derivar de *huassa,* palabra quechua que designaba el anca de los animales de carga. La mujer, sentada de lado en la grupa y aferrada a la cintura del jinete, pudo ser llamada "huasa", aplicándose, por extensión, el masculinizado apelativo a quien guiaba el corcel.

importantes, engendrando hijos cuyas madres fueron aculturadas compulsivamente, y a las que incluso se les prohibió hablar español. Los mestizos por nacimiento, culturalmente eran indígenas y los reconocía como tales la parentela paterna. Algunos de estos mestizos heredaron el cargo de lonkos al fallecer su progenitor.

La posesión de mujeres rubias daba prestigio al mapuche y contribuía a resaltar su condición de rico. De ahí la permanente incorporación a los linajes de las prisioneras procedentes aún desde la lejana Buenos Aires, para aportar su capacidad de reproducción a la sociedad nativa. Sumadas a los extranjeros que procreaban con nativas, las mujeres blancas representaban, sin embargo, un bajo porcentaje comparado con el de la población total indígena; sus genes, empero, no desaparecieron, y contribuyeron a propagar la mezcla sanguínea, cada vez más diluida, en un territorio aparentemente aislado de cualquier mixtura étnica.

La guerra defensiva

Los clérigos y los misioneros atribuían la prolongada lucha de la conquista y la difícil acción evangelizadora a la firme oposición mapuche para someterse al servicio personal. Los frailes abogaban por dejar vivir libremente a los nativos en sus tierras para que así autorizaran el ingreso de los misioneros y fuera posible pacificarlos mediante la conversión. Además, los religiosos propiciaban redimir a los esclavizados prisioneros de guerra y establecer una frontera definitiva, custodiada por soldados que sólo actuarían en defensa de los colonos asentados al norte de ella. El principal vocero de esta estrategia fue el jesuita Luis de Valdivia, autor de una gramática y de un vocabulario del mapudungún para el aprendizaje de sus hermanos de fe. Valdivia celebró reuniones o *parlamentos* con los mapuches con objeto de comunicarles la buena disposición de las autoridades para suprimir el servicio forzoso; pero los indígenas recibieron esta noticia sin dar mayores muestras de contento, pues les interesaba más saber si se les permitiría seguir practicando la poligamia.

Entretanto, los mapuches infligían derrota tras derrota a las fuerzas conquistadoras que se habían adentrado en sus lares. El gobernador García Ramón reaccionó con la orden de "pasar a cuchillo", sin mirar sexo ni edad, a quienquiera que fuese apresado durante las contiendas. La esclavitud, suprimida en 1605, se restauró por Real Cédula (1608). Se recrudecieron las *malocas* de los españoles destinadas a arrasar siembras, ganado y rucas mapuches con la vana esperanza de rendir a los indígenas por hambre. De paso, los españoles cazaban a niños y mujeres que iban a engrosar el mercado de siervos en el norte del reino, donde no abundaba la fuerza de trabajo.

El padre Valdivia recurrió a las autoridades virreinales e insistió en las ventajas de sus planes, apoyado por Juan de Villela, oidor de la Audiencia limeña, quien defendió el proyecto ante el virrey Juan de Mendoza y Luna, marqués de Montesclaros. Aprobada la guerra defensiva, se decidió someterla a consideración de la Junta de Guerra del Consejo de Indias, designando a Valdivia como representante. Tras intensos afanes, el jesuita logró la aceptación de su propuesta y obtuvo el nombramiento de Alonso de Ribera como gobernador. En 1612, éste y Valdivia se reunieron en Chile para cumplir sus respectivos cometidos.

Valdivia, investido de grandes poderes, liberó a los prisioneros y a algunos esclavos traídos desde el Perú;

84

ordenó que los soldados no traspasasen la frontera y convocó a una reunión de representantes mapuches en el fuerte de Paicaví, a la cual no asistieron los más reputados lonkos, para darles a conocer las nuevas medidas. En consideración a ello, los linajes presentes acordaron acoger en sus tierras a los jesuitas. Poco después, dos padres, Horacio Vechi y Martín de Aranda, junto con el hermano coadjutor, Diego de Montalbán, se dirigieron a Elicura, donde fueron bien recibidos; sin embargo, al día siguiente cayó sobre ellos una partida encabezada por el lonko Anganamón, quien estaba disgustado con Ribera y con Valdivia por no haberle devuelto a tres de sus mujeres, incluyendo una española, raptadas por un soldado. Los misioneros fueron brutalmente torturados y asesinados (1612). El gobernador, con anuencia del visionario jesuita, prohibió el ingreso de otros misioneros y reinició las violentas malocas, medida que los encomenderos secundaron con gran entusiasmo.

En 1617, una Real Orden, que no tuvo acogida, mandó reponer el sistema defensivo. El padre Valdivia, sin renunciar a la quimera de sus sueños pacíficos, viajó a España. Esta vez su agotador trajín por la Corte no le rindió frutos. En 1625, Felipe IV derogó la guerra defensiva y restableció la esclavitud de los rebeldes. El padre Valdivia permaneció en la península.

Entre "malones" y "malocas"

A pesar de la existencia de un ejército permanente, las luchas comenzaron a perder intensidad. A menudo se reducían a escaramuzas locales. Los mapuches embestían contra las haciendas aledañas al Biobío para robar animales y capturar españoles a fin de intercambiarlos por parientes caídos en manos españolas que, las más de las veces, ya habían sido vendidos como esclavos. A estos malones respondían los europeos con entradas, las malocas, cuyo objetivo era arrasar con todo lo que encontraban a su paso y atrapar la mayor cantidad posible de indígenas. Así, de refriega en refriega, a veces se unían varios linajes para asestar un golpe importante. En mayo de 1629 el toqui Lientur atacó a la hueste estacionada en Las Cangrejeras. Una hora y media de lucha le bastó para hacer volver grupas a la caballería y aniquilar a la infantería. Perecieron 70 españoles y 36 fueron apresados, entre ellos Francisco Núñez de Pineda y Bascuñán, bisoño soldado que recordaría las peripecias que sufrió en sus días de prisión en *El cautiverio feliz y razón de las guerras dilatadas del reino de Chile.* Dos años después, tras sucesivas derrotas, los peninsulares se desquitaron en Albarrada, dieron muerte a varios cientos de mapuches y caza a cerca de seiscientos, que rápidamente fueron llevados al mercado de esclavos.

Antonio de Acuña y Cabrera, uno de los más inescrupulosos gobernadores del siglo XVII, influido por sus cuñados, Juan y José de Salazar, rectores del tráfico de esclavos indígenas, intensificó la guerra lucrativa y con ello provocó una rebelión general que prendió desde el río Maule hasta el sur (1655). La frontera del Biobío hubo de retroceder hacia aquel punto, desamparando militarmente las estancias y haciendas que se localizaban entre ambos ríos. Sus moradores perdieron vidas, bienes, y cientos de mujeres fueron capturadas. Los defensores de los fuertes, al ser atacados en forma simultánea, buscaron refugio en Concepción, también en jaque. Sus pobladores se alzaron en armas y depusieron al gobernador, acción que refrendó, más tarde, el virrey del Perú. Al año siguiente, la subleva-

ción se apagó y se reanudaron las relaciones fronterizas predominantes hasta entonces. Contribuyó a ese relativo sosiego, sólo interrumpido por los dos levanta-
mientos generales del siglo XVIII, la abolición definitiva
de la esclavitud de los "indios de guerra" (1683).

Los parlamentos o la ilusión de la paz

El gobernador Francisco López de Zúñiga, marqués de
Baides, admirador de los jesuitas, creyó posible llegar a
acuerdos de paz con los mapuches. A tal efecto revivió el
sistema de los parlamentos, y convocó a una junta que se
celebraría el 6 de enero de 1641, en Quillín. El gobernador acudió acompañado de soldados y encomenderos; los lonkos lo hicieron con guerreros y grupos familiares. Intercambiaron discursos entre ellos, y López
de Zúñiga les prometió que conservarían sus territorios
y su libertad personal. En retribución, los lonkos consin-
tieron en canjear prisioneros, permitieron el libre tránsito a los misioneros y prometieron no aliarse con los
corsarios que merodeaban por las costas de Chile. En
seguida sacrificaron reses y corderos, rociando hojas de
canelo con la sangre del corazón de las bestias. En
señal de concordia, enterraron algunas armas y expre-
saron sus deseos de pacífica convivencia mientras per-
mutaban regalos.

Los parlamentos no dieron término a las luchas locales debido a que la paz que se había concertado
obligaba sólo a los linajes de los lonkos presentes. Los
españoles cayeron en el error de tratarlos, aun cuando
carecían de autoridad central, como un Estado. De hecho, cada grupo territorial actuaba por su cuenta. Si
habían estado ausentes durante los pactos de paz, organizaban malones de acuerdo con sus intereses; los

españoles respondían con malocas contra cualquier conglomerado indígena, lo que daba lugar a que se reanudaran las hostilidades, con periodos de tranquilidad cada vez más prolongados a partir de 1683. La guerra de Arauco, como una situación bélica permanente y sin cuartel, sólo existió durante la conquista y primera mitad del siglo XVII.

Los parlamentos posibilitaron la permanencia de Comisarios de Naciones y Capitanes de amigos dentro de la frontera. Éstos, generalmente mestizos u hombres conocedores del mapudungún y de las costumbres nativas, representaban a las autoridades coloniales, a las que mantenían al tanto de los movimientos indígenas, a la vez que actuaban de conciliadores en los conflictos internos de los indios o de intermediarios en los tratos con los *conchavadores,* nombre que recibían los mercachifles europeos.

Indios amigos e indios de guerra

Durante la Colonia, la sociedad mapuche se dividió artificialmente entre amigos y enemigos. Los primeros moraban cerca de los fuertes y de las ciudades, a cuyos habitantes servían, además de prestarles auxilio durante las malocas. Más confusa era la situación de los enemigos, pues a veces éstos también se aliaban con los peninsulares y les proporcionaban guerreros a cambio de una participación en el botín. La lealtad era, sin embargo, efímera, pues sólo la mantenían mientras atacaban a linajes secularmente antagónicos. Los nativos nunca olvidaron sus viejos odios, a pesar de sus intentos integracionistas, y buscaron una defensa más efectiva con la constitución de cuatro agrupaciones longitudinales, los *vutanmapu,* que ligaban a linajes localizados en la misma franja de relieve: *lavquenmapu* (costa), entre el mar y la Cordillera de la Costa; *lelvunmapu* (llanos), en la Depresión Intermedia; *inapiremapu* (cerca de la nieve), en la Precordillera y *piremapu* (de la nieve), en el Macizo Andino.

El comercio fronterizo

A la par con los cambios en las relaciones interétnicas provocadas por el establecimiento de la frontera, se activó un creciente comercio beneficioso para ambas partes. Los mapuches adquirían metales —excepto hierro—, vino y aguardiente, aunque estaba prohibido suministrárselos; sombreros, casacas, camisas, pañuelos, guantes y otras baratijas que aumentaban el prestigio de sus poseedores, contribuyendo a la diferenciación de *status* en su sociedad. Los españoles, por su parte, obtenían ponchos, mantas, frazadas —comercializados en los mercados peruanos—, caballos y reses, además de mujeres y niños, a los que adquirían mediante la *venta a la usanza*, llamada así por seguir la costumbre mapuche de dar hijos en trueque por bienes materiales.

El intercambio generó contactos permanentes, a la vez que favoreció el traspaso de costumbres, creencias y modos de vida amalgamados para engendrar el peculiar comportamiento fronterizo.

El regreso de corsarios y filibusteros

El ejército permanente asumió también la defensa del litoral chileno amagado por el peligroso recorrido de naves enemigas de España. En 1615, el holandés Jorge van Spilbergen procuró, vanamente, hallar un paso hacia Occidente, menos riesgoso que el magallánico, en el extremo austral del reino. Malogrado su propósito, saqueó la isla Santa María y, tras reaprovisionarse en Papudo, enfiló rumbo al norte. Sus coterráneos Jacobo le Maire y Cornelio Shouten descubrieron la isla de los Estados, el estrecho de Le Maire y el cabo de Hornos, con lo cual contribuyeron con otra ruta del paso al poniente (1616). Siete años después, Jacobo L'Hermite, al frente de una poderosa escuadra de marinos-colonizadores, trató de asentarse en algún sector de los dominios españoles; recaló en Juan Fernández y efectuó un fallido asalto a El Callao. Una empresa similar al mando de Enrique Brouwer, financiada por la Compañía Holandesa de las Indias Occidentales, cruzó en 1643 el cabo de Hornos y se apoderó de Castro en Chiloé, ciudad a la que atracó y quemó antes de abandonar. Luego, Brouwer ocupó las ruinas de Valdivia, donde falleció. Su sucesor, Elías Herckmans, celebró un aparatoso parlamento con los mapuches del lugar, logrando su autorización para establecerse allí a cambio de prestarles ayuda en la lucha contra los españoles. Pero cuando los nativos verificaron que sus aliados holandeses también querían utilizarlos para trabajar en los cercanos lavaderos de oro, los obligaron a retirarse.

El virrey del Perú, marqués de Mancera, a fin de impedir la repetición de estos hechos, ordenó fortificar y repoblar Valdivia, a la que envió 2 000 soldados (1645). A partir de 1646, Valdivia pasó a depender administrativamente del virreinato.

Bartolomé Sharp, capitán del famoso filibustero Enrique Morgan que señoreaba el mar Caribe, atravesó el istmo de Panamá, robó un navío y comenzó a asolar las costas del Pacífico. En diciembre de 1680 se apoderó de La Serena y exigió el pago de un rescate que ascendía a 100 000 pesos de oro de ocho reales cada uno. Sus habitantes, en fallida acción, trataron de evitar tan oneroso desembolso apoderándose del barco. La represalia fue inmediata. Sharp sometió a pillaje la ciudad y la incendió. En 1686, La Serena fue asaltada de nuevo por otro pirata, Eduardo Davis. La población, preparada ahora para tal eventualidad, lo rechazó y dio muerte a varios agresores.

La administración colonial

La máxima autoridad de la Capitanía General de Chile era el gobernador, quien además presidía la Real Audiencia, reinstalada en 1606 en Santiago. Debido a sus atribuciones civiles, militares y judiciales, recibía el tratamiento de gobernador, capitán general y presidente. Dependía directamente del monarca, aunque estaba sujeto al virrey del Perú. Su mandato, renovable, duraba cinco años, al término de los cuales se le sometía a un juicio de residencia en el que debía responder por las actuaciones en el desempeño del cargo. Con objeto de asegurar la transparencia de su conducta, le estaba vedado contraer matrimonio con las naturales del reino, apadrinar niños o participar en negocios particulares. Designaba a los corregidores, encargados de gobernar el territorio de la ciudad, con poderes similares a los suyos. La amplitud de éstos propiciaba abusos de autoridad. Con el tiempo, se obligó a los corregidores a visitar las encomiendas y los pueblos de indios —fundados por el gobernador Tomás Marín de Poveda— en Rere, Itata, Talca y Chimbarongo (1695), a fin de escuchar y resolver sus quejas. La defensa de los nativos estaba en manos del protector de indios, quien debía velar por su bienestar material y espiritual, salvaguardándolos de las extralimitaciones de sus encomenderos.

Ejercía el mando del ejército en campaña, con la facultad de representar al gobernador, un maestre de campo.

La probidad de los mandatarios del siglo XVII fue puesta varias veces en duda. A la destitución a petición popular de Acuña y de Cabrera se agregaron otras que obedecieron a una decisión del virrey a instancias de los oidores o de las autoridades eclesiásticas. Los anales registran la arbitraria y despótica administración de Francisco Meneses, apodado, desde muy joven, *el Barrabás*. Este individuo cometió toda clase de tropelías; incluso desposó, secretamente, a una acaudalada criolla. Al enterarse que el virrey lo había depuesto, Meneses, temeroso de posibles represalias en su contra, huyó al sur; fue capturado y obligado a regresar, montado en mula, a Santiago, donde lo aguardaba una agresiva muchedumbre. Se le encarceló engrillado para prevenir su probable fuga.

La hacienda, *centro de la actividad económica*

Las mercedes de tierras que se concedieron a los conquistadores se acrecentaron mediante la compra, la herencia o el matrimonio, a medida que los terrenos iban adquiriendo mayor valor como consecuencia de la disminución de las faenas mineras y el abandono de las ciudades del sur. Así se conformó la gran propiedad agrícola entre los ríos Copiapó y Biobío, que incluía desde los más fértiles terrenos hasta los estériles pedregales. Las haciendas, apartadas de los centros urbanos o de los polvorientos caminos reales coloniales, llevaban una vida lánguida. El aislamiento las hizo autosuficientes, de modo que en ellas se realizaban todas las actividades requeridas para satisfacer las necesidades de sus habitantes que, a falta de moneda, practicaban el trueque, las reciprocidades o ayudas mutuas. Las haciendas mejor ubicadas abastecían a las ciudades, y transportaban sus productos en carretas tiradas por bueyes o a lomo de mula, participando, además, en el comercio exterior, orientado esencialmente al Perú, a través de los puertos de Coquimbo, Valparaíso, Talcahuano, Valdivia y Castro, esta última, eterna proveedora de maderas de alerce.

Las haciendas, que conservaban sus raíces estancieras, criaban ganado y realizaban las faenas propias de tal actividad. Importancia fundamental tuvo la exportación de sebo, materia prima para elaborar velas y jabón, y de cueros para abastecer los requerimientos de arreos, montura y calzado de los mineros de Potosí que, además, era un gran mercado de mulas a cuya crianza se dedicaron, en detrimento de la cría de caballos, los predios del Norte Chico, centro de la minería del cobre, que se enviaba a España para regresar, por obra del monopolio comercial, transformado en bronce o cañones.

A partir de 1690 adquirió creciente valor la siembra de trigo, pues la plaga del polvillo negro arruinó el distrito cerealero peruano, cuando en las otras regiones agrícolas se llevaba a cabo la reconversión al cultivo de productos subtropicales. Chile se convirtió en el granero del virreinato.

Las órdenes religiosas eran las mayores latifundistas, pues adquirían propiedades por legados, donaciones o compras. La Compañía de Jesús logró formar importantes complejos de economía agropecuaria y artesanal gracias a la incorporación de maestros, técnicas y herramientas europeos en sus pertenencias territoriales o *temporalidades*.

Las nuevas formas de trabajo

Las haciendas se nutrían de mano de obra alquilada a los encomenderos. Al disminuir la población indígena, se contrató a nativos libres, cuyas tareas, tiempo de trabajo y salario estaban estipulados en un documento llamado *asiento de indios*, que también consignaba los auxilios por recibir en caso de enfermedad.

En 1635 se promulgó la *tasa de Laso de la Vega*, en la que se gravaba a los encomendados con un tributo de 10 pesos de oro de ocho reales cada uno, pagaderos en dinero o en especie. Una vez que hubiesen cancelado dicha cuota, los encomendados podían negociar libremente su empleo en otros trabajos. La ordenanza, como las anteriores, no tuvo mayor efecto. La escasez de fuerza laboral indujo a los encomenderos de Mendoza a dar en arriendo indios de estirpe *huarpe* a los de Santiago. También se recurrió a la compra de mapuches esclavizados, práctica que se abolió en 1683 y, sobre todo, a los siervos negros, cuya presencia aumentó considerablemente en las primeras décadas del siglo XVII. Posteriormente, los mestizos, que se habían convertido en peones asalariados, dominaron, debido a su gran número, las faenas agrícolas, lo que los llevó a ocupar una posición algo inferior a los *inquilinos*, quienes pagaban rentas simbólicas por el uso de la tierra.

La escasez monetaria

Los yacimientos de oro y de plata explotados en Copiapó no sustituyeron la producción de los perdidos lavaderos auríferos sureños. La moneda desapareció prácticamente como medio de pago, y sólo circulaban algunas que se habían acuñado en el Perú, provenientes del real situado, aun cuando dos terceras partes de éste se gastaban en la adquisición de bienes para el ejército en el propio virreinato. En la segunda mitad del siglo, la falta de metálico llegó a tal extremo que la Corona ordenó enviar el situado íntegramente en dinero. Entonces, las remesas se atrasaron dos años o más, con el consiguiente perjuicio para la economía general, pues las entradas fiscales no alcanzaban 50% de su valor. Debido a ello, la actividad comercial descansó, en gran medida, en el trueque de bienes o de éstos por servicios.

El sistema educativo

Al igual que en el siglo XVI, los cabildos sostenían escuelas de primeras letras con alumnado exiguo. Como sus maestros eran laicos, los alumnos concurrían todos los viernes a los conventos para recibir los fundamentos de la doctrina católica. Mercedarios, franciscanos, dominicos y jesuitas, además de enseñar a leer y escribir a una mayor cantidad de alumnos, mantenían "escuelas de gramática" a las que se ingresaba a partir de los 12 años. Allí impartían gramática, latín, filosofía, moral, retórica, geografía y rudimentos de geometría. A falta de papel, escribían sobre tablillas cepilladas. La más importante de estas escuelas era el Convictorio de San Francisco Javier (1611) bajo la dirección jesuita, al igual que el Colegio Máximo de San Miguel, donde los novicios recibían instrucción en teología, moral y filosofía escolástica, lo cual posibilitó que se le reconociera como Universidad Pontificia (1621), al igual que la de Santo Tomás de los dominicos (1622); ambas universidades sólo contaban con facultades de artes y de teología, y ofrecían grados de bachiller, licenciado y doctor a los futuros monjes y clérigos. Cualquier otro tipo de estu-

dios superiores debía realizarse en la Universidad de
San Marcos, en Lima, fundada en 1551, o en España.

La carencia de libros y de profesores constituía una
de las mayores dificultades con que tropezaba la educación en Chile. Aun cuando los jesuitas poseían una
excelente biblioteca, con autores propios, las de las otras
órdenes religiosas contenían obras de teología, biogra-
fías de santos, cánones, oratoria y, en menor proporción, derecho e historia. De las bibliotecas particulares
se sabe que el cirujano Francisco Maldonado de Silva
tenía 58 libros cuando fue aprehendido por los oficiales
de la Inquisición (1627) y que Melchor Jofré del Águila
poseía 540 títulos hacia 1660, caso que no es de extra-
ñar, pues fue autor del poema épico *Compendio historial
del descubrimiento, conquista y guerra del Reino de Chile*,
impreso en Lima en 1630.

La literatura

La crónica continuó siendo el género literario preferi-
do. Su temática se relacionaba, principalmente, con las
prolongadas guerras de conquista. El padre Diego de
Ocaña publicó *Relación de un viaje a Chile, 1600.* Alonso
González de Nájera envió al rey un largo memorial intitulado *Desengaño y reparo de la guerra del Reino de Chile*
(1614). Alonso de Ovalle, jesuita chileno, escribió *Histórica relación del Reino de Chile*, editado en Roma (1646).
Santiago de Tesillo dio a luz *Guerra de Chile, causas de su
duración, advertencias para su fin, ejemplarizadas en el Gobierno de don Francisco Laso de la Vega* (1647). Diego de
Rosales, jesuita español, compuso la *Historia General del
Reino de Chile, Flandes Indiano* (1670). Entre los poemas
épicos se encuentra el *Purén Indómito,* de Diego Arias de
Saavedra, relato del levantamiento mapuche de 1598.

96

La biografía tuvo en el ya mencionado Núñez de Pineda y Bascuñán su mejor expresión, y el derecho halló la suya en el *Gobierno eclesiástico pacífico y unión de los dos cuchillos,* de fray Gaspar de Villarroel, obispo de Santiago, obra que se publicó en Madrid (1656).

Las manifestaciones artísticas

El barroco, al igual que en los otros reinos americanos, fue la expresión del mestizaje artístico que se basó en motivos esencialmente religiosos. La influencia cuzqueña se reflejó tanto en cuadros místicos como en retratos. Los artistas peruanos pintaron una serie de escenas de la vida de San Francisco, destacando Juan Zapaca Inga, único que firmó sus telas. También la policroma imaginería quiteña fue rudimentariamente copiada por los artesanos locales.

EL REFORMISTA SIGLO XVIII EN EL REINO DE CHILE

Con el fallecimiento de Carlos II (1700) se extinguió en España la dinastía de los Habsburgo. La corona recayó en Felipe V, primer miembro de la familia Borbón, quien autorizó la emigración francesa a América. Los franceses se interesaron en desarrollar la minería, la agricultura, el comercio y la industria, y contribuyeron a refinar el gusto y las toscas maneras coloniales. Introdujeron, además, de contrabando, los textos filosóficos en que se inspiró la Revolución francesa.

Los Borbones modificaron la administración colonial, y designaron a funcionarios ilustrados para desempeñar los altos cargos; abrieron el comercio entre América y España y fomentaron el tráfico mercantil entre los reinos del Nuevo Mundo. En Chile, dieron inicio a la urbanización y promovieron la exploración científica del territorio. Santiago se transformó en una verdadera capital, notoria expresión del progreso material que caracterizó a la última centuria colonial.

Los rebeldes comienzos de siglo

Poco antes de morir Carlos II, asumió el cargo de gobernador Francisco Ibáñez Peralta, quien venía decidido a lograr rápida fortuna. Solicitó a los más pudientes vecinos créditos que no canceló; compró haciendas; vendió, en propio provecho, cargos públicos vacantes y se propuso reactivar la conquista, avanzando desde Chiloé hacia el norte con el claro propósito de capturar a mapuches para venderlos como esclavos, en flagrante desconocimiento de la prohibición de 1683. El ejército permanente estaba en graves aprietos, pues los soldados no recibían su paga desde hacía ocho años. El situado largamente esperado llegó en 1702, pero Ibáñez lo repartió arbitrariamente, y se reservó para sí una importante suma. Las guarniciones de los fuertes de Yumbel y Arauco se alzaron en armas y marcharon hacia Concepción sin lograr obtener el apoyo de las tropas que la defendían. El gobernador prometió indultar a los rebeldes a condición de que depusieran su actitud, y ellos aceptaron, pero, receloso de una nueva sublevación, Ibáñez separó de sus cargos a los oficiales implicados, lo que motivó una enérgica protesta de los tercios de Yumbel. Ibáñez, al frente de las huestes leales, se dirigió a castigar la arrogancia. Cuando el encuentro parecía inminente, un jesuita, el padre Flores, se puso en medio de los bandos y ofreció obtener el perdón general de los involucrados, amparando a sus cabecillas en la iglesia. Ibáñez, sin embargo, pasó por alto la inmunidad religiosa, y ordenó apresarlos y someterlos a juicio sumario. Condenados a la pena del garrote, sus cadáveres se expusieron para público escarnio en la plaza de Yumbel. La generalizada reacción contra este hecho precipitó la caída de Ibáñez.

Lo remplazó Juan Andrés de Ustáriz, que llegó con instrucciones precisas para terminar con el contrabando francés porque provocaba la quiebra de los comerciantes y graves daños al erario real. El mandatario había perdido su fortuna en la guerra de sucesión en España, y estaba resuelto a rehacerla. A cambio de comisiones, dejó operar libremente a los contrabandistas y contrajo matrimonio secreto con una dama de la aristocracia, actos que aceleraron su destitución (1717). Para ese entonces había terminado la guerra entre España e Inglaterra. Felipe V, habiendo perdido las posesiones europeas, dedicó todos sus esfuerzos a organizar la administración de las de ultramar. Embebido en los principios del despotismo ilustrado, distribuyó los cargos a hombres preparados para ejercerlos. Así fue como llegaron a América buenos gobernantes, que se caracterizaron por compartir un proyecto común de conducción política, elaborado por la propia corte, empeñada en la creación de un Estado nacional.

Los gobernadores ilustrados

Gabriel Cano de Aponte (1717-1733) comenzó el plan de obras públicas destinadas a mejorar la producción agrícola; luchó para erradicar el contrabando y combatió, con relativo éxito, a corsarios y piratas. Se enfrentó a la rebelión general mapuche de 1723, y acordó la paz en el parlamento de Negrete (1726).

José Antonio Manso de Velasco (1737-1745) inició la política de urbanización, fundando pueblos y villas para facilitar la defensa contra bandoleros que devastaban estancias y haciendas: en 1740 erigió San Felipe el Real en el valle de Aconcagua; en 1742, Santa María de los Ángeles, Nuestra Señora de las Mercedes de Manso de Tutuvén (Cauquenes), San Francisco de Tinguiririca, y refundó San Agustín de Talca; en 1743, Santa Cruz de Triana (Rancagua), San José de Logroño (Melipilla), San José de la Buenavista de Curicó y, en 1744, San Francisco de la Selva (Copiapó). En premio a su actuación se le nombró virrey del Perú y se le otorgó el título de conde de Superunda.

Domingo Ortiz de Rozas (1745-1755) continuó la tarea urbanizadora; en 1749 fundó San Antonio Abad de Quirihue y Jesús de Coelemu. Reconstruyó Curicó, Talca, Cauquenes, Chillán y Concepción, destruidas por el terremoto de 1751. Trasladó a esta última de Penco al valle de la Mocha, para protegerla de los maremotos (1754). En 1753 nacieron Santa Bárbara de Casablanca y Santa Ana de Briviesca (Petorca); al año siguiente, Santo Domingo de Rozas (La Ligua) y San Rafael de Rozas, cerca de Illapel. Ortiz de Rozas se preocupó por hermosear la capital y levantar tajamares contra las permanentes inundaciones del río Mapocho. Estimuló el comercio del trigo con el Perú; dictó una ordenanza de minas y constituyó el estanco del tabaco en beneficio de la Corona. En 1749 empezaron a circular las primeras monedas acuñadas en Chile por Francisco García Huidobro, a quien Felipe V concedió el derecho de establecer una Casa de Moneda (1743); ésta pasó a dominio real en 1770. En 1747 se inauguró la Real Universidad de San Felipe. En recompensa a sus servicios, Ortiz de Rozas recibió el título de conde de Poblaciones. Ya septuagenario, solicitó ser relevado del cargo para regresar a España. Falleció cerca del cabo de Hornos, en 1756.

Sus sucesores mantuvieron la línea de buen gobierno, hasta que asumió el cargo Ambrosio O'Higgins (1788-1796), el más destacado de los mandatarios ilustrados. Este gobernador emprendió una enorme cantidad de obras públicas: el camino de carretas entre Santiago y Valparaíso, por las cuestas de Lo Prado y Zapata; la ruta transandina hacia Uspallata y los tajamares definitivos del río Mapocho. Continuó la edificación de la Casa de Moneda y de la fachada de la catedral de Santiago. Abolió las encomiendas, concluyendo con el trabajo obligatorio de los indígenas (1791). Convocó al último gran parlamento del siglo XVIII, en Negrete (1793). Fundó las villas de San Ambrosio de Vallenar, San Francisco de Borja de Combarbalá e Illapel (1788); San Javier de Maullín (1790); Santa Rosa de los Andes y San José de Maipo (1791); Nueva Bilbao de Gardoquí (Constitución) y San Ambrosio de Linares (1794); Reina Luisa de Parral (1795) y planeó repoblar Osorno (1796). Estableció el Real Tribunal del Consulado (1795). O'Higgins recibió los títulos de barón de Ballenary (1795) y marqués de Osorno (1796). Fue promovido al cargo de virrey del Perú.

Las relaciones fronterizas

La intensa actividad que desplegaron los gobernadores fue, en gran medida, favorecida por el sosiego de la frontera, atribuible a la creciente actividad comercial que se desarrollaba en su interior. Decenas de mercaderes, españoles o mestizos, circulaban sin apremio durante los meses estivales, junto con sus recuas de mulas, trocando o *conchavando* mercaderías por ganado, mantas, ponchos y sal. Acampaban cerca de las rancherías de lonkos y de ulmenes, quienes hacían las veces de empresarios de sus parientes, o en las rucas de los aculturizados capitanes de amigos. Asimismo, participaban en festejos que reafirmaban los lazos de reciprocidad inherentes a este tipo de intercambio. Tenían relaciones sexuales con mujeres nativas, contribuyendo al mestizaje al derecho dentro del mestizaje al revés. Una vez efectuadas sus transacciones seguían adelante, continuaban en busca de otros linajes, probablemente enemigos de los anteriores, disfrutando de una neutralidad sin parangón en los tortuosos vínculos indígenas. A su regreso, las mulas iban cargadas con las mercancías que habían dejado en manos de sus "socios comerciales", quienes les brindaban, además, reparadora hospitalidad. La misma neutralidad, demostración de la importancia asignada a estos tratos por los mapuches, les permitía arrear, sin tropiezos, la recua de animales hasta la frontera. Las autoridades, siempre escasas de dinero, pensaron en gravar dichos convenios con alcabala, o impuesto a la compraventa, así como realizar ferias periódicas para controlar su recaudación. Contribuían también a la estabilidad los parlamentos celebrados aparatosamente cada vez que un nuevo gobernador asumía su cargo, lo que hizo de ellos trascendentes elementos dentro de la singular vida fronteriza. En esos parlamentos se planteaban quejas y se acordaban arreglos.

La mapuchización transandina

La necesidad de sal que los españoles tenían originó otra forma de trueque interétnico, ya que los pehuenches explotaban las salinas del sector cordillerano y de las pampas orientales. En el siglo XVIII comenzó el desplazamiento de mapuches hacia aquellas regiones, acicateados por la posibilidad de *malonear* estancias cuyanas o bonaerenses, para apoderarse de ganado y mujeres, no siempre fáciles de obtener por medio de los pehuenches, a quienes terminaron por desplazar de sus pinares y tierras seculares cercanos a los yacimientos de sal. De este modo transculturizaron y mapuchizaron regiones tradicionalmente habitadas por bandas de cazadores-recolectores.

Las rebeliones mapuches

La vida fronteriza generaba también tensiones que podían desembocar en refriegas armadas. Fue lo que sucedió cuando el maestre de campo, Manuel de Salamanca, intentó, valiéndose de los capitanes de amigos, monopolizar el comercio interior. De Salamanca y los suyos cometieron una serie de tropelías contra mapuches y conchavadores, generando un clima de descontento que culminó con el asesinato del capitán de amigos de Quechereguas, preludio a la rebelión general de 1723. Los fuertes y las misiones levantados al meridión del Biobío fueron abandonados ante el acoso indígena, que saqueaba las estancias aledañas, al tiempo que las avanzadas españolas al sur de la frontera también quedaban desamparadas. El parlamento de Negrete de 1726 selló las paces.

En 1765 prendió otro alzamiento cuando el gobernador Antonio de Guill y Gonzaga intentó reducir a pueblos a los mapuches, obligando a convivir, en un mismo espacio, a distintos linajes, lo cual, para la mentalidad nativa, los exponía a una serie de calamidades al tener que compartir un territorio con individuos ajenos a su parentela. Aunque aceptaron, en principio, la idea y colaboraron en los trabajos previos al levantamiento de las villas, los lonkos del *vutanmapu* de los llanos, la zona más afectada por la urbanización, se rebelaron en 1766 y cayeron sobre los nacientes poblados, de los que forzaron a huir a los españoles asentados en ellos. La insurrección terminó tan pronto como a los lonkos se les comunicó que la orden quedaba sin efecto. Los vutanmapu de la costa y de la precordillera, sin embargo, continuaron alzados hasta 1770. Un año después olvidaron los agravios en el parlamento de Negrete, y se mantuvieron en paz hasta 1819.

Embajadores mapuches

El gobernador Agustín de Jáuregui y Aldecoa, influido al parecer por la importancia atribuida a los vutanmapu en la anterior rebelión, pensó que era posible tratar a los mapuches como si constituyesen cuatro Estados, de modo que les solicitó que enviasen representantes a Santiago con objeto de tener una fluida comunicación y resolver cualquier conflicto a la brevedad posible. En su fuero interno, De Jáuregui creía que ellos podrían ser valiosos rehenes. En 1774 los recibió en palacio y les asignó sus residencias. El inusual comportamiento de los "embajadores" provocó burlas entre los santiaguinos, ante las cuales los emisarios indígenas reaccionaron pidiendo autorización para regresar a sus tierras por no sentarles bien el clima capitalino.

El retorno de corsarios y piratas

La guerra de sucesión al trono español hizo reaparecer corsarios ingleses en las costas americanas. En enero de

1709, dobló el cabo de Hornos una expedición de dos barcos al mando de Woodes Rogers. Se dirigieron hacia Juan Fernández para reaprovisionarse de agua y cazar cabras —que habían dejado allí anteriores piratas—, cuya carne conservaban en salazón. Rogers rescató a un marinero escocés, Alejandro Selkirk, contramaestre del barco *Cing Ports*, al mando del capitán Stradling, quien lo confinó en el archipiélago para que templase su carácter (1704), y que había permanecido solitario hasta el reencuentro con sus congéneres, cuya lengua había olvidado. Sus aventuras inspiraron la novela *Robinson Crusoe,* del inglés Daniel Defoe, quien ambientó su narración en una isla tropical y concedió al singular náufrago la compañía de un nativo. Rogers asoló las costas desde el Perú hasta México, para regresar a Inglaterra con un rico botín.

En 1720, Juan Clipperton y Jorge Shelvocke incursionaron por las radas chilenas, donde apresaron naves mercantes. Paralizaron el comercio al cerrarse los puertos por temor a sus embates. Un año después, se hacía presente el holandés Jacobo Roggeween. Éste recorrió el litoral sin incursionar sobre los fondeaderos. A su regreso descubrió la isla de Pascua (1722).

En 1740 Inglaterra decidió amagar a las colonias españolas enviando una expedición de seis navíos comandados por lord Jorge Anson. Este marino atravesó el cabo de Hornos en medio de tormentas que dañaron seriamente la escuadra. Se rehizo en Juan Fernández; luego capturó dos bajeles que traficaban entre el Perú y Chile. Enfiló al norte para apresar, en Acapulco, el galeón de Manila. Dueño de un cuantioso botín, Anson retornó a su país natal en 1743.

Las expediciones científicas

El interés por reconocer geográficamente y observar la realidad de estos lejanos reinos atrajo a numerosos científicos franceses, españoles e ingleses. El ingeniero galo Amadeo Frezier visitó Concepción, Santiago, La Serena y Copiapó. Levantó mapas, planos y dibujos, donde describió las costumbres de sus habitantes, mismas que plasmó en la *Relación de un viaje en el mar del Sur, a las costas de Chile y Perú realizado durante los años 1712, 1713 y 1714*.

Los españoles Antonio de Ulloa y Jorge Juan, a petición del virrey del Perú, que planeaba fortificar a éste para impedir el abastecimiento de los piratas, exploraron las costas de Juan Fernández y las riberas del Pacífico chileno (1743). En 1748 publicaron *Relación histórica del viaje a la América Meridional*. Escribieron, además, un informe al rey intitulado *Noticias secretas de América*, con severas críticas a la administración colonial.

John Byron recorrió el estrecho de Magallanes, y levantó la carta más exacta conocida hasta entonces (1768). El francés Luis Antonio de Bougainville también incursionó por el mismo sector, trabando contacto con tehuelches, selknam y alacalufes, e hizo una recopilación de valiosas informaciones sobre sus modos de vida. Editó *Viaje alrededor del mundo de la fragata del Rey La Boudesse y la goleta L'Etoile en 1766, 67, 68 y 69*. Tierra del Fuego fue explorada por James Cook, quien confeccionó un detallado mapa de las costas y los canales adyacentes, durante sendos viajes efectuados en 1769 y 1772.

En 1777 Pedro Mancilla y Cosme Ugarte iniciaron las investigaciones españolas en la región austral de Chile, sondeando las costas occidentales de la Patagonia. Francisco Hipólito Machado, un año después,

hacía lo mismo entre el golfo de Penas y la península
de Tres Montes. Joseph Dombey encabezó una misión
botánica a la cual se integraron los españoles Hipólito
Ruiz y Juan Pavón, con objeto de reunir muestras de
insectos, vegetales y minerales en el Perú y Chile. Lamentablemente, el esfuerzo desplegado durante cuatro
años (1779-1783) se perdió, pues insectarios y herbola-
rios se hundieron con la nave que los transportaba.
Entre 1785 y 1786, Antonio de Córdoba examinó y car-
tografió el estrecho de Magallanes. Juan Francisco
de Galoup, conde de La Pérouse, a comienzos de 1786
cruzó el cabo de Hornos en dirección a Talcahuano;
confeccionó su plano y describió el estado social y
económico de la región. De allí enfiló a Oceanía. Se
detuvo en la isla de Pascua. Estudió los hábitos isleños
y dibujó sus monumentos. Naufragó cerca de las islas
Hébridas (1788). El mismo año José de Moraleda
inspeccionó el archipiélago de Chiloé, sus canales y las
costas continentales desde el río Maullín hasta Palena.
Alejandro Malaspina, marino italiano al servicio de
España, levantó mapas y cartas marinas de los pasos
que unían a los dos océanos (1789). En 1793 regresó
Moraleda navegando por la costa continental de Chiloé
hasta el río Aisén. Sondeó el archipiélago de los Chonos
y el golfo de Reloncaví; durante su recorrido elaboró
mapas y dio nombre a los canales e islotes desconocidos, hasta el lago Todos los Santos. A él se deben los
más acabados estudios realizados por navegantes peninsulares en la región. Jorge Vancouver inspeccionó
Valparaíso, Santiago y los canales sureños (1795);
estampó sus observaciones en *Viaje de descubrimiento del
Océano Pacífico del Norte y vuelta al mundo.* Así, al terminar el siglo, gran parte del Chile insular austral había
dejado de ser *terra ignota.*

Debido a la política mercantilista aplicada por la Corona española en sus dominios, Chile debía importar bienes elaborados a cambio de metales preciosos y materias primas, ya que le estaba vedado producir localmente los artículos que ofrecía España. Un sistema de flota y galeones centralizaba el comercio siguiendo la ruta Sevilla-Cartagena de Indias-Portobello (Panamá)-Lima y, finalmente, Valparaíso. El régimen anterior recargaba enormemente los precios y ocasionaba la discontinuidad en el abastecimiento, debido a la escasez de naves que efectuasen la travesía.

La guerra de sucesión desarticuló el sistema, pues la Corona no contaba con suficientes navíos de guerra para proteger la flota mercante, siempre amagada por piratas y corsarios. Se recurrió, entonces, a barcos franceses para mantener el intercambio con América, lo cual favoreció el contrabando debido a los bajos precios con que transaban sus mercancías los galos. Concepción fue el principal centro del negocio ilegal, ya que contaba con la protección de algunos gobernadores que, incluso, hicieron las veces de empresarios. El comercio se atiborró de mercaderías; las pocas monedas circulantes desaparecieron y muchos comerciantes quebraron al no poder cancelar los créditos contraídos, provocando la bancarrota de sus abastecedores franceses en 1716.

Tres años antes, los ingleses habían obtenido el privilegio de la trata de esclavos negros en América por 30 años, así como el colocar anualmente, en Portobello y Veracruz, 500 toneladas de artículos liberados de derechos aduaneros. Instalaron una *factoría* en Buenos Aires, a fin de colocar negros en Chile y el Perú. Los barcos en que los transportaban iban abarrotados de

mercancías internadas fraudulentamente a Chile y, vía
terrestre, al Alto Perú. Como si esto fuera poco, en 1739
Portobello cayó en manos de los británicos, perdiéndose así el único lugar fortificado capaz de guarecer embarcaciones cargadas de metales preciosos. Entonces se
abrió la ruta del cabo de Hornos, con autorización para
navegar entre Cádiz y los puertos del Pacífico sud-
americano. Los *navíos de registro,* como se llamó al nuevo sistema, pagaban un impuesto al momento de zarpar
y verificarse que no cargaban artículos prohibidos. En
Chile bajaron los precios cuando se prescindió de los
intermediarios limeños, de modo que el comercio establecido volvió a prosperar.

En 1778 Carlos III dictó el *Reglamento y Aranceles
Reales para el Comercio libre de España e Indias,* que abrió
al tráfico a la mayoría de los puertos peninsulares
y americanos, entre ellos Valparaíso y Concepción, y
redujo o eliminó algunos impuestos. El mercado volvió
a saturarse. Los precios disminuyeron, lo que significó
la ruina de muchos comerciantes que vendían con
pérdidas para cumplir con sus compromisos financie-
ros. La abundancia de artículos importados, por otra
parte, aniquiló la artesanía y los obrajes locales.

Un comercio exterior deficitario

Las compras efectuadas al Perú superaban ampliamen-
te a las colocaciones chilenas debido al bajo precio de
los bienes exportados. El trigo representaba casi 50%
de las entradas que se obtenían en dicho intercambio.
También existía un modesto tráfico con Paraguay, desde donde se traía la apetecida yerba mate, y en Buenos
Aires se colocaban artefactos de cobre, cueros y almen-
dras. Sin embargo, el total de los envíos representaba

sólo 5% del valor de la yerba mate. El equilibrio se lograba cancelando en oro y plata, metales que también viajaban a Europa, junto a lingotes de cobre, pues las importaciones europeas de productos chilenos eran ínfimas. A raíz de ello, el reino sufría una permanente restricción monetaria. Ambrosio O'Higgins y Manuel de Salas, en las postrimerías del siglo, intentaron paliar esta situación estimulando la introducción de cultivos industriales y la creación de nuevas fuentes manufactureras, pero no tuvieron éxito.

El Real Tribunal del Consulado

El incremento de la actividad mercantil llevó a la instalación en Chile de este organismo que agrupaba a los mercaderes locales y administraba justicia en materia comercial. Tenía, además, como finalidad proteger y fomentar la actividad, procurando el desarrollo y la modernización de la agricultura. Manuel de Salas fue nombrado síndico o encargado de velar por el cumplimiento de las ordenanzas del Real Tribunal. Un año después, Salas presentó el *Memorial sobre el estado de la agricultura, industria y comercio en el reyno de Chile*. Antes de que se fundara el Real Tribunal (1795), los comerciantes debían recurrir al consulado de Lima.

Las actividades agropecuarias

El aumento de la población y de los mercados peruanos se tradujo en el incremento de las superficies destinadas al cultivo de trigo, principal rubro de exportación del siglo, mediante la incorporación de las tierras marginales, a las que se aplicaron sistemas de riego artificial, a las grandes haciendas de Santiago y Concepción, que, por su cercanía a los puertos comerciales, estaban en una posición más ventajosa. Al tradicional sistema del inquilinaje se agregó la fuerza de trabajo de los peones libres, en su mayoría mestizos, que pactaban con el patrón o hacendado sus salarios, consistentes en alimentos y algo de dinero, mediante acuerdos verbales. La ganadería proporcionaba cuero y sebo. La carne y la leche, por su condición perecedera, carecían de importancia económica, a no ser que se les transformase en charqui y en queso, respectivamente.

La actividad minera

El desarrollo del comercio estimuló el resurgimiento de la minería. La plata, que representaba la producción metalífera más significativa, se extraía en Copiapó, Coquimbo, Putaendo y el Cajón del Maipo; el oro, en los diversos lavaderos que podían encontrarse hasta Concepción, y a partir de 1714, el cobre en Coquimbo. En general, las faenas mineras se concentraban entre Copiapó y el río Maipo. Un capataz dirigía los grupos de peones en nombre del *habilitador*, empresario que les entregaba todo lo necesario para la tarea; normalmente, el habilitador mantenía, también, un trapiche para moler el mineral y un horno de fundición.

La minería creó dos nuevos tipos humanos: el *pirquinero*, trabajador solitario que laboraba en los filones abandonados o relavaba arenas auríferas, y el *cateador*, quien a lomo de mula recorría cerros y quebradas buscando la veta que le permitiera cumplir sus sueños de grandeza.

Desde 1787, la actividad minera se reglamentó por

111

un cuerpo de normas adaptadas a partir de la *Ordenanza de Minería de Nueva España*, primer paso para constituir el Real Tribunal de Minería (1802).

La producción artesanal

La elaboración de productos de cobre de uso casero, como son braseros, pailas y fondos, dominaba sobre la factura de campanas y alambiques. Su calidad permitía colocarlos en los mercados de Buenos Aires, al igual que los artículos de cuero: calzado, riendas, monturas o tabaqueras. Artesanos bávaros, traídos a Chile por los jesuitas en 1748, elaboraban una fina orfebrería de objetos de plata, relojes e instrumentos musicales en la hacienda de Calera de Tango. Junto a estas artesanías subsistía, precariamente, la producción tradicional de los obrajes de paño, cerámica y muebles, en difícil competencia con los bienes importados, ya que al ser éstos de mejor calidad y de precio más bajo lograron inundar el comercio interno durante gran parte de la centuria.

La Iglesia

El despotismo ilustrado dio un nuevo sentido al derecho de patronato, al concebirlo como una prerrogativa real y no como una concesión papal. Ello unió estrechamente al Estado y la Iglesia, y provocó la intromisión permanente del poder civil sobre el eclesiástico, característica que predominó en el siglo.

Chile siguió contando con dos obispados: Santiago y Concepción. El clero regular era más numeroso que el secular. Los jesuitas sobresalían por su gran influencia en el campo educativo y la obra misionera realizada en la Frontera, Valdivia y Chiloé. La Compañía de Jesús también se preocupó por realizar su labor misionera en las nacientes villas cuyos habitantes se apartaban, frecuentemente, de la doctrina católica.

La expulsión de los jesuitas

Teólogos jesuitas habían hecho suya la teoría populista del poder, según la cual el pueblo recibía la soberanía de Dios y voluntariamente la depositaba en el rey, quien podía ser destituido por el propio pueblo en defensa de sus derechos cuando aquel se convertía en tirano, transgrediendo las leyes. Los Borbones, en cambio, sustentaban que el rey recibía el poder directamente de Dios, tesis fundamental del absolutismo. Esta discrepancia, unida al poderío económico de la Compañía, que había llegado a transformarla en un Estado dentro del Estado (situación inmanejable pese a la regalía que los soberanos tenían sobre la Iglesia), provocó que se les despidiera de los reinos absolutistas europeos. Carlos III decretó su expulsión el 1 de abril de 1767, y la hizo además extensiva a todos sus reales dominios. En Chile, le correspondió aplicar el decreto al piadoso gobernador Antonio de Guill y Gonzaga. En medio de airadas protestas, surgidas de todos los sectores sociales, los 352 jesuitas que vivían en el reino partieron al destierro el 26 de agosto. Sus bienes, conocidos como *temporalidades*, fueron confiscados y sacados a remate. Entre ellos se incluían valiosas haciendas, sin duda las mejor trabajadas en Chile, de las que sobresalía la de *La Compañía*, en la cuenca de Rancagua, adjudicada a don Mateo de Toro y Zambrano.

113

Modificaciones territoriales y administrativas

En 1776 se creó el virreinato de Buenos Aires, con objeto de establecer en el Atlántico un núcleo poderoso que detuviese la intervención de portugueses e ingleses en el cono sur de América. A este virreinato se incorporó la provincia de Cuyo, a la que se fijó como límite meridional el río Diamante y su prolongación hacia el oriente, hasta donde el río Quinto cortaba el camino entre Mendoza y Buenos Aires. Los territorios al sur seguían bajo jurisdicción chilena.

En 1768, también por razones defensivas, Chiloé pasó a depender en forma directa del virreinato del Perú, aunque, como Valdivia, territorialmente formaba parte del reino de Chile.

Carlos III implantó en 1782 el régimen de *intendencias* en sus posesiones, para someter a los gobernadores a la autoridad de un intendente general a fin de ordenar y acrecentar los ingresos de las arcas reales. En Chile, esta ordenanza se materializó en 1786, con la división del reino en dos intendencias: Santiago y Concepción, separadas por el río Maule. En la primera fungió como intendente el mismo gobernador, y en la segunda, Ambrosio O'Higgins. Las intendencias quedaron subdivididas en *partidos*.

La conspiración de los tres Antonios

Las ideas de la Ilustración habían penetrado en la mente de algunos criollos, quienes tenían la aspiración de aplicarlas en los reinos americanos mediante reformas que beneficiaran su desarrollo económico. Fieles a la monarquía, los criollos ilustrados postulaban sin embargo que la sociedad debía organizarse de modo

114

que la libertad y la seguridad individual quedasen plenamente garantizadas. Muchos de ellos eran lectores de la *Enciclopedia* y de filósofos como Montesquieu, Rousseau, Voltaire, y otros cuyas obras traían, de contrabando, de Europa. Dos ciudadanos franceses, Antonio Gramusset y Antonio Alejandro Berney, solían reunirse con José Antonio de Rojas para comentar las bondades de la abolición de la esclavitud y de la supresión de las diferencias sociales, así como la división de los latifundios y las ventajas del sistema republicano de gobierno. Por este hecho se les delató y la autoridad los acusó de conspirar contra la Corona. Los franceses fueron enviados a Lima (1781). Rojas, prominente miembro de la aristocracia criolla, permaneció en Chile al no poder comprobarse su participación en una conjura.

Mayorazgos y títulos de Castilla

Un cambio de valores tuvo lugar cuando se verificó la evolución de la aristocracia conquistadora —básicamente minera y encomendera— hacia una clase terrateniente y comerciante, producto de la mezcla de viejos troncos familiares con españoles recién llegados, principalmente vascos que amasaron fortunas en actividades despreciadas por los descendientes de los fundadores de Chile. A partir de este giro la aristocracia adquirirá conciencia de su poder y de su riqueza, así como el afán de perpetuarlas. Tal fue el origen de los *mayorazgos,* cuyo número llegó a 14 en el siglo XVIII. El mayorazgo debía contar con la aprobación del rey, y lo instituía el jefe de familia que ambicionaba eternizar el dominio de la estirpe sobre ciertos bienes inmuebles o muebles, legándolos, con prohibición de venta o enajenación, a su hijo mayor, quien a su vez debía traspasarlo a su primogénito. Otros colonos españoles buscaron en los títulos el prestigio social, esmerándose en presentar testimonios que acreditasen sus seculares servicios a la monarquía. Una vez que sus méritos eran reconocidos, los aspirantes a la nobleza debían pagar fuertes sumas para agregar el título de marqués o conde a su nombre.

La educación

Las escuelas básicas no experimentaron en el siglo XVIII mayores cambios. En 1700 abrió sus puertas el Real Colegio de Caciques, que los jesuitas sostenían en Chillán para dar instrucción a los hijos de los lonkos y, una vez aculturizados, enviarlos de regreso a sus tierras para que introdujesen las costumbres españolas y favoreciesen la acción evangelizadora. Además de la enseñanza normal, los alumnos aprendían un oficio: sastre, zapatero, etc. Llegó a contar con 20 alumnos; fue cerrado durante el alzamiento de 1723.

En los colegios que mantenían las órdenes religiosas se registraron notables progresos. El Convictorio de San Francisco Javier era el más prestigiado. Luego de la expulsión de los jesuitas se transformó en el Convictorio Carolino, pero su renombre vino a menos al no contar con los capacitados maestros religiosos. La enseñanza media se dividía en dos ciclos: el *minorista,* en el que se aprendían latín y filosofía, y el *mayorista,* que preparaba para el ingreso a la Universidad y en el que se impartían teología y leyes.

En 1738 la Corona autorizó la creación de la Real Universidad de San Felipe; ésta fue inaugurada oficialmente en 1747, bajo el rectorado de don Tomás de Azúa Iturgoyen. En los primeros años sólo concedió grados a quienes formarían su cuerpo docente y a bachilleres formados en la Universidad de San Marcos de Lima. Las clases regulares se iniciaron en 1757. San Felipe contaba con cinco facultades: teología, filosofía, leyes, matemáticas y medicina. Desde entonces la juventud chilena tuvo acceso a la educación superior en su propia tierra.

En 1797, a instancias de Manuel de Salas, se fundó la Academia de San Luis, destinada a formar prácticos en oficios indispensables para el desarrollo del reino: agrimensores, mineralogistas, metalurgistas, constructores navales y pilotos náuticos.

Los esfuerzos por difundir el mapudungún

En 1755, el padre Andrés Febres publicó en Lima el *Arte de la Lengua General del Reino de Chile*. Otro jesuita, Bernardo Havestadt, calificó la lengua mapuche de "mejor que las otras; y así como los Andes sobrepujan a otros montes, esta lengua sobrepuja a las demás". Este elogio figura en la introducción de su gramática, escrita en latín, con el título de *Chilidugú sive tractatus de lingua seu idiomate indo-chilensis* (1777).

La literatura

La crónica conservó en este siglo su predominio en la producción literaria. Pedro Córdoba de Figueroa compuso una *Historia de Chile* (1751) utilizando documentación escrita que hoy se ha perdido. El jesuita Miguel de Olivares escribió *Historia militar, civil y sagrada de lo acaecido en la conquista y pacificación del Reino de Chile*, terminada el año de la expulsión de la orden. El

117

jesuita chileno Juan Ignacio Molina, desde el destierro en Bolonia y sin contar con documentación, redactó su *Compendio della storia geografica naturale e civile del regno del Chili* (1787). Gran naturalista, reunió toda la información concerniente a la climatología, mineralogía, orografía, geología, botánica y zoología del reino, en *Saggio sulla Storia Naturale del Chili*, erigiéndose en el primer científico nacido en estas tierras. Más tarde dio a luz su *Saggio sulla Storia Civile del Chili*, verdadero compendio del acontecer del reino que tiene el mérito de anticipar ciertos postulados sobre el desarrollo histórico de la humanidad al proponer cuatro estadios en el proceso de la civilización: caza, pastoreo, agricultura y comercio. Su compañero de desventura, el padre Felipe Gómez de Vidaurre, concluyó en 1788 la *Historia geográfica, natural y civil del reino de Chile*. El capitán de Dragones de la Frontera, Vicente Carvallo y Goyeneche, consultó archivos españoles y chilenos para redactar, en 1796, *Descripción histórico-geográfica del reino de Chile,* aportando originales datos sobre el siglo XVIII. El teniente coronel de milicias José Pérez García también empleó una metodología histórica para recopilar el material a partir del cual redactaría, en el primer decenio del siglo XIX, la *Historia general, natural, militar y sagrada del reino de Chile*.

El padre Manuel Lacunza y Díaz, chileno como Molina, fue el autor de una de las obras teológicas más notables que se hayan producido en América: *La venida del Mesías en gloria y majestad*. En esta obra se reanima la teoría milenarista que postula que Cristo regresará al mundo luego de triunfar sobre el Anticristo, para permanecer aquí mil años, juzgar a la humanidad y, por último, retornar al cielo.

Las manifestaciones artísticas

En la plástica subsistió el barroco, especialmente en las obras de artistas y artesanos jesuitas. Las escuelas cuzqueña y quiteña también estuvieron representadas. A mediados de siglo apareció el neoclásico de la Ilustración. Las mejores expresiones neoclásicas se encarnaron en el arquitecto romano Joaquín Toesca, entre cuyas obras destaca nítidamente la Casa de Moneda, actual sede del gobierno. El pintor suizo Jorge Ambrosi, a cuyo pincel se deben numerosos cuadros con motivos religiosos, y el mulato peruano José Gil de Castro, retratista por excelencia de la época, contribuyeron a la renovación pictórica del reino en materia de pintura.

En los pórticos de las iglesias se montaban representaciones de autos sacramentales y comedias con ocasión de los festejos importantes. En 1777 el empresario español José Rubio ofreció 20 funciones que incluían obras de Lope de Vega, Moreto y Calderón. A comienzos del siglo XIX se edificó un teatro permanente.

Los franceses introdujeron el gusto por la música profana. Los primeros instrumentos musicales que llegaron a Chile en 1717 fueron clavicordios. El gobernador Cano de Aponte trajo un clavicordio, cuatro violines, un arpa y panderetas andaluzas. Los pianofortes arribaron al terminar el siglo.

En Santiago, guitarras, castañuelas y arpas animaban las fiestas populares y *chinganas* nocturnas en el barrio de La Chimba, ahogando con sus notas las reyertas en que uno de los contendientes perdía la vida. Al día siguiente, en la plaza de armas se exhibía el cadáver del pendenciero para que sus familiares pudieran reclamarlo.

El siglo XIX se inició con una epidemia de viruela que
causó grandes estragos en la población. En 1802 llegó
a Chile el último gobernador nombrado por Carlos IV,
Luis Muñoz de Guzmán, quien continuó las obras públicas iniciadas por sus antecesores: el canal de San
Carlos, que unía los ríos Maipo y Mapocho, los tajamares y la Casa de Moneda. Con base en planos de
Toesca, sus discípulos emprendieron la construcción
de los edificios de la Aduana, el Real Consulado y
otros. Muñoz de Guzmán introdujo en Chile la vacuna
contra la viruela, lo que permitió aminorar los efectos
mortíferos de las frecuentes epidemias; asimismo,
organizó el Real Tribunal de Minería (1802), agrupación del gremio minero que resolvía los conflictos entre estos trabajadores y se preocupaba por fomentar la
minería, tanto en el reino como en la región.

En 1806, dada la inquietante situación bélica que
prevalecía en Europa, la monarquía temió que sus
colonias fuesen invadidas y determinó introducir un
cambio en el interinato de los gobernadores fallecidos
o incapacitados para ejercer sus tareas. En adelante,
esos gobernadores serían remplazados por el militar
de más alta graduación del reino, con la consecuente
derogación de la orden que hacía recaer en el oidor
más antiguo el cargo gubernamental. El mismo año en
que la entrevista de Bayona colocaba en el trono
español a José Bonaparte, pereció, repentinamente,
Muñoz de Guzmán.

La ilustrada aristocracia criolla

Los españoles nacidos en el reino recibían el calificativo de criollos. A partir de fines del siglo XVII iniciaron el

largo proceso de autoafirmación de su identidad, a la vez que adquirían la convicción de que algún día tomarían el poder, lo que les permitiría llevar a cabo las reformas que *su reino* requería para alcanzar un mayor grado de progreso al amparo de las modificaciones introducidas por los Borbones, algunas de las cuales, paradójicamente, se consideraban como libertades excesivas. La tarea del progreso pertenecía, pues, a los criollos, pero no podrían realizarla en tanto ocupasen los altos cargos públicos funcionarios ajenos a la idiosincrasia chilena. Los criollos estaban en contra de un sistema que oprimía sus aspiraciones, pero no se oponían a la monarquía. La mayoría de ellos sentía horror por las atrocidades que se cometieron durante la Revolución francesa, asociadas, ineludiblemente, con el fin del régimen monárquico; otros miraban con simpatía la Revolución estadunidense, ejemplo de buen funcionamiento de un gobierno republicano que había logrado evitar la violencia de las reivindicaciones del pueblo francés, cuyos horrores propalaban sus compatriotas que contrabandeaban por las costas hispanoamericanas. En ello residía, esencialmente, el llamado antagonismo criollo-peninsular.

Las colonias son del rey y no del pueblo español

En reacción contra José Bonaparte y en apoyo a Fernando VII, su legítimo rey, las ciudades peninsulares formaron juntas de gobierno, siguiendo el antiguo principio de que, ausente el monarca, el pueblo estaba facultado para designar a las autoridades que gobernasen en su nombre. Poco después, dichas juntas delegaron su representación en la Junta Central de Sevilla, la cual, al ser disuelta por los franceses, la rem-

121

plazó el Consejo de Regencia de Cádiz. La Junta Central invitó a los reinos americanos a enviar delegados a ella. Los criollos, desde los cabildos, se negaron argumentando que el papa había entregado la soberanía de América a la Corona de Castilla y por tanto debían constituir sus propias Juntas para administrar las colonias en nombre del rey. El razonamiento anterior fue plasmado en una proclama que tiempo después circuló en Chile con el título de *Catecismo político-cristiano*, firmada por José Amor de la Patria. En ella se propugnaba, abiertamente, la creación de un gobierno republicano representativo. Sin embargo, llamaba a formar una junta que asumiera el mando mientras el soberano permaneciera cautivo. La Real Audiencia, dominada por oidores peninsulares, se inclinaba por reconocer al Consejo de Regencia, lo que la llevó a transformarse en el símbolo del antirreformismo.

El desacertado gobierno de Antonio García Carrasco

Al deceso de Muñoz de Guzmán no había en el reino un oficial de gran prestigio militar, en vista de lo cual la Real Audiencia designó gobernador interino al oidor Juan Rodríguez Ballestero (febrero de 1808). Pero en Concepción residía el brigadier Francisco Antonio García Carrasco, español que desde los 15 años servía en el ejército real, y cuyo traslado a Chile había tenido lugar en 1796. Pasó casi toda su vida en campamentos militares, a cuya rudeza se hallaba acostumbrado. Sin embargo, instigado por su amigo, el abogado Juan Martínez de Rozas, exigió que se cumpliese la ordenanza de 1806. La Real Audiencia, no sin reticencia, le entregó el mando a García en abril de 1808.

En octubre del mismo año estalló un gran escándalo

con motivo del asesinato de Tristan Bunker, capitán de la fragata inglesa *Scorpion*, dedicada al contrabando, y sus hombres. El crimen tuvo lugar en una emboscada que les tendieron los asesores del mandatario a fin de apoderarse del ilícito cargamento. García Carrasco también se involucró en el escabroso asunto cuando decretó que lo incautado constituía botín de guerra (a pesar de que España e Inglaterra eran aliadas), en virtud de lo cual los captores podían conservar la totalidad del valor de la carga, si bien en caso de tratarse de contrabando les correspondía sólo un octavo de ella. Martínez de Rozas fue despedido. El gobernador perdió paulatinamente el tibio sostén de los criollos, cuya paciencia se agotó cuando García Carrasco recibió a los emisarios de la princesa Joaquina Carlota, hermana de Fernando VII, casada con el regente de la Corona portuguesa exiliado en Brasil, que pretendía asumir el mando en nombre del monarca. El gobernador, acusado de *carlotino*, fue objeto de un generalizado repudio.

La tensión que imperaba en el reino hizo que el gobernador sospechara de todos y tomara medidas represivas, como aprisionar a tres destacados criollos: José Antonio de Rojas, Juan Antonio Ovalle y Bernardo Vera y Pintado, a quienes inculpó de subversivos, ordenando su inmediato envío a Valparaíso para que allí se embarcasen en el primer navío disponible rumbo a Lima, donde se les sometería a juicio. Las protestas casi alcanzaron la dimensión de un motín. La Real Audiencia intervino y logró que se despachase un mensajero para revocar la disposición. El emisario arribó al puerto cuando el barco ya había zarpado con Ovalle y Rojas a bordo. Vera y Pintado, afectado por una altísima fiebre, permanecía en tierra.

Los criollos, cuando se enteraron de la formación de una Junta de Gobierno en Buenos Aires, convocaron a campesinos armados para marchar sobre la capital. La Real Audiencia, temiendo un gran derramamiento de sangre, solicitó el 16 de julio de 1810 la renuncia a García Carrasco y designó gobernador interino al brigadier de milicias don Mateo de Toro y Zambrano, conde de la Conquista, quien a la sazón tenía 83 años. Los criollos habían alcanzado el poder. Influyeron en el nuevo mandatario para que convocase a un Cabildo Abierto con objeto de que el pueblo decidiese qué medidas habrían de adoptarse. A esa asamblea asistirían el gobernador, los miembros del Cabildo y 400 vecinos especialmente invitados al debate.

El Cabildo Abierto y la primera Junta de Gobierno

El 18 de septiembre de 1810, en la sala del Tribunal del Consulado, a las 9 de la mañana se hallaban reunidos unos trescientos cincuenta de los más distinguidos vecinos santiaguinos, criollos en su mayoría, esperando al conde de la Conquista, quien, momentos después, llegó acompañado del secretario Gregorio Argomedo y del asesor Gaspar Marín. El anciano gobernador se puso de pie y dirigiéndose a la audiencia expresó: "Aquí está el bastón, disponed de él y del mando"; luego, mirando a su secretario, agregó: "Significad al pueblo lo que os tengo previsto". Argomedo pronunció un breve discurso en el que solicitó a los cabildantes que propusieran "los medios más ciertos de quedar asegurados, defendidos y eternamente fieles vasallos del más adorable monarca, Fernando": En seguida pidió la palabra José Miguel Infante, procurador de la ciudad, manifestando la conveniencia de crear una Junta. Ponderó las bondades de un mando colegiado y resaltó el hecho de que el Consejo de Regencia sólo se preocupaba de los asuntos de guerra. Concluida la alocución, los escasos españoles presentes se opusieron a la idea, en tanto la mayoría de la asamblea exclamaba a viva voz: "¡Junta queremos!" Así se acordó y, casi por unanimidad, designaron a sus miembros: presidente, Mateo de Toro y Zambrano; vicepresidente, el obispo de Santiago, José Antonio Martínez de Aldunate; vocales, Fernando Márquez de la Plata, Juan Martínez de Rozas, Ignacio de la Carrera, Francisco Javier de Reina y Juan Enrique Rosales; secretarios, Gregorio Argomedo y Gaspar Marín. La mayoría de ellos encarnaban fielmente las aspiraciones de gran parte de los criollos: llevar a cabo las reformas necesarias en el reino y reconocer la soberanía de Fernando VII.

VI. LA LUCHA POR LA INDEPENDENCIA
(1810-1823)

La Patria Vieja (1810-1814)

Los primeros pasos de la Junta

Aunque había declarado fidelidad a Fernando VII, la
Junta comprendió que su propia estabilidad y la del
reino dependían del apoyo de fuerzas armadas. A tal
efecto decretó la formación de un batallón de infantería, dos escuadrones de caballería, y la ampliación de
la artillería. Muy pronto el ejército contó con cerca
de 2 500 efectivos. Estableció relaciones con la Junta de
Buenos Aires, representada por Antonio Álvarez Jonte,
a fin de fortalecer el movimiento criollo, amenazado
por Fernando de Abascal, virrey del Perú. Álvarez
Jonte obtuvo la cesión de 400 reclutas para reforzar las
armas bonaerenses, amagadas desde Montevideo y el
Alto Perú. Con objeto de incrementar las entradas fiscales mediante derechos aduaneros, decretó la libertad
de comercio con todas las naciones y el ingreso, a pesar de las protestas de los comerciantes, de cualquier
mercadería, exceptuando los bienes estancados (tabaco, rapé y naipes, ron, cerveza, aguardientes y vinos).
Liberó de aranceles, en cambio, a libros, herramientas,
maquinaria industrial, armas e imprentas (febrero de
1811). Ese mismo mes falleció el conde de la Conquista y asumió la presidencia Martínez de Rozas. Final-

126

mente, la Junta convocó a elecciones para un Congreso Nacional al cual entregaría el mando.

El primer Congreso Nacional

En los primeros meses de 1811 se efectuaron los comicios en la mayor parte de los distritos del país. El 1º de abril debían realizarse en Santiago, pero un motín, encabezado por el coronel español Tomás de Figueroa, los postergó por algunos días. Figueroa fue enjuiciado y condenado a muerte. La Real Audiencia, fortaleza de los monarquistas, fue disuelta.

El 4 de julio comenzó a sesionar el Congreso, presidido por Juan Antonio Ovalle. Sus miembros juraron defender la religión católica y permanecer fieles al monarca cautivo. Ese mismo día la Junta provisional se disolvió. Los diputados se distribuyeron en tres facciones: *moderados*, representantes de la mayoritaria tendencia reformista criolla; *exaltados*, que anhelaban acelerar los cambios para lograr la independencia del país, y *realistas*, opuestos a cualquier medida que desconociera al Consejo de Regencia.

Los exaltados, encabezados por José Miguel Carrera y sus hermanos, dieron un golpe militar el 4 de septiembre de 1811. Demandaron ante el Congreso, en nombre del pueblo, la constitución de una Junta Ejecutiva de cinco miembros. Éstos removieron de su cargo a algunos diputados y nombraron a otros para alterar la composición de los grupos. A partir de ese momento, el Congreso aprobó varias leyes; fundó el Supremo Tribunal Judiciario, integrado por jueces criollos, en remplazo de la Real Audiencia; eliminó los derechos parroquiales que gravaban la administración de ciertos sacramentos, y los sustituyó por una subvención estatal

127

a los eclesiásticos; propuso prohibir los entierros en las iglesias y mantener cementerios aledaños a las ciudades; creó la provincia de Coquimbo; oficializó las relaciones con la Junta de Buenos Aires, designando como representante a Francisco Antonio Pinto y, en lo que sin duda fue la más trascendental de las reformas, el Congreso aprobó la ley de libertad de vientre (15 de octubre de 1811), propuesta por Manuel de Salas. Declaró libres a los hijos de esclavos nacidos en Chile y prohibió que ingresaran al país hombres sometidos a la esclavitud; en caso de hacerlo en tránsito y siempre y cuando permanecieran más de seis meses en el territorio, serían considerados libres. A pesar de toda esta actividad, Carrera y sus seguidores no estaban satisfechos, de modo que prepararon otro pronunciamiento militar (15 de noviembre) para imponer una Junta de tres miembros presidida por el propio José Miguel. La fórmula no funcionó. Un tercer golpe militar (2 de diciembre) disolvió el Congreso y Carrera asumió, con carácter dictatorial, toda la responsabilidad del poder.

El gobierno de José Miguel Carrera

El grupo acaudillado por Carrera tenía en mente proclamar la independencia, y por ello se dio a la tarea de difundir la idea en las páginas de la *Aurora de Chile* que, bajo la dirección de fray Camilo Henríquez, comenzó a circular el 13 de febrero de 1812. Éste ya había lanzado una proclama, firmada con el anagrama de *Quirino Lamachez*, en la que llamaba a declarar la emancipación como único medio de sacudirse el mote de "rebeldes" con que la "tiranía" tildaba a los independentistas.

Carrera recibió al primer cónsul norteamericano, Joel Robert Poinsett, quien ejercería gran influencia en su pensamiento. Dictó un nuevo plan de enseñanza primaria, en el que se obligaba a los conventos a abrir escuelas para niños y niñas. A Carrera se debe, asimismo, la creación de la primera bandera nacional con tres franjas horizontales en azul, blanco y amarillo, y de una escarapela con los mismos colores que, según fray Camilo, representaban la "majestad popular, la ley y la fuerza". Bandera y escarapela se estrenaron el 4 de julio de 1812. El distintivo tricolor, colocado en el sombrero, diferenciaba a los patriotas de los realistas, ya que estos últimos portaban uno rojo. Por último, Carrera promulgó el *Reglamento Constitucional de 1812*, código provisional que establecía la separación de los poderes públicos y que depositaba el Ejecutivo en manos de una Junta de tres miembros, y el Legislativo en un Senado con siete. El Poder Judicial conservó la estructura anterior. Aunque el *Reglamento* reconocía la sujeción de Chile a Fernando VII, veladamente declaraba la independencia al señalar que "ningún decreto, providencia u orden que emanase de cualesquiera autoridad o tribunales de fuera del territorio de Chile, tendrá efecto alguno".

La lucha armada

En vista del rumbo que tomaban los hechos, el virrey del Perú dispuso la intervención militar. El 26 de marzo de 1813 desembarcó en San Vicente, cerca de Concepción, el brigadier Antonio Pareja, al mando de 4 000 hombres reclutados en Chiloé y Valdivia. Pareja se apoderó rápidamente de Concepción y ocupó Chillán, a la vez que preparaba el avance hacia el norte. El Senado designó una Junta y nombró comandante en jefe del ejército a José Miguel Carrera. Ambas fuerzas se enfrentaron en Yerbas Buenas (27 de abril), sin resultado decisivo. Pareja, gravemente enfermo, se encerró en Chillán, lo que aprovechó Carrera para sitiarlo mientras recuperaba Concepción. Pareja falleció víctima de una neumonía, siendo remplazado por el capitán Juan Francisco Sánchez. El cerco de Chillán resultó desastroso a causa del clima imperante, y el 8 de agosto, ante la desmoralización de la hueste, el asedio fue levantado.

La Junta prosiguió las reformas educacionales y para ello ordenó que los cabildos se encargasen de fundar escuelas en todos aquellos lugares que contaran con más de 50 familias. El 10 de agosto se creó el Instituto Nacional, en el que se amalgamaron la Real Universidad de San Felipe, el Convictorio Carolino, la Academia de San Luis y el Seminario Conciliar. Poco después la Junta fundó la Biblioteca Nacional. Con anterioridad había proclamado la libertad de imprenta y sustituido la *Aurora de Chile* por el *Monitor Araucano* en abril de 1813. Al finalizar ese año, removió del mando del ejército a Carrera y designó en su lugar a Bernardo O'Higgins.

En enero de 1814 arribó a las cercanías de Concepción el brigadier Gabino Gaínza con 800 soldados de refuerzo; el 3 de marzo las fuerzas realistas tomaron Talca. La noticia provocó gran alarma en Santiago. Un Cabildo Abierto acordó remplazar la Junta por un gobierno unipersonal, y con este objeto eligió director supremo a Francisco de la Lastra. En abril arribó a Valparaíso el comodoro inglés James Hillary, quien portaba la autorización del virrey Abascal para servir como mediador en la lucha. De la Lastra solicitó a O'Higgins llegar a un acuerdo con Gaínza. Ambos ejércitos necesitaban tiempo para rearmarse, lo que contribuyó a facilitar el acuerdo que se consignó en el Tratado de Lircay (3 de mayo). Según el pacto, Chile reconocía ser parte de la monarquía española y aceptaba acatar al Consejo de Regencia; se establecían la suspensión de las hostilidades y el intercambio de prisioneros. Por último, se convino que las tropas realistas abandonarían el país al cabo de un mes.

El tratado fue rechazado por los patriotas más exaltados, quienes se apoderaron de los cuarteles de Santiago y aprehendieron al director supremo. Un Cabildo Abierto, bajo el control de la facción de los exaltados, eligió otra Junta de gobierno presidida por José Miguel Carrera. O'Higgins no aprobó esta medida y marchó desde Talca hasta Santiago para reponer al legítimo director supremo. Luego de una escaramuza en Tres Acequias (26 de agosto), supo que el virrey Abascal también había rechazado el Tratado de Lircay y que había designado al general Mariano Osorio para terminar con la subversión. Entonces, olvidando resquemores, O'Higgins propuso a Carrera unir sus tropas. Ambos militares sellaron las paces en Santiago el 3 de septiembre.

Mientras tanto, los realistas habían cruzado el río Cachapoal; O'Higgins se encerró en Rancagua junto con la división al mando de Juan José Carrera, para impedirles el paso a Santiago. La caballería de Luis Carrera y el estado mayor de José Miguel acamparon en la cercana hacienda de la Compañía. Osorio atacó Rancagua (1 y 2 de octubre) sin que O'Higgins recibiera los refuerzos solicitados. Cuando comprendió que era imposible continuar resistiendo, ordenó montar a caballo y romper las filas enemigas. Al amanecer del día 3 llegó a Santiago; el ejército patriota estaba totalmente deshecho. Al día siguiente, una caravana de soldados, hombres, mujeres y niños tomaba el camino a Mendoza. Osorio ocupó la capital el 5 de octubre, y restableció el gobierno colonial. Terminó así la Patria Vieja, con todas las reformas que ella había engendrado y que,

sin embargo, no habían logrado encender del todo los
ideales emancipadores.

La reacción española (1814-1817)

Una vez instalado en el sitial de gobernador, Mariano
Osorio creó los Tribunales de Vindicación, ante los
cuales debían dar cuenta de sus actividades todas las
personas llamadas a declarar, ya fuese para confirmar-
las en sus cargos públicos o para exonerarlas de ellos.
Se confeccionó una lista con más de 200 nombres
de personas apresadas por los soldados del Batallón de
Talaveras, comandado por el sanguinario capitán Vicente San Bruno. Muchos fueron encarcelados, mientras que a los que se consideraba más peligrosos se les
embarcó rumbo a la isla Juan Fernández, transformada en prisión de máxima seguridad, donde los prisioneros se albergaban en cuevas y llevaban una vida
inhumana. Osorio también abrió una Junta de Secues-
tros que incautó los bienes de los patriotas encarcelados, rematando su administración mientras sus propietarios estuviesen sometidos a proceso. Quienes
huyeron a Mendoza perdieron sus propiedades. Asimismo, el gobernador gravó con empréstitos forzosos
a los acusados absueltos por una justicia que no actuaba con imparcialidad; derogó todos los decretos y leyes
aprobados durante la Patria Vieja y restableció la Real
Audiencia y la Real Universidad de San Felipe, a la vez
que cerraba las instituciones que las habían sucedido.

En diciembre de 1815 arribó un nuevo gobernador,
Francisco Casimiro Marcó del Pont, quien acentuó la
política represiva de su antecesor. Prohibió, so pena de
muerte, trasladarse dentro del país sin previa autorización; proscribió las fiestas y el funcionamiento de las

chinganas a fin de impedir que se reuniesen potenciales insurrectos, entregando el cumplimiento de estas órdenes al Tribunal de Vigilancia y Seguridad Pública, presidido por el nefasto capitán San Bruno.

Un generalizado sistema de delaciones, espionaje, allanamiento de hogares, encarcelamientos y múltiples abusos afectó a todos los sectores de la población, engendrando animadversión contra el gobierno monárquico. Lentamente comenzó a prender la semilla independentista sembrada por los exaltados de 1810.

El Ejército Libertador de los Andes

A mediados de octubre de 1814, los patriotas llegaron a Mendoza, donde los acogió el gobernador de Cuyo, general José de San Martín, quien se había hecho nombrar para ese cargo con objeto de preparar un ejército que asegurase la independencia de Chile para, luego, emprender la del virreinato peruano y desalojar a las fuerzas realistas acantonadas en el Alto Perú, únicas capaces de amagar la independencia de las Provincias Unidas del Plata. A esta vasta tarea, iniciada por San Martín, se incorporaron sin dilación O'Higgins y sus seguidores. Carrera, dejándose llevar por las profundas diferencias que lo separaban del héroe de Rancagua, causó problemas que determinaron su traslado a Buenos Aires, desde donde esperaba embarcarse a Estados Unidos para obtener, con la ayuda de Poinsett, un empréstito que le permitiría comprar armas, contratar a oficiales franceses y organizar un ejército para liberar al país.

Mientras preparaba las milicias, San Martín envió a Chile numerosos emisarios, espías y agentes encargados de esparcir rumores que fuesen minando la moral del enemigo. Colaboraron en esta desgastadora guerri-

133

lla desde el aristocrático nieto del conde de la Conquista, Pedro Aldunate, hasta el sanguinario bandido José Miguel Neira; pero la figura más sobresaliente fue la del joven abogado Manuel Rodríguez —a cuya cabeza le puso precio Marcó del Pont—, autor de audaces asaltos que obligaron a las fuerzas realistas a desplegarse a lo largo del territorio, lo que contribuyó al éxito del Ejército Libertador, cuya movilización se había iniciado en enero de 1817.

Dividido en seis columnas, el heorico ejército atravesó la cordillera de los Andes por diferentes pasos, y logró copar, simultáneamente, las ciudades más importantes. El grueso del ejército cruzó por Valle Hermoso y el Bermejo para reunirse en Curimón, al norte de Santiago, y avanzar hacia la capital. Los realistas, comandados por el brigadier Rafael Maroto, disponían de poco más de la mitad de sus efectivos. Se parapetaron en Chacabuco, donde, al amanecer del 12 de febrero, fueron atacados por la división al mando de O'Higgins. Al mediodía, a este último se le unió la división de Soler, cuando los enemigos ya comenzaban a sentir la derrota. La victoria de los patriotas se consumó a las dos de la tarde. San Bruno y otros oficiales fueron apresados y más tarde fusilados.

Marcó del Pont, en compañía de la guarnición de Santiago, se dirigió hacia Valparaíso para embarcarse rumbo al sur, pero fue capturado antes de llegar a su destino. El 14 de febrero el ejército victorioso hizo su entrada a la capital. Cumpliendo lo acordado en cabildo abierto, los vecinos ofrecieron el cargo de director supremo al general San Martín, pero éste lo rechazó argumentando que debía proseguir con su plan independentista. El día 16 el pueblo instaló en el Palacio de Gobierno a Bernardo O'Higgins. Terminaban los negros momentos de la reconquista.

LA PATRIA NUEVA (1817-1823)

Las primeras medidas de O'Higgins

Tan pronto asumió el mando, O'Higgins envió el bergantín *Águila* a la isla Juan Fernández para rescatar a los prisioneros y devolverlos a sus hogares. En seguida comenzó a organizar un ejército, pues preveía que las fuerzas realistas atrincheradas en Talcahuano no tardarían en recibir refuerzos por parte del virrey del Perú. O'Higgins también creó el Tribunal de Vindicación a fin de recuperar los bienes que habían perdido los patriotas; decretó la confiscación de las propiedades de los realistas "prófugos", calificativo que recibían quienes habían sido apresados o no se presentaban ante las autoridades del país. Por último, desterró al obispo José Santiago Rodríguez Zorrilla y a los clérigos realistas más recalcitrantes.

El regreso de José Miguel Carrera

Tras incontables penurias en los Estados Unidos, Carrera había logrado comprar armas, equipar cinco navíos y reclutar oficiales franceses, con quienes llegó a Buenos Aires el 9 de febrero de 1817, días después de que el Ejército Libertador emprendiera el cruce del macizo andino. El gobernador de las Provincias Unidas, Juan Martín de Pueyrredón, acusó a José Miguel de intentar pasar a Chile para derrocar a O'Higgins e hizo arrestar a los tres hermanos Carrera. José Miguel, bajo promesa de regresar a los Estados Unidos, logró la libertad de Juan José y de Luis, mientras él quedaba detenido en un bergantín en espera de su embarque. Desde allí escapó a Montevideo.

Mientras tanto, en Chile también fue apresado Manuel Rodríguez bajo el cargo de desobediencia a las autoridades legítimamente constituidas. Se le ofreció enviarlo a los Estados Unidos, y Rodríguez aceptó para poder fugarse, lo que, en efecto consiguió. Liberado y perdonado, se sumó a la conspiración fraguada por los Carrera para deshacerse de O'Higgins y de San Martín. Juan José y Luis, bajo nombres supuestos, emprendieron el retorno al país con objeto de agrupar a sus partidarios y ganarse la adhesión de los contrarios al régimen o'higginista. Descubiertos, el primero fue capturado en San Luis y el segundo en Mendoza, donde los sometieron a proceso en septiembre de 1817.

Los intentos de restaurar el gobierno colonial

A principios de 1818, Mariano Osorio, el vencedor de Rancagua, arribó a Talcahuano, sitiado por fuerzas patriotas. Osorio planeaba atraer a dicha plaza a todo el ejército chileno para luego, aprovechando la supremacía marítima que aún tenían los realistas, embarcarse rumbo al norte y caer sobre la indefensa capital. O'Higgins previó este movimiento y ordenó retirarse hacia Talca, donde concentraría al grueso del ejército que operaba en el sur. Allí se le reunió San Martín.

Proclumación de la Independencia de Chile

En Talca, O'Higgins firmó el Acta de la Independencia y redactó un manifiesto en el que expuso "los motivos que justifican su revolución y la declaración de su independencia". Ésta fue jurada, solemnemente, el 12 de febrero de 1818, aniversario de Chacabuco, bajo el ondear del actual emblema patrio.

136

Sorpresa y victoria final

Las armas patriotas estaban acantonadas en Cancha Rayada, al noroeste de Talca, y sobre ellas cayó Osorio, infligiéndoles una derrota (20 de marzo). O'Higgins, en medio de la confusión, resultó herido gravemente en un brazo. San Martín logró rehacer las fuerzas y emprendió la marcha a Santiago, junto con la división de Las Heras, que no había sufrido bajas. Las noticias del desastre provocaron un pánico similar al experimentado después de Rancagua. Muchos hombres se aprestaron a reemprender el camino hacia Mendoza. Manuel Rodríguez, al grito de "¡Aún tenemos patria, ciudadanos!", se autoproclamó director supremo y febrilmente organizó un batallón de Húsares de la Muerte decidido a defender con su vida el suelo natal. El 24 de marzo arribaron O'Higgins y San Martín, lo que permitió a los capitalinos recuperar las esperanzas.

Osorio, repuesto y avituallado, marchó sobre Santiago. San Martín estacionó sus tropas en Maipú, al sur de la ciudad. El 5 de abril esta guarnición sufrió el embate de los realistas, si bien, poco después del mediodía, la derrota de los agresores era aplastante. O'Higgins, con fiebre y con un brazo en cabestrillo, llegó para participar en la persecución de los fugitivos. En esta refriega murieron más de mil enemigos; gran parte de la oficialidad cayó presa y en el campo de batalla quedó abandonada la mayoría de las armas y piezas de artillería. Ya nada podía atentar contra la independencia.

Muerte de los hermanos Carrera y de Manuel Rodríguez

El proceso seguido en Mendoza contra los hermanos Carrera pasó por varias etapas, acelerándose después del desastre de Cancha Rayada. Finalmente, Juan José y Luis fueron fusilados el 8 de abril de 1818, antes de conocerse el resultado de Maipú. Un emisario de San Martín partió a abogar por el aplazamiento del juicio, pero arribó horas después de haberse cumplido la sentencia. Desconociendo lo sucedido, el día 11 del mismo mes O'Higgins solicitó al gobernador de Mendoza indulgencia para los hermanos Carrera. El día 15 se supo en Santiago la nueva de la ejecución. La aristocracia convocó a un cabildo abierto donde determinó requerir al director supremo una serie de medidas tendientes a limitar las atribuciones que ellos mismos le concedieran en 1817. El 17 de abril los peticionarios se dirigieron a la sede del gobierno; Manuel Rodríguez, a la cabeza de una vociferante turba, también se hizo presente en el Palacio, a donde entró a caballo en él. Sin embargo, se le detuvo y se le envió en calidad de prisionero al batallón Cazadores de los Andes. En mayo, este batallón se movilizó hacia Quillota, llevando consigo al detenido. Los Cazadores acamparon cerca de Tiltil, donde el guerrillero fue asesinado por uno de sus guardianes el día 24. El hecho motivó furiosas protestas contra O'Higgins, a las que unieron sus voces carrerinos, aristócratas y monárquicos.

La guerra a muerte y la intervención mapuche

El escenario de los hechos de armas había estado, mayoritariamente, al norte de la frontera, con excepción de Valdivia y Chiloé, sujetos al virreinato del Perú y en donde los expedicionarios realistas enganchaban soldados. Al parecer, pocos mapuches participaron en las contiendas, y los que así lo hicieron se unieron a los patriotas o a los monárquicos que eran dueños de las ha-

138

ciendas cercanas al Biobío. Así, de acuerdo con sus tradiciones seculares, los mapuches se inclinaban por el bando que estimaban amigo y aliado natural. Distinto fue el caso de los lonkos, que recibían un sueldo nominal de la Corona, y por esta razón se mantuvieron fieles a ella, al igual que muchos de los sectores de cada vutunmapu sujetos a la influencia de los "capitanes de amigos", que abrazaron la causa española.

Después de los sucesos de Maipú, el realista Osorio había logrado escabullirse a Concepción, con la intención de reorganizar los restos de su ejército, y por esta razón la esperanza de reanudar la lucha. Sin embargo, las versiones que circulaban acerca de los preparativos que hacían los patriotas para iniciar el ataque al Perú, le dispusieron a dejar al país, confiando sus hombres al mando del coronel Juan Francisco Sánchez, quien también resolvió retornar a El Callao desde Valdivia, donde se acantonaba (febrero de 1819). Las escasas fuerzas realistas quedaron bajo el mando del capitán Vicente Benavides, desertor del ejército independentista, que salvó la vida en dos ocasiones en que estuvo a punto de ser fusilado por traición; el segundo de esos fusilamientos fallidos, que tuvo lugar después de que se apresara a Benavides en Maipú, se efectuó, para su buenaventura, con balas de salva.

Benavides instaló su cuartel general en Santa Bárbara (1819) e incorporó al combate a maleantes e indígenas que andaban en busca de botín. Tal fue el inicio de la guerra a muerte. Perseguido por el general Ramón Freire, Benavides se las ingenió para apoderarse de Talcahuano (mayo de 1820) y batir columnas patriotas en los alrededores, matando, sin contemplación, a soldados y civiles. Freire lo derrotó en sucesivos encuentros en el mes de noviembre. Benavides se refugió de nuevo en la frontera, y se dedicó a asolar con sus montoneros a los pueblos y a los fuertes patriotas. En Vegas de Saldías, cerca de Chillán, las fuerzas al mando del coronel Joaquín Prieto lo batieron definitivamente (octubre de 1821). Una vez más salvó la vida, embarcándose en una lancha con destino a El Callao. Reconocido y apresado al recalar en Topocalma para reaprovisionarse, fue trasladado a lomos de burro a Santiago, en donde se le sometió a proceso sumario, y se le condenó a morir en la horca el 23 de febrero de 1822. Sus secuaces, entre quienes se contaban bandidos como los hermanos Pincheira, los lonkos Catrileo y Marilúan, el cura Juan Antonio Ferebú y aristócratas peninsulares continuaron sus correrías hasta 1825.

La reacción de José Miguel Carrera

Cuando José Miguel Carrera se enteró de la suerte que habían corrido sus hermanos Juan José y Luis, su impetuosidad se volcó sin escatimar injurias e insolencias sobre "el oscuro patán de San Martín y el huacho estúpido de O'Higgins", así como contra todos los involucrados en el hecho. En Montevideo lanzó una proclama en la que prometía vengar la sangre de los Carrera y alimentar un "odio eterno a los déspotas de Sudamérica". Intervino en las luchas de los caudillos federalistas y de los unitarios argentinos apoyando, con sus hombres, a quien le garantizase autorización para armar un ejército con el cual recuperar el gobierno de Chile. Víctima de las intrigas y arreglos entre aquellos cabecillas, José Miguel se fue quedando sin aliados, lo que lo obligó a recurrir a los indígenas pampinos para armar montoneras con las que asoló Buenos Aires, Córdoba, San Luis, San Juan y Mendoza, esperando que el botín entusiasmara a nuevas hordas para atravesar la cordillera y caer sobre las fuerzas chilenas. Sin embargo, José Miguel Carrera y sus fuerzas quedaron desbaratados en la batalla de Punta del Médano, cerca de San Juan (31 de agosto de 1821). Él logró huir con unos cuantos soldados y buscó refugio en las tolderías de las pampas, pero sus propios hombres lo traicionaron y lo entregaron a las autoridades de Mendoza, en cuya plaza, al igual que sus hermanos, fue fusilado el 4 de septiembre de 1821.

La logia lautarina

Francisco Miranda había creado, en París, una sociedad secreta para unir a todos los jóvenes americanos que estaban dispuestos a luchar por la independencia del continente. San Martín fundó, de regreso en Buenos Aires, una institución similar a fin de integrar en ella a quienes lo apoyaban en su ideario emancipador, y con este fin trató de influir sobre las personalidades que gobernaban en Buenos Aires y Santiago. En 1817 se estableció la filial chilena. Entre las disposiciones de esta logia figuraba la orden según la cual el hermano "elegido para el supremo gobierno no podrá deliberar cosa alguna de grave importancia sin haber consultado el parecer de la logia", razón por la cual muchas de las actuaciones de O'Higgins y de Pueyrredón podrían haber sido decididas por la logia. Los miembros estaban juramentados, bajo pena de muerte, de guardar secreto acerca de la existencia de la sociedad. En ella no se admitían ni españoles ni extranjeros. Probablemente, la logia lautarina no tuvo ninguna relación con las logias masónicas, pues en ella se autorizaba el ingreso de eclesiásticos.

O'Higgins comprendió que sólo el dominio del mar aseguraría la independencia de Chile, pues ello impediría el envío de refuerzos desde el Perú. Por otra parte, el plan de San Martín requería, también, contar con una flota que condujese al ejército hacia el virreinato. Para financiar, en parte, la creación de una escuadra, O'Higgins otorgó *patente de corso* a ciertos comerciantes y marinos con objeto de que recorrieran las costas del Pacífico atacando navíos españoles.

El bergantín *Águila* y la fragata *Lautaro*, adquirida esta última en Inglaterra, fueron la base de la escuadra, a la que se sumaron, en 1818, otras tres embarcaciones. Bajo el mando del comandante general Manuel Blanco Encalada, la flamante escuadra inició sus correrías en Talcahuano apresando la fragata *María Isabel* y cinco transportes que traían socorros desde España (octubre de 1818). La nao fue rebautizada con el nombre de *O'Higgins.*

En junio de 1819 arribó a Valparaíso el nuevo jefe de la armada chilena, lord Thomas Cochrane, famoso oficial de la marina británica, a quien, dada la escasa tradición naval del país, se había contratado para organizar la escuadra nacional con una estructura similar a la de la marina inglesa. A mediados de septiembre, los navíos zarparon hacia El Callao, cuyas bien defendidas fortalezas frustraron un intento de acabar con los barcos de guerra hispanos surtos en la bahía. Lord Cochrane decidió continuar hasta Guayaquil, donde capturó dos embarcaciones. Luego retornó al sur y, en enero de 1820, a bordo del *O'Higgins*, su buque insignia, reconoció las defensas de Corral, puerto de la plaza fuerte de Valdivia. Allí apresó un bajel procedente de Chiloé. Habiendo planeado la toma del bastión, Cochrane se dirigió a Talcahuano en busca de un batallón de infantería. Freire, comandante del Ejército del Sur, le proporcionó 250 hombres al mando del mayor Jorge Beauchef. Con ellos, en una hazaña sin precedentes, Cochrane se apoderó de la ciudad y la incorporó a la soberanía chilena. Luego intentó, infructuosamente, repetir la proeza en Chiloé.

La Expedición Libertadora del Perú

Para completar el plan de San Martín aún restaba emancipar al Perú. Las dificultades económicas de Argentina y Chile habían demorado esta acción. Cuando los bonaerenses desistieron de contribuir al financiamiento de la expedición, O'Higgins decidió llevarla a cabo con recursos chilenos, y para ello solicitó empréstitos forzosos a los contribuyentes del país. El 20 de agosto de 1820, día de su natalicio, zarpó desde Valparaíso la llamada Expedición Libertadora del Perú, que enarbolaba la bandera chilena. Comandaba la escuadra el almirante Cochrane y el ejército el general José de San Martín, quien pensaba ganar terreno mediante la persuasión antes que el combate, pero su actitud contemporizadora chocó con la impetuosidad de Cochrane. Éste, en celebrado golpe de audacia, se apoderó de la *Esmeralda*, fragata fondeada en el puerto de El Callao (5 de noviembre), a la que rebautizó con el nombre de *Valdivia* en recuerdo de su hazaña anterior. Este golpe y la posterior deserción del aguerrido batallón Numancia motivaron la sustitución del virrey Joaquín de la Pezuela por el general José de la Serna (29 de enero de 1821), quien dispuso abandonar Lima. San Martín ocupó la ciudad sin encontrar resistencia. El 28 de julio proclamó la independencia del Perú y asumió su gobierno con el título de Protector del Perú (3 de agosto). Los soldados de la Expedición Libertadora se incorporaron al ejército peruano.

La postración económica

Las guerras de independencia provocaron la sistemática destrucción de las estancias y haciendas localizadas entre Santiago y Concepción, en tanto que en el norte no hubo grandes combates ni desplazamientos de tropas, por lo que la economía agrícola y minera de la región, en especial la producción de plata y cobre, continuó proporcionando recursos para el comercio marítimo con otros países.

Los enormes gastos bélicos, incrementados por las inversiones en la Expedición Libertadora, obligaron a aumentar los impuestos, a imponer por decreto contribuciones especiales y empréstitos forzosos a personas acaudaladas. Además, no sólo se secuestraron y remataron los bienes que pertenecían a los realistas, sino también se contrató en Inglaterra un oneroso préstamo de un millón de libras esterlinas, cuyos vencimientos semestrales resultó imposible servir. A pesar de ello, O'Higgins logró impulsar las obras públicas, mejorar la educación y fundar nuevas ciudades.

Obras del gobierno de O'Higgins

La organización del ejército nacional requería contar con un cuerpo de oficiales y subalternos. A tal efecto, O'Higgins fundó, por decreto del 16 de marzo de 1817, la Escuela Militar y, un año después, una escuela náutica. También reabrió la Biblioteca Nacional y el Instituto Nacional (de enseñanza media y superior), así como el

144

Liceo de La Serena, establecido en 1821. Mandó construir numerosas escuelas primarias gratuitas; contrató maestros europeos para introducir el método lancasteriano de enseñanza, en el cual los estudiantes más aventajados actuaban como tutores de sus compañeros.

Suprimió los títulos de nobleza y prohibió el uso de escudos de armas, medidas éstas que consiguieron imponer la igualdad social en el país. En su lugar instituyó la Legión al Mérito, distinción otorgada a los ciudadanos destacados por sus servicios públicos.

Determinó que todos los habitantes del país, independientemente de su origen étnico, serían chilenos.

Por lo que se refiere a las obras de urbanización, O'Higgins convirtió a La Cañada, el basurero de Santiago, en un hermoso paseo arbolado, que recibió el nombre de Alameda de las Delicias. También mandó construir el Mercado de Abastos y el Cementerio General. En Valparaíso hizo abrir un cementerio de disidentes para los extranjeros no católicos. Por último prohibió los entierros en las iglesias.

En la esfera de la seguridad pública, organizó cuerpos de policías rurales y urbanos para combatir la delincuencia. Ordenó que los vecinos de las ciudades mantuviesen en las puertas de sus casas un farol encendido hasta la medianoche, mientras por las calles circulaban serenos que pregonaban la hora y el estado del tiempo. Fomentó la pavimentación de las principales vías citadinas. Construyó el primer teatro de Santiago. Prohibió las corridas de toros, las peleas de gallos y los carnavales por considerarlos atentatorios contra la moral y las buenas costumbres. Lo propio hizo con las procesiones nocturnas.

Finalizó la construcción del canal del Maipo; estableció un servicio diario de correos a Valparaíso y otro de diligencias para el transporte de pasajeros. Reabrió la

Casa de Huérfanos a fin de albergar a expósitos de los soldados caídos y, para atender a los heridos, creó un Hospital Militar. También difundió la aplicación masiva de vacunas.

A O'Higgins se debe la fundación de las ciudades de Vicuña, San Bernardo y La Unión.

Consiguió que Brasil, México y los Estados Unidos reconocieran la independencia de Chile. Envió como representante ante la Santa Sede al canónigo José Ignacio Cienfuegos para que éste tratase de resolver el conflicto suscitado a raíz de la aplicación del patronato.

Algunas de estas medidas hirieron la susceptibilidad de sectores sociales, lo que le valió a O'Higgins el odio y la enemistad de parte de la población.

Los intentos de organización política

En 1818 se aprobó, mediante consulta popular, una Constitución que dejaba al Ejecutivo en manos de un director supremo. Entre sus atribuciones se contaba el mando de las fuerzas de tierra y mar; el manejo de las relaciones exteriores; el nombramiento de empleados públicos y la discrecional recaudación e inversión de los fondos fiscales, sin ajustarse a presupuestos, aunque debía dar cuenta de ello al Senado, además de otras facultades judiciales. El Poder Legislativo residía en un Senado conservador, cuyos cinco miembros propietarios y sus suplentes eran designados por el director supremo. Al Legislativo le correspondía controlar los actos del Ejecutivo y vigilar el cumplimiento de los preceptos constitucionales. El Poder Judicial estaba compuesto por una Corte de Apelaciones y un Supremo Tribunal Judiciario. La Constitución, redactada en una época de luchas armadas, consagró un poder uni-

146

personal en lugar del colegiado a que era afecta la aristocracia criolla, y no fijó término al mandato del gobernante en el entendido de que éste dejaría el cargo al terminar la guerra.

Los omnímodos poderes entregados a O'Higgins, comparables a los de un dictador, encontraron resistencia en sus opositores; este factor y la ruptura con el Senado conservador lo obligaron a convocar a una Asamblea Constituyente (1822). La elección de los integrantes de la Asamblea se efectuó con intervención del gobierno, y en ella se sancionó con ligeras modificaciones el proyecto preparado por el ministro José Antonio Rodríguez Aldea. El proyecto ratificaba que el Poder Ejecutivo residía en un director supremo, que ejercía su cargo durante seis años, pudiendo ser reelegido por otros cuatro. Establecía un Legislativo bicameral en tanto que el Poder Judicial permanecía como en 1818. Un artículo transitorio designaba como gobernante, para el primer periodo, al ciudadano que detentaba el cargo, prolongando, en la práctica, el mandato de O'Higgins 10 años más.

Abdicación de O'Higgins

Con el correr del tiempo, el director supremo quedó aislado políticamente. Los gastos de la guerra habían extenuado a la población activa, que no comprendía el americanismo o'higginiano, empeñado en gastar lo que el fisco no tenía para lograr la independencia del Perú. La posición poco comprometida de O'Higgins con la Iglesia molestaba a la inmensa mayoría católica del país. La aristocracia no le perdonó sus afanes democratizadores, y el excesivo centralismo administrativo chocó contra las aspiraciones de autonomía de las pro-

147

vincias. La presión acumulada por estos factores detonó con la Constitución de 1822.

El general Ramón Freire, intendente de Concepción y comandante del Ejército del Sur, sobre el cual recaían principalmente las consecuencias de la falta de recursos económicos, encabezó, a mediados de diciembre de 1822, un movimiento de los habitantes de esa provincia, desconociendo la legitimidad del mandatario. Días después se alzaron los de Coquimbo.

La guerra civil parecía inevitable, pues el director supremo contaba con el apoyo de gran parte de las tropas acantonadas en Santiago. Sus opositores, reunidos en cabildo abierto (28 de enero de 1823), acordaron invitarlo a escuchar las quejas del pueblo. O'Higgins se negó a concurrir, y en lugar de ello se dedicó a recorrer los cuarteles para destituir a los oficiales presuntamente comprometidos en la rebelión. Luego, al frente de dos compañías del Regimiento de Dragones, se situó en la Plaza de Armas. Por la tarde accedió a conversar con una comisión designada al efecto. Tras intercambiar opiniones, el mandatario, ante la disyuntiva de sumir al país en otra guerra fratricida, optó por dejar el mando. De inmediato se constituyó una junta de tres miembros: Agustín Eyzaguirre, José Miguel Infante y Fernando Errázuriz, a quienes el mismo O'Higgins les tomó el juramento de rigor y les hizo entrega de la banda que simbolizaba la autoridad. En seguida pidió que lo acusaran de las faltas cometidas. Los presentes respondieron que nada tenían en su contra. Entonces estallaron espontáneos vivas a su nombre y una multitud lo acompañó al Palacio de Gobierno. Días después se trasladó a Valparaíso. Sometido a juicio de residencia, fue completamente absuelto. Con posterioridad resolvió autoexiliarse en el Perú, donde fallecería el 24 de octubre de 1842.

VII. LA LUCHA POR LA ORGANIZACIÓN DEL ESTADO (1823-1830)

LA ARISTOCRACIA INTENTA REGRESAR AL PODER

LA JUNTA de Gobierno quedó integrada por aristócratas de gran prestigio en Santiago, pero no contaba con apoyo en las otras dos provincias del país, celosas del predominio asumido por la capital. Así, sus esfuerzos por acabar con la agitación fracasaron. Diversos grupos exaltados se pusieron en contra de ella. Concepción desconoció su autoridad exigiendo la constitución de un gobierno provisional en que estuviesen representadas las tres provincias. Ordenó al general Freire movilizarse, con sus hombres, sobre la capital. A mediados de febrero se hallaba a las puertas de Santiago, reclamando la convocación a un congreso de plenipotenciarios de las provincias a fin de que, entre la agitación reinante, eligiesen un gobierno unipersonal interino.

El 30 de marzo los plenipotenciarios, aprobando el *Acta de unión de las provincias* y estableciendo los principios sobre los cuales se organizaría el país, acordaron, en tanto se elegía un Congreso —al cual correspondería designar a un director supremo—, ofrecer, temporalmente, dicho cargo, con las atribuciones constitucionales de 1818, al general Ramón Freire Serrano. De tal modo, la aristocracia fue desplazada de la acción política por el grupo de ideólogos y militares reformistas forjado durante las luchas por la Independencia.

149

Freire asumió el mando el 4 de abril de 1823, junto a un Senado de nueve miembros elegidos por las respectivas Asambleas Provinciales. Mariano Egaña, ministro del Interior y Relaciones, desempeñaría un papel preponderante en la nueva administración. Se empeñó en restablecer el orden alterado por las revueltas locales y el desenfrenado bandidaje en las áreas rurales y fronterizas; delimitó los seis departamentos en que se dividiría Chile; creó un Consejo de Educación y restructuró los planes de estudios del Instituto Nacional. De espíritu conservador y profundamente religioso, intentó regular las costumbres de los clérigos; obligar a los civiles, bajo apercibimiento de arresto, a guardar respeto a la Iglesia católica y su liturgia.

Entró en conflicto con el Senado, predominantemente liberal, al oponerse a eliminar los tratamientos honoríficos de *excelencia* a los miembros de las corporaciones republicanas o altos funcionarios; la supresión de la Legión al Mérito y a la abolición definitiva de la esclavitud propuesta por José Miguel Infante, ley que, sin embargo, ante la insistencia del Senado, promulgó el 24 de julio de 1823. Convocó a elecciones para un Congreso Constituyente, inaugurado el 12 de agosto.

El Congreso Constituyente de 1823

Presidido por Juan Egaña, una de sus primeras medidas fue designar director supremo en propiedad al general Freire, quien había renunciado el día 13, por un plazo de tres años sin posibilidad de reelección inmediata. Encargó a una comisión la redacción de la Carta Fundamental, en tanto el resto de sus miembros se enfrascaba en la discusión de las más variadas materias. La comisión aprobó, tras largas polémicas, un proyecto redactado íntegramente por Juan Egaña, con 277 artículos (27 de diciembre de 1823). Estatuyó que el Estado de Chile era unitario, fijando sus límites entre el desierto de Atacama y el cabo de Hornos. Al oriente ponía como linde la cordillera de los Andes, olvidando que al reino de Chile le pertenecía la Patagonia. Proclamó religión oficial del Estado a la católica, apostólica y romana, con exclusión del ejercicio público o privado de cualquier otra.

Consideró chilenos a todos los nacidos en el territorio y a sus hijos nacidos en el exterior. Los foráneos casados con chilenas podrían adquirir la nacionalidad luego de tres años de residencia, plazo ampliado a cinco al resto de los extranjeros.

Reconocía la calidad de ciudadano a los hombres mayores de 25 años, y de 21 si eran casados, que supieran leer y escribir y tuvieran un bien inmueble.

El Poder Ejecutivo residía en un director supremo, elegido por cuatro años, pudiendo ser reelegido para otro periodo con dos tercios de los votos válidamente emitidos. Un Senado conservador de nueve miembros, elegidos por seis años, con posibilidad de repostularse indefinidamente, ejercía el Poder Legislativo, gozando, además, de facultades fiscalizadoras; le correspondía instaurar el Consejo de Estado, integrado por altos funcionarios civiles, eclesiásticos y militares, que intervenía en los proyectos de ley, designación de ministros y podía solicitar la destitución de funcionarios. La Cámara Nacional, designada por las asambleas electorales, dirimiría los conflictos entre los poderes Ejecutivo y Legislativo. El Poder Judicial quedó estructurado en forma similar a la fijada en la Constitución de 1822.

Disposiciones especiales regulaban "los deberes del

ciudadano en todas las épocas de su edad y en todos los estados de la vida social, formándole hábitos, ejercicios, deberes, instituciones públicas, ritualidades y placeres que transforman las leyes en costumbres y las costumbres en virtudes cívicas". Egaña tenía la convicción de que podía normarse constitucionalmente la conducta social de una nación, razón por la cual su proposición se conoce como *Constitución moralista*. Ello, unido al engorroso sistema de relaciones e inquisiciones, la tornaron impracticable, y hubo de ser derogada tras una asonada popular en julio de 1824. Freire, por un plazo de tres meses, disfrutó de las mismas facultades discrecionales que entregó al Ejecutivo la Constitución de 1818.

La recuperación agrícola y minera

Las guerras habían arrasado los mejores predios cultivables. A fin de recuperarlos, se dictó una ley que obligaba a medir las tierras de los mapuches reducidos a pueblos con objeto de repartirlas en lo individual y rematar las sobrantes, conformando nuevos propietarios que contribuyesen al erario (mayo de 1823). Otra ley, del mismo año, propició de manera infructuosa la colonización del territorio entre los ríos Biobío e Imperial. Tampoco prosperó el intento de 1826 para subdividir y licitar públicamente los latifundios de las órdenes religiosas, pues los particulares no quisieron adquirir bienes usurpados a la Iglesia.

La Constitución de 1828 autorizó fraccionar las propiedades sujetas a mayorazgos, medida que tampoco aumentó la producción agropecuaria nacional.

La actividad minera, localizada en sectores donde no hubo batallas, sufrió, empero, los efectos de la carencia de insumos derivada de la situación económica del país. A pesar de ello, las regiones de Copiapó y Coquimbo continuaron explotando yacimientos de plata y oro que, por falta de control estatal, siguió empleándose, mayoritariamente, como medio de pago a contrabandistas.

Las exportaciones de cobre fueron en aumento, llegando a interesar a capitalistas extranjeros que trajeron modernas maquinarias y tecnologías. El alto costo de estas instalaciones les impidió competir con los mineros chilenos lo que, unido a una baja de la demanda del metal, los obligó a vender sus propiedades (1829). No obstante, asentaron las bases para el desarrollo minero.

EL DIFICULTOSO SERVICIO DE LA DEUDA EXTERNA

Los esfuerzos por superar el estado deficitario de la hacienda pública no habían prosperado. Incluso el fisco llegó a carecer de recursos para pagar a sus funcionarios, fuerzas armadas y proveedores particulares, situación que repercutió negativamente en toda la economía del país.

El contrabando, generalizado después de que se emitiera el Reglamento de Comercio (1823), que gravó con altos impuestos los artículos importados, desalentó el crecimiento de la incipiente actividad industrial, a la que se pretendió impulsar con esa medida proteccionista.

Más difícil era, aún, pagar el empréstito inglés que, tras su colocación en bonos, había disminuido de 1 000 000 a 654 652 libras esterlinas, equivalentes a unos 5 000 000 de pesos de la época. De éstos, un millón y medio fueron traspasados, en las mismas condiciones, al Perú. Chile se había comprometido a cancelar, en amortización e intereses, 355 250 pesos anuales, cantidad incapaz de solventar, pues los egresos superaban a los ingresos en el erario nacional, lo que obligó a cubrir este déficit con el escaso remanente del préstamo. A fin de paliar la situación, el gobierno decidió entregar, por 10 años, la administración del estanco del tabaco, naipes, vinos y licores importados a la empresa privada, liberándolos de derechos aduaneros. Los concesionarios recibieron un préstamo sin intereses de 300 000 pesos a 10 años para iniciar la actividad, comprometiéndose a abonar las cuotas de la deuda.

PORTALES, CEA Y COMPAÑÍA

Concurrieron a la licitación del estanco dos postores. Se lo adjudicó la compañía constituida por Diego Portales, José Manuel Cea y otros, quienes firmaron el respectivo contrato el 20 de agosto de 1824.

El negocio resultó un fracaso, tanto porque las especies estancadas históricamente no habían rendido lo necesario para solventar la obligación adquirida, como por la gran cantidad de mercaderías que aún mantenían los comerciantes y la imposibilidad de eliminar su contrabando. Los estanqueros sólo pudieron abonar dos cuotas semestrales.

En agosto de 1826, el Congreso anuló el convenio y devolvió la administración del estanco al Estado, esperando con ello revertir la difícil situación económica de la hacienda pública que, pocos meses antes, para cumplir sus más urgentes deberes, había vendido la Escuadra Nacional a las Provincias Unidas del Río de la Plata. Portales concluyó que el descalabro sufrido era consecuencia de la mala administración y venalidad de algunos funcionarios estatales, hecho que lo llevaría a intervenir en política.

LA INCORPORACIÓN DE CHILOÉ

Las vicisitudes por las que atravesaba el país habían demorado la emancipación del último bastión monárquico dentro del territorio nacional: el archipiélago de Chiloé, cuya población, junto con el gobernador Antonio Quintanilla, se mantuvieron fieles al rey. Organizaron un ejército de más de 2 000 soldados. Quintanilla, que esperaba recibir refuerzos desde España, planeaba, aprovechando el desorden interno de Chile, encabezar su reconquista.

Las derrotas de las fuerzas independentistas en el Perú y los rumores de que Fernando VII, con la ayuda de la Santa Alianza, intentaría recobrar sus reinos americanos, impulsaron al general Freire a comandar una fuerza expedicionaria que zarpó hacia Chiloé en marzo de 1824. El desconocimiento del clima y de la geografía de la región lo hicieron cometer errores de desplazamiento que provocaron su derrota en la batalla de Mocopulli (1 de mayo).

Después de consolidar la independencia del Perú, Simón Bolívar, temiendo que Chiloé se convirtiese en el bastión de la reacción realista en América, proyectó expulsar a los realistas, con sus fuerzas armadas, e incorporar las islas al Perú. Ante esa eventualidad, Freire encabezó una segunda expedición y logro vencer a Quintanilla en Pudeto y Bellavista. El 19 de enero de 1826 se firmó el Tratado de Tantauco, donde se estipuló la anexión definitiva de Chiloé al territorio nacional y se autorizó que quienes deseasen embarcarse a España pudiesen hacerlo libremente.

EXTERMINACIÓN DE LOS ÚLTIMOS FOCOS DE RESISTENCIA MONÁRQUICA

La "guerra a muerte" proseguía en algunos sectores aledaños a la frontera. Los montoneros del cura Juan Antonio Ferrebú operaban, apoyados por nativos, en Arauco. Fueron aniquilados en septiembre de 1824 y al clérigo se le fusiló en el fuerte de Colcura.

Asentada la paz en la zona costera, guerrilleros de Juan Manuel Pico, auxiliados por el lonko Marilúan y la banda de los hermanos Pincheira, continuaron arrasando haciendas y poblados. Traicionados por dos seguidores suyos, Pico fue sorprendido y muerto en octubre de ese mismo año. Marilúan, en cambio, aceptó someterse a las autoridades chilenas en el Parlamento de Yumbel (enero de 1825).

EL CONGRESO DE 1826 Y LAS LEYES FEDERALES

Derogada la Constitución de 1823, se llamó a elecciones para un Congreso Constituyente en 1824. Sus miembros debatieron los más variados temas, excepto aquel para el cual habían sido convocados. Fue disuelto en mayo de 1825, provocando un caos político, pues las provincias comenzaron a gobernarse por sí mismas, desconociendo la autoridad central, mientras los partidarios de O'Higgins exigían su regreso como única forma de restaurar el orden en el país. Freire convocó a un nuevo Congreso Constituyente. Una vez elegido éste, Freire le entregó el mando (julio de 1826).

La Asamblea nombró presidente provisional de la República a Manuel Blanco Encalada y vicepresidente a Agustín de Eyzaguirre. En su interior predominaba la tendencia federalista que pretendía satisfacer los anhelos de autonomía expresados por las provincias. Rápidamente aprobaron una serie de leyes tendientes a organizar al país bajo aquel sistema de gobierno, sin consagrar una Constitución Federal, como hubiese sido lo adecuado. Así, sancionaron leyes que constituían a Chile en república federal; dividieron al país en ocho provincias: Coquimbo, Aconcagua, Santiago, Colchagua, Maule, Concepción, Valdivia y Chiloé; establecieron la elección popular de sus gobernadores-intendentes y de los cabildos; el mismo principio electivo se aplicaría para proponer a los obispos la designación del clérigo considerado más idóneo para ocupar un curato vacante; crearon Asambleas Provinciales y fijaron en dos años el periodo de gobierno de los intendentes. La actividad del Congreso, sin embargo, en ningún momento se dedicó a resolver los urgentes problemas económicos y administrativos del país, lo que provocó la renuncia del presidente Blanco Encalada en septiembre de 1826.

La sucesión de gobiernos

La crisis fiscal, el incumplimiento de la deuda externa, la imposibilidad de cancelar sueldos a empleados públicos y fuerzas armadas, así como la anarquía en que sumían los intentos federalistas a las provincias, explican la rotación de gobernantes en un corto periodo (septiembre de 1826-enero de 1828).

A Blanco Encalada le sucedió el vicepresidente Eyzaguirre, quien dimitió en enero de 1827 tras un golpe del coronel Enrique Campino, planeado por los federalistas más extremistas. El Congreso nombró presidente a Ramón Freire, y vicepresidente al general Francisco Antonio Pinto, hasta el 1 de julio de 1829, fecha en

157

que se suponía que ya estarían elegidos los nuevos mandatarios de acuerdo con las normas de la Constitución que se dictaría. Freire dejó el mando al aprobarse una ley que exigía el acuerdo del Congreso para designar a ministros de Estado (mayo de 1827). Asumió el cargo el general Pinto, quien disolvió el Congreso, suspendió la aplicación de las leyes federales y llamó a elecciones para otra Asamblea Constituyente que se celebraría en enero de 1828.

Los grupos de opinión política

Aunque aún no surgían conglomerados catalogables como partidos políticos, diversas corrientes ideológicas pretendían imponer sus concepciones acerca de la organización del Estado y provocaron tumultuosas luchas que dejan la impresión de una generalizada "anarquía" durante el periodo. Tal fenómeno, corriente en el resto de Hispanoamérica, no se debió tanto a la falta de caudillos carismáticos como al hecho de que el poder lo ejercieran prestigiosos jefes militares. Aun así, hacia 1828 se habían delineado varios grupos con ideas políticas afines. Los *pelucones* representaban a la rancia aristocracia conservadora, defensora de la Iglesia y enemiga de reformas violentas. Propiciaban gobiernos colegiados dominados por ellos. Sus principales exponentes eran Juan y Mariano Egaña.

Los liberales agrupaban a aristócratas cultos empeñados en introducir innovaciones económicas y tecnológicas que ayudasen al desarrollo del país. Los encabezaba el general Pinto, quien ejercía la Presidencia de la República.

Los *pipiolos*, grupo de exaltados aventureros, aspiraban a romper con el orden tradicional para instaurar una completa democracia. Carlos Rodríguez, hermano de Manuel, junto con José María Novoa, el boliviano Manuel Aniceto Padilla, el francés Pedro Chapuis y el argentino Nicolás Orjera eran sus voceros más destacados.

Los federalistas, encabezados por José Miguel Infante, aspiraban a implantar el sistema federal en Chile a pesar de su fracaso.

Los o'higginistas veían como única solución del caos el regreso del Libertador al gobierno. Sus exponentes más notorios eran José Antonio Rodríguez Aldea, el general Joaquín Prieto, Gaspar Marín y Gregorio Argomedo. Los estanqueros, con Diego Portales a la cabeza, propugnaban por un gobierno fuerte, centralizador, eficiente y, por sobre todo, honrado.

Algunos de estos grupos se expresaban públicamente en periódicos como el *Valdiviano Federal*, de Infante, *El Hambriento*, de los estanqueros, lanzando duros epítetos a los pipiolos que éstos respondían desde las páginas de *El Canalla*.

La Constitución de 1828

Los liberales que se hallaban en el poder, apoyados por pipiolos y federalistas, mediante fraudes y coerciones que la viciaron completamente lograron derrotar en la elección del Congreso Constituyente a la coalición opositora formada por pelucones, estanqueros y o'higginistas. El Congreso designó una comisión para que elaborase el proyecto constitucional redactado, en su forma final, por el literato español José Joaquín de Mora. El Poder Ejecutivo residía en un presidente y un vicepresidente, elegidos por cinco años en votación indirecta sin reelección inmediata. Los ministros de

Estado pasaban a ser de exclusiva confianza del mandatario.

El Poder Legislativo era bicameral: un Senado, con dos representantes por provincia, designados, cada cuatro años, por sus respectivas Asambleas Provinciales, y una Cámara de Diputados, elegidos en votación directa, a razón de uno por cada 15 000 habitantes. Una Comisión Permanente de ocho senadores, delegados de cada provincia, debía velar por el cumplimiento de la Constitución y de las leyes durante el periodo de receso parlamentario.

El Poder Judicial residía en una Corte Suprema compuesta por un fiscal y cinco ministros, inamovibles mientras tuviesen buen desempeño en sus cargos. Eran nombrados con acuerdo del Congreso y de jueces letrados escogidos de una terna elaborada en las Asambleas Provinciales, organismo conservado por compromiso con los federalistas.

El proyecto proclamó religión oficial del Estado a la católica, apostólica y romana, con la exclusión del ejercicio público de cualquiera otra, aunque, en concesión a los liberales, consignó la tolerancia religiosa.

A fines de 1828 el Congreso nominó a la Comisión Permanente y se disolvió, quedando ésta encargada de organizar los comicios para las elecciones de presidente, Congreso, Asambleas Provinciales y cabildos.

LAS TENSAS RELACIONES ESTADO-IGLESIA

O'Higgins había nombrado ministro plenipotenciario ante la Santa Sede al canónigo José Ignacio Cienfuegos con objeto de obtener el reconocimiento de la independencia y el derecho de patronato, el envío de un nuncio apostólico y la creación de nuevas diócesis. El papa Pío VII no lo recibió como representante oficial, pues seguía considerando a Chile como parte de la monarquía española. Tampoco podía designar un nuncio. En cambio, mandó un vicario apostólico, monseñor Juan Muzi, asesorado por Juan María Mastai-Ferretti, que más tarde sería Pío IX, y José Salusti, quienes arribaron a Santiago en marzo de 1824, poco antes de que el liberal Francisco Antonio Pinto remplazase en el Ministerio del Interior y Relaciones Exteriores al conservador Mariano Egaña.

Pinto separó del cargo al obispo José Santiago Rodríguez Zorrilla, acérrimo monarquista, autorizado a regresar del destierro en 1821, y lo obligó a nombrar, en su suplencia, al canónigo Cienfuegos. Otras reformas, como la supresión de los conventos con menos de ocho religiosos; un decreto que exigía a las órdenes religiosas mantener sólo un monasterio en cada ciudad, y la confiscación de los bienes del clero, excepto los utilizados en el culto, demostraban que el gobierno ejercía, efectivamente, el derecho a patronato. Muzi abandonó Chile (octubre, 1824). El obispo Rodríguez Zorrilla volvió a ser expulsado (1825) y el cabildo eclesiástico de Santiago nombró vicario capitular al canónigo Cienfuegos. Éste viajó nuevamente a Roma cuando, a instancias del papa León XII, se reanudaron las negociaciones (1827). Un año después, el pontífice designó obispos a Manuel Vicuña y a José Ignacio Cienfuegos; el primero asumió el cargo de vicario apostólico de Santiago, y el segundo el vicariato capitular de Concepción en 1830.

LAS ELECCIONES DE 1829

Dos coaliciones se enfrentaron en la lucha electoral: la constitucionalista, integrada por liberales, pipiolos y federalistas, y la opositora, conformada por pelucones, estanqueros y o'higginistas. La activa intervención permitió al oficialismo obtener un amplio triunfo tanto en las elecciones presidenciales como en las parlamentarias. Tal hecho motivó la renuncia del presidente Pinto, a quien sucedió Francisco Ramón Vicuña, presidente de la Comisión Permanente del Senado.

La recién promulgada Constitución establecía que se proclamaría presidente de la República a quien obtuviese la mayoría absoluta de los votos electorales y vicepresidente la segunda, también absoluta. El escrutinio, efectuado en septiembre, arrojó los siguientes resultados: Francisco Antonio Pinto (liberal), 122 votos; Francisco Ruiz Tagle (pelucón), 98; Joaquín Prieto (o'higginista), 61; Joaquín Vicuña (liberal), 48; Gregorio Argomedo (o'higginista), 33, más otros con menos sufragios. Como los electores eran 205, Pinto fue proclamado presidente electo. Sin embargo, se sabía que renunciaría al cargo; por ello el Congreso, con amplio dominio pipiolo, en abierto atropello a la Constitución, eligió vicepresidente a Joaquín Vicuña. Tan pronto como Pinto fue comunicado del resultado, se negó a asumir el puesto invocando su mal estado de salud. Vicuña pasó a gobernar la nación, ante el airado rechazo de la población. El presidente de la Comisión Permanente obligó, entonces, en orden acatada, al general Pinto a recibir el cargo "sin excusa alguna". Días después, el mandatario propuso disolver el Congreso y convocar a nuevas elecciones, planteamiento desestimado por el Parlamento. Pinto declinó seguir en el poder.

La revolución de 1829

Un cabildo abierto, realizado en Santiago, acordó deponer al gobernante y remplazarlo por una Junta integrada por Ramón Freire, Francisco Ruiz Tagle y Juan Agustín Alcalde, que restaurase el imperio de la Constitución y convocase a nuevas elecciones (7 de noviembre). Una comisión se dirigió al Palacio presidencial, informándole la resolución a Joaquín Vicuña, quien expresó que una asamblea popular carecía de atribución para adoptar tal decisión. Recibida su respuesta, los asistentes al Cabildo se precipitaron a la sede de gobierno: Vicuña la abandonó y la Junta se instaló en ella.

La Asamblea Provincial, el Cabildo y las tropas de la guarnición de Santiago se mantuvieron leales a la Junta, mientras el Ejército del Sur, desconociendo lo sucedido, avanzaba sobre la capital, plegándose a la revolución las Asambleas Provinciales de Colchagua y Aconcagua. El encuentro armado fue inevitable. El 14 de diciembre los ejércitos se enfrentaron en Ochagavía, al sur de Santiago. La acción no tuvo resultados decisivos y ambas partes acordaron un armisticio de 48 horas, el intercambio de prisioneros y la designación de dos plenipotenciarios por cada bando para que discutiesen un tratado de paz. Convinieron que las dos huestes quedarían al mando del general Freire, quien, además, asumiría temporalmente el gobierno, en tanto se realizaba la elección de una Junta Ejecutiva Provisional que convocaría a un Congreso de Plenipotenciarios de todas las provincias, a fin de que dicha junta dictaminase si se había faltado a la Constitución en las elecciones presidenciales, convocar a elección de un nuevo Congreso en caso de declarar ilegítimo al que estaba en ejercicio y nombrar un gobierno provisional hasta que se llevasen a cabo los comicios presidenciales.

La Junta gubernativa se eligió sin la participación de liberales y pipiolos, resultando elegidos tres prominentes pelucones, quienes asumieron sus funciones el 24 de diciembre de 1829. Pronto fue aceptada por otras provincias, aumentando así su autoridad a pesar del estallido de fracasados intentos contrarrevolucionarios pipiolos. Éstos, entretanto, convencieron a Freire de que el movimiento tenía como propósito restaurar en el poder al general Bernardo O'Higgins, hecho que alteró las relaciones entre el poder civil y el militar. A fin de restablecer el equilibrio, el general Prieto trasladó a sus hombres desde Ochagavía hasta Santiago.

Freire, el 18 de enero de 1830, se dirigió a Valparaíso, donde reunió tropas, autoproclamándose restaurador de la Constitución de 1828 y de las leyes pasadas que iban a aplicar los insurgentes. La Junta, en cuanto se enteró de lo acontecido, entregó el mando del ejército al general Prieto y comunicó al resto de las provincias que Freire se había alzado para sumir al país en el caos y la anarquía.

En los primeros días de febrero se reunió en Santiago el Congreso de Plenipotenciarios Provinciales cuyos miembros declararon nulos los acuerdos del Congreso de 1829 y procedieron a designar, hasta la realización de los comicios fijados para el año siguiente, presidente provisional de la República a Francisco Ruiz Tagle, y vicepresidente a José Tomás Ovalle. Discrepancias con la actuación política de Ruiz Tagle obligaron a solicitar su renuncia y entregar el poder a Ovalle el 1 de abril de 1830. Éste nombró ministro del Interior y Relaciones Exteriores y de Guerra y Marina a Diego Portales, quien se convertiría en el verdadero jefe del Estado.

Entretanto, los contrarrevolucionarios, comandados por Freire y afamados oficiales napoleónicos como Benjamín Viel, Fernando Tupper y José Rondizzoni, habían tomado Concepción y avanzado hacia Chillán en procura de Talca, única ciudad pipiola del país. Prieto estacionó sus hombres a orillas del río Lircay, donde, el 16 de abril de 1830, barrieron completamente a los insurrectos, terminando, de paso, por pacificar la república y abrir el camino para su desenvolvimiento económico, social y político.

LA ENSEÑANZA, LA LITERATURA Y EL PERIODISMO

El desorden imperante no fue obstáculo para que se continuase con la contratación de profesionales extranjeros iniciada durante el gobierno de O'Higgins. El médico inglés Guillermo Blest arribó en 1825, cuando en la capital sólo había ocho facultativos. Poco después lo hizo el español José Passamán, y ambos inauguraron los estudios de medicina en Chile. El español Andrés Antonio Gorbea dio un carácter científico al estudio de las matemáticas.

En 1828 se estableció la academia de práctica forense, que contribuyó a enriquecer los estudios de derecho. Al año siguiente arribó el venezolano Andrés Bello, intelectual que ejerció enorme influencia en el perfeccionamiento de las leyes, humanidades y educación.

Aun cuando hacia 1829 había cuatro imprentas en Santiago, la producción literaria fue escasa y se redujo a proclamas políticas o a pasquines de escaso tiraje y duración, a excepción del *Mercurio de Valparaíso,* cuyo primer número apareció en 1827, y constituye el periódico circulante más antiguo en lengua española.

VIII. LA ÉPOCA DE LA ORGANIZACIÓN NACIONAL (1831-1861)

EL TRIUNFO DEL AUTORITARISMO

DIEGO PORTALES destacó como la figura clave de los acontecimientos políticos que desembocaron en la batalla de Lircay. Ministro casi omnipotente durante los breves mandatos de Ovalle —quien renunció por motivos de salud— y de su sucesor Fernando Errázuriz, Portales se esforzó por restablecer los principios de autoridad, respeto y probidad administrativa perdidos durante los años de luchas ideológicas y armadas que siguieron a la abdicación de O'Higgins. Apoyado por los estanqueros, Portales supo atraerse a conservadores, liberales, moderados y, en virtud de su amistad con el general Prieto, al todavía influyente grupo o'higginista.

Después de los sucesos de Lircay, Diego Portales dio de baja a jefes, oficiales y tropa del ejército pipiolo. Obtuvo del Congreso de Plenipotenciarios autorización para relegar o desterrar del país a cualquier persona que pusiese en peligro el orden y la tranquilidad públicos. Así fue como partieron al exilio Freire y José Joaquín de Mora, entre muchos otros, acusados de sediciosos y agitadores. Este notable ministro también reorganizó la Academia Militar y el ejército, separando de ellos a los oficiales que, aun cuando no tomaron parte en las contiendas, se mostraban renuentes a acatar el nuevo régimen. Al mismo tiempo que restructuraba las fuerzas armadas, creó la Guardia Cívica, a la que encomendó la tarea de apoyar el poder establecido.

Este cuerpo llegó a contar con 25 000 efectivos. Las comisiones ambulantes de justicia reprimían el bandolerismo rural y fronterizo.

Portales ordenó que todo funcionario estatal cuya conducta fuese reprochada públicamente, recurriese, so pena de destitución y de enjuiciamiento basado en la misma acusación, a los tribunales competentes para encausar al denunciante. Partidario decidido de un Estado fuerte y centralizado, el ministro propugnó que el Ejecutivo nombrase a los intendentes provinciales y a los gobernadores, hecho sancionado en la Ley de Régimen Interior del Estado (1844).

Manuel Rengifo, designado ministro de Hacienda en junio de 1830, emprendió el saneamiento del erario. Ese mismo año se aprobó la nueva ley de elecciones, que consagraba el sufragio censitario.*

En marzo de 1831 se llevaron a cabo los comicios para elegir presidente, vicepresidente y miembros del Congreso. Resultaron elegidos el general Joaquín Prieto y vicepresidente Diego Portales. El primero ocupó la presidencia, pero el segundo nunca asumió su cargo, aunque conservó el de ministro de Guerra y Marina hasta agosto de 1832.

En junio de 1831, el Congreso aprobó la ley que convocaba a una Gran Convención que reuniría a 16 diputados y 20 connotados ciudadanos con la finalidad de preparar un proyecto de reforma de la Constitución de 1828. Después de largos debates, concordaron en la necesidad de afianzar un régimen democrático y representativo, con un gobierno fuerte pero respetuoso de la libertad, dotado de disposiciones constitucionales y jurídicas para evitar que se repitiesen los excesos que llevaron a la guerra civil. La Asamblea terminó discutiendo un proyecto preparado por Mariano Egaña, el

* "Sufragio censitario" es una expresión jurídica usada en Chile.

cual, con las modificaciones correspondientes, fue promulgado el 25 de mayo de 1833.

La nueva organización jurídica de la nación

La Constitución de 1833 dejó en pie muchos preceptos que ya figuraban en la de 1828, e instauró un régimen político estable al entregar al Ejecutivo los instrumentos necesarios (estado de sitio y facultades extraordinarias) para sofocar cualquier iniciativa que pretendiese alterar el orden establecido, característica, esta última, que la define como una constitución autoritaria.

El nuevo documento fijó los límites de Chile entre el desierto de Atacama y el cabo de Hornos, y desde el océano Pacífico hasta la cordillera de los Andes, incluyendo islas y archipiélagos adyacentes, sin mencionar la jurisdicción que, en tiempos coloniales, ejercía sobre la Patagonia, hecho que más adelante daría lugar a disputas sobre el territorio con Argentina.

En clara oposición al sistema federalista, la Carta Magna de 1833 declaró que la República de Chile era una e indivisible. Proclamó, también, como religión oficial la católica, apostólica y romana, prohibiendo el ejercico público de cualquiera otra.

Reconoció como nacionales a todos los individuos nacidos en el país y a los hijos de padre o madre chilenos que, habiendo nacido en el extranjero, se avecindaran en Chile. Para obtener la condición de ciudadano se requería que los varones tuvieran más de 21 años, si eran casados, y más de 25 si eran solteros; además, debían saber leer y escribir (disposición que rigió desde 1841), poseer un bien inmueble o disfrutar de una renta equivalente a su valor, o bien tener un capital en giro cuyo monto fijaría la ley. El sufragio era censitario.

La Constitución también se ocupó de asegurar la igualdad ante la ley y el acceso a los empleos fiscales, así como impuestos o contribuciones. Consagró la inviolabilidad de la propiedad, el derecho de petición y la libertad de desplazamiento, opinión e imprenta; proscribió que cualquier persona fuese arrestada o juzgada en virtud de una ley cuya promulgación fuese posterior al hecho imputado y sin la orden de una autoridad competente. Por último, confirmó la abolición total de la esclavitud, y reconoció, a pesar de las libertades que proclamaba, el derecho al mayorazgo.

El Poder Ejecutivo residía en un presidente de la república, al que se elegiría por voto indirecto para un periodo de cinco años, y que podría repostularse para otro periodo inmediato. Si para su reelección el presidente no obtenía la mayoría absoluta de los votos electores, el Congreso decidiría entre los dos candidatos que hubiesen obtenido mayor número de sufragios. Entre las facultades del Poder Ejecutivo figuraban las siguientes: nombraba y removía a voluntad a los ministros de Estado, agentes diplomáticos, intendentes y gobernadores; ejercía el patronato eclesiástico, que consagraba la unión de la Iglesia con el Estado, y vetaba los proyectos de ley aprobados por el Congreso. Al Ejecutivo lo asesoraba un Consejo de Estado integrado por los ministros, dos magistrados de la Corte Suprema, un dignatario eclesiástico, un general del ejército, y dos ex ministros o diplomáticos, más otros dos ex intendentes, gobernadores o regidores. Con acuerdo del Consejo, el Ejecutivo podía declarar estado de sitio o solicitar facultades extraordinarias por un lapso determinado, durante el cual se suspendía la Constitución.

El Poder Legislativo lo ejercía un Congreso bicameral. Los diputados, elegidos por voto directo, representaban a los departamentos, en proporción de uno por

169

cada 20 000 habitantes o una fracción no inferior a los 10 000. Los diputados duraban tres años en ejercicio y podían reelegirse indefinidamente. Estaban inhabilitados para aspirar al cargo sacerdotes, jueces, intendentes y gobernadores. Por su parte, el Senado estaba integrado por veinte miembros, que se elegían en forma indirecta. Los senadores duraban nueve años en el cargo, y podían renovarse, indefinidamente, por tercios cada tres años. Estaban sujetos a las mismas inhabilidades que los diputados y, al igual que éstos, no recibían remuneración. Además de la elaboración de las leyes, entre las atribuciones del Congreso figuraba la de aprobar, cada año, el presupuesto de la nación, el cobro de impuestos y contribuciones, y definir las fuerzas de tierra y mar. Estas leyes periódicas se convertirían, más tarde, en instrumento de presión sobre el Ejecutivo. Por último, al Congreso también le correspondía aceptar o rechazar la renuncia al cargo de primer mandatario.

El Poder Judicial estaba encabezado por un Tribunal Supremo de Justicia, el cual debía velar por el cumplimiento de las leyes y por la buena conducta de los jueces letrados de primera instancia. El presidente de la república nombraba a los magistrados de una terna propuesta por el Consejo de Estado. Su inamovilidad y responsabilidad quedaban garantizadas.

Los constituyentes invistieron de grandes poderes al Ejecutivo, pues terciaba en la elaboración de las leyes, aprovechando la compatibilidad entre ciertos empleos públicos y el cargo de parlamentario. Además, el sistema electoral permitía al Ejecutivo por medio de sus intendentes, gobernadores, subdelegados e inspectores tener un activo papel fiscalizador e intervenir en el proceso electoral, multiplicando, anulando o comprando las boletas de calificación, documento éste que se entregaba a los ciudadanos y sin el cual era imposible sufragar. Así, de hecho el Ejecutivo llegó a convertirse en el gran elector, pues se aseguraba su reelección y las mayorías en las Cámaras legislativas. A esta supremacía se sumaban las facultades de nombrar jueces y funcionarios y de comandar las fuerzas armadas, de las cuales, constitucionalmente, era su generalísimo. Como contrapartida, y para equilibrar ambos poderes, el Legislativo debía prestar su consentimiento a las leyes periódicas y censurar a los ministros de Estado.

EL PREDOMINIO CONSERVADOR

Neutralizados los o'higginistas y alejados de la administración a Portales junto con sus estanqueros, los conservadores o pelucones tomaron las riendas del gobierno que colaboraron a implantar, y para ello utilizaron todos los medios para mantenerse en él y evitar cualquier modificación que pudiera alterar la estructura de un sistema claramente oligárquico. Los conservadores obtuvieron facultades extraordinarias en 1833, 1836, 1837, 1838, 1851 a 1853 y 1859 a 1861. Además, decretaron estado de sitio en 1840, 1846 y 1858, suspendiendo las garantías constitucionales a fin de enfrentarse a los movimientos reformistas o revolucionarios. Tres mandatarios, el general Joaquín Prieto (1831-1841), el general Manuel Bulnes (1841-1851) y Manuel Montt (1851-1861), encarnaron la preeminencia conservadora. El propio Portales, aun cuando se había retirado de la vida pública a pesar de conservar el cargo de ministro de Guerra y Marina, no vaciló en meter baza en los asuntos políticos cuando consideró que algunos funcionarios se mostraban demasiado "blandos" o indecisos. Ello le permitió encabezar la oposición contra el primer ministro

171

del Interior y Relaciones Exteriores de Prieto, Fernando Errázuriz, cuya actitud criticó acerbamente en las páginas de *El Hurón*, periódico publicado por sus seguidores, y en donde expresó enfáticamente que el gobierno tenía la obligación de remover a aquellos ministros que pusiesen en peligro la estabilidad del régimen al no contar con el apoyo de la opinión pública. Errázuriz no tardó en renunciar y su lugar lo ocupó Joaquín Tocornal. Poco después, Portales abandonó el ministerio para asumir el cargo de gobernador de Valparaíso.

LOS EMBRIONARIOS PARTIDOS POLÍTICOS

Los vencedores de Lircay conformaban un grupo heterogéneo que, sólo por un tiempo, logró amalgarse en un partido: el del gobierno. Sin embargo, surgieron disensiones que los llevaron a separarse para formar parcialidades en torno de personalidades y grupos familiares. Así, los amigos de Errázuriz separados de la administración dieron nacimiento a los *filopolitas*, facción contraria al autoritarismo de Portales y al clericalismo de Tocornal. Los filopolitas daban a conocer su posición en *El Philopolita* (1835), periódico en el que también escribían antiguos liberales, y en el que planteaban la exigencia de conceder más libertades al pueblo y de disminuir las potestades discrecionales del Ejecutivo en tiempos de facultades extraordinarias y estado de sitio.

Los estanqueros respondían virulentamente en *El Farol*. El retorno de Portales al gobierno (septiembre de 1835), quien retomó las carteras del Interior y Relaciones Exteriores y de Guerra y Marina, dispersó a los filopolitas y aseguró la reelección del presidente Prieto (1836).

Por lo que se refiere a los conservadores, se avizoraba una división entre aquellos que apoyaban el ejercicio efectivo del derecho de patronato, por parte del gobierno, y quienes trataban de evitar cualquier conflicto con la Santa Sede.

La derogación de las facultades extraordinarias en 1838 permitió sacar a la luz pública algunos periódicos opositores como *El diablo político* y *Cartas patrióticas*, que atacaban duramente al régimen mientras nombraban a sus propios candidatos para los comicios parlamentarios de 1840. El escaso eco que suscitaron sus discursos se reflejó en el hecho de que sólo lograron colocar a seis diputados de un total de 59, y no obtuvieron ningún senador.

El oficialismo postuló para la presidencia al victorioso general Manuel Bulnes; la oposición se unió en torno del general Francisco Antonio Pinto, y arremetió, con un encono y una procacidad desconocidos hasta entonces, contra la candidatura continuista en un pasquín titulado *La guerra a la tiranía*.

Bulnes obtuvo una amplia victoria. En los primeros años de su mandato logró granjearse el apoyo de numerosos liberales y conservadores ultracatólicos. Sin embargo, entre la juventud universitaria germinaba un nuevo movimiento liberal encabezado por José Victorino Lastarria, propalando sus ideas en el periódico *El siglo*. Los conservadores las rebatían en *El progreso*. Otros grupos minoritarios expresaban en *El republicano* y en *La gaceta de comercio* su inconformidad con el ministro del Interior y Relaciones Exteriores, Manuel Montt, a quien acusaban de encarnar lo peor del autoritarismo.

Los adictos al gobierno se agruparon en la Sociedad del Orden, cuyas contrapartes fueron la Sociedad Demócrata (1845) y la Sociedad Caupolicán, integrada, esta última, por algunos artesanos, deseosos de atraer a sus filas a la Guardia Cívica —la gran fuerza electoral del oficialismo—, que se autodenominaban liberales o progresistas. Estas sociedades se unieron en Santiago, en el Club de la Reforma, que tuvo corta existencia. No obstante, este Club contribuyó a la fundación del Partido Liberal (1849), cuyos parlamentarios trataron de impedir la ascensión de Manuel Montt a la primera magistratura del país obstaculizando su tarea ministerial. En 1850, los liberales propusieron aplazar la aprobación de la ley que autorizaba el cobro de contribuciones. En apoyo de esta medida, pidieron a Lastarria que éste expusiera el argumento de que la Cámara poseía facultades "para mantener el equilibrio político, para hacer que los otros poderes entren en su órbita cuando hayan salido de ella", iniciando una controversia que más tarde provocaría el enfrentamiento entre el Ejecutivo y el Legislativo. Montt replicó, en defensa del régimen, que

> el derecho terrible de suspender las contribuciones no puede usarse sino en casos sumamente extraordinarios contra un gobierno, por ejemplo, que conculcase todos los derechos, que violase todas las leyes y que ejerciese una verdadera y odiosa tiranía. Para evitar levantamientos populares que suelen acontecer en estos casos extremos, ha puesto la Constitución en manos del Congreso esta terrible arma, cuyo uso no puede ser legítimo sin que intervengan las mismas causas que legitimarían una revolución.

La moción fue rechazada por escaso margen de votos, lo que contribuyó a acrecentar la popularidad de Montt, si bien no consiguió aplacar a los exaltados jóvenes liberales, especialmente a aquellos que, como Santiago Arcos y Francisco Bilbao, habían sido testigos de las revoluciones europeas de 1848. Los liberales inconformes fundaron la Sociedad de la Igualdad (1850) y publicaron *El amigo del pueblo;* suscribieron, además, los principios de "libertad, igualdad y fraternidad", e hicieron suyo el pensamiento de los socialistas utópicos. Su admiración por el poeta Alfonso María de Lamartine, con su *Historia de los girondinos,* encendía en ellos un romántico afán de equidad social. Pronto aparecieron filiales de la Sociedad en San Felipe y La Serena, creando nuevos focos antigubernamentales donde se gestaban provocaciones y protestas públicas en contra del ministerio que encabezaba Antonio Varas, decidido impulsor de la candidatura de Montt.

El asalto a la sede de la Sociedad por agentes policiales armados de garrotes propició el ingreso de nuevos afiliados entre los que figuraban aristócratas, artesanos, mineros y miembros de la naciente clase media. Ante esta desafiante actitud, el gobierno decretó estado de sitio en las provincias de Aconcagua y Santiago, donde apresó y relegó a los más destacados voceros liberales.

Cuando la oposición se enteró de que el estado de sitio se extendería a todo el país, organizó una sublevación de la guarnición de Santiago (20 de abril de 1851), con el apoyo del coronel Pedro Urriola, comandante del batallón Valdivia, en un intento por revivir las jornadas francesas de 1848. Aplastada rápidamente por tropas leales al régimen, se desterró o relegó a sus principales cabecillas civiles: Francisco Bilbao, Benjamín Vicuña Mackenna, José Miguel Carrera Fontecilla, Domingo Santa María, Eusebio Lillo, José Zapiola, Santiago Arcos y Pedro Ugarte. El episodio, novelado, forma parte de una de las obras cumbres de la litertura chilena del siglo XIX: *Martín Rivas,* de Alberto Blest Gana.

Después del fracasado intento golpista, Manuel Montt obtuvo un amplio triunfo en las elecciones presidenciales. Con él los civiles retornaban al poder. Poco después estalló una revuelta en La Serena, a la cual, inesperadamente, se plegaron algunos pelucones de Concepción, reviviendo, así, el antiguo antagonismo de las provincias con la capital, pues los penquistas habían perdido la hegemonía política mantenida durante los decenios de Prieto y Bulnes.

Desde La Serena, el denominado Ejército Restaurador del Norte, comandado por el general Justo Arteaga, se movilizó hacia Santiago y fueron destrozados en Petorca (14 de octubre de 1851). Los revolucionarios sobrevivientes, atrincherados en la norteña ciudad, resistieron hasta fines de año el largo sitio de las tropas gobiernistas. Una semana después, los insurrectos de Atacama fueron abatidos en la batalla de Linderos (8 de enero de 1852).

En el ínterin, el teniente José Miguel Cambiaso encabezó el levantamiento de la guarnición del penal de Punta Arenas (noviembre de 1851) con objeto de adueñarse de la colonia e incorporarse al movimiento revolucionario. Después de matar al gobernador Benjamín Muñoz Gamero y a los funcionarios estatales, se apoderó de dos navíos extranjeros, embarcándose hacia un puerto del sur que, supuestamente, se hallaba en manos rebeldes. Una de las naves fue apresada por la armada inglesa, y entonces los insurrectos decidieron dirigirse a Europa. Discrepancias entre ellos los llevaron a amotinarse contra Cambiaso, a quien condujeron a Ancud para entregarlo a las autoridades. Cambiaso y siete de sus cómplices murieron en la horca en Valparaíso el 4 de abril de 1852.

Toldería de cueros de guanacos bajo las cuales se cobijaban los tehuelches. Hombres y mujeres protegían el cuerpo con pieles del mismo animal, el cual cazaban con flechas y boleadoras.

Malón mapuche. Guerreros victoriosos regresan a sus *rucas* llevando mujeres españolas como botín.

El edificio de la Casa de Moneda, transformado en sede del gobierno a mediados del siglo XIX.

Chingana o festejo popular. Nótese la ramada bajo la cual se cobijan las cantoras y sus acompañantes.

La Cañada. Paseo público proyectado por el libertador Bernardo O'Higgins. Actualmente la avenida, sin arboleda, lleva su nombre.

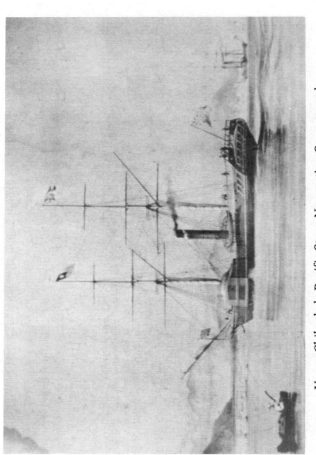

Vapor *Chile*, de la Pacific Stean Navegation Co., entrando al puerto de Valparaíso.

Familia mapuche con sus atuendos típicos. Mediados del
siglo XIX.

El huaso y la lavandera. Cuadro de Mauricio Rugendas.

La zamacueca. Óleo de Manuel Antonio Caro.

Palacio Díaz García, después de Toro Cazote. El parque estaba enfrente de la avenida Las Delicias, hoy Libertador General Bernardo O'Higgins. Fue demolido en la década de 1930.

Billete de pago entregado como salario a los mineros del salitre. Sólo podía emplearse para adquirir mercaderías en la pulpería de la respectiva oficina salitrera.

Expedición de cazadores de indígenas selknam encabezada por el aventurero rumano Julio Popper. Nótese, en primer plano, el cadáver de un nativo, por cuya cabeza se pagaría una libra esterlina, y los restos de su vivienda.

Pulpería de una oficina salitrera. Comienzos del siglo XX.

Cachucho donde se calentaba el nitrato para desprender el yodo.

Fundición de cobre. Mediados del siglo XIX.

Mientras ello sucedía, Bulnes, al mando del Ejército Pacificador del Sur, sofocó la revuelta meridional en la cruenta batalla de Loncomilla (8 de diciembre de 1851). Los liberales resolvieron que era mejor esperar el colapso al que, después de 30 años de gobierno, tendrían que sucumbir los conservadores en virtud del natural desgaste político. Entonces podrían aspirar al poder. Así, Montt disfrutó de relativa tranquilidad durante su primer quinquenio, lo que le permitió consagrarse a acelerar el despegue económico del país.

LA CRISIS DEL PARTIDO CONSERVADOR

Inesperadamente, un insignificante episodio —"la cuestión del sacristán"— comenzaría a socavar las bases del conservadurismo. En 1856, el sacristán mayor de la catedral de Santiago, con acuerdo del tesorero, exoneró a un monaguillo, medida a la que se opusieron cuatro canónigos del Cabildo eclesiástico por estimar que no se podía remover a ningún funcionario sin su autorización. El tesorero se quejó ante el vicario y éste aprobó la medida que tomó el último, a la vez que obligó a los canónigos a que cumplieran la orden. Dos de ellos se negaron, y dado que el arzobispo de Santiago, Rafael Valentín Valdivieso, se hallaba ausente, apelaron al obispo de La Serena, y amenazaron, en caso de que no ser oídos, con entablar un "recurso de fuerza" ante la Corte Suprema de Justicia, situación que colocaba una contienda eclesiástica bajo jurisdicción de tribunales civiles. Esto equivalía a todas luces a aceptar el derecho de patronato que tanto propugnaban los regalistas —entre quienes se contaba Antonio Varas—, que no concebían una Iglesia independiente de la tutela estatal, pues ello le permitía a la primera intervenir en algunas funciones que le correspondía desempeñar al poder temporal. Los ultramontanos, por el contrario, desconocían el derecho de patronato y aspiraban a mantener el fuero eclesiástico, el control de la Iglesia sobre el matrimonio y la familia, la censura de los libros en circulación y la supervisión de la enseñanza en todos los niveles.

Las discusiones en favor o en contra de dichas posiciones dividieron tanto a los conservadores como a la opinión pública especialmente cuando la Corte acogió el recurso interpuesto y conminó al arzobispo Valdivieso, bajo apercibimiento de destierro, a cumplir la sentencia que ordenaba reponer en su cargo al sacristán. El prelado solicitó intermediar al presidente Montt, invocando su calidad de protector constitucional de la Iglesia. Pero Montt se rehusó a hacerlo aduciendo la independencia entre ambos poderes.

Aunque posteriormente los canónigos desistieron del recurso de fuerza, mientras tanto se había formado la Sociedad de Santo Tomás de Cantorbery, integrada por clérigos y seminaristas comprometidos a no interponer recursos ante la justicia civil. *El Ferrocarril*, diario oficialista, calificó a esta agrupación de sediciosa y conspiradora, y provocó un distanciamiento entre los católicos regalistas y los ultramontanos. Este desacuerdo se acentuó cuando Antonio Varas comenzó a perfilarse como futuro candidato presidencial.

Los ultramontanos no vacilaron en unirse políticamente con los liberales para enfrentarse al Partido Nacional, creado a fines de 1857, por los seguidores de Montt y de Varas, partidarios de un gobierno autoritario, progresista y laico. Así nació la fusión de liberales y conservadores. No obstante, el escaso éxito de esta coalición en las elecciones parlamentarias de marzo de 1858 les hizo concluir que no alcanzarían el poder por medio de las urnas. Además de propugnar, en las páginas de *La Asamblea Constituyente,* reformas a la Constitución de 1833, para disminuir las excesivas atribuciones presidenciales, prepararon un movimiento armado contra Montt. No lograron interesar a militares de prestigio para encabezarlo. Tampoco lograron hacerse de partidarios decididos en Valparaíso y Concepción.

El gobierno, por otra parte, decretó estado de sitio por noventa días en las provincias centrales, clausuró diarios opositores y solicitó facultades extraordinarias para contrarrestar a los conjurados. Sólo en la lejana Copiapó, centro minero que había atraído a inmigrantes de todas las regiones y sectores sociales del país, el descontento parecía incontrolable, más aún cuando experimentaba una crisis económica a raíz de la baja en las exportaciones de barras de plata. Dirigidos por las influyentes familias Gallo y Matta, los mineros recibieron adoctrinamiento político y se les adiestró en el manejo de las armas.

El 5 de enero de 1859 estalló la rebelión cuando la provincia se declaró desligada del gobierno central mientras no se convocara a una Asamblea Constituyente. Se proclamó intendente y jefe del ejército revolucionario a Pedro León Gallo, quien de su propio peculio acuñó monedas, fundió cañones y armó a más de mil efectivos con los cuales marchó hacia La Serena. Una sorpresiva victoria en Los Loros (14 de marzo) dejó bajo el dominio de las fuerzas de Copiapó la provincia de Coquimbo. Mientras tanto, grupos de montoneros se habían apoderado de Talca y de San Felipe. Las guerrillas comenzaron a operar en las áreas rurales y, en la frontera, cerca de Chillán, se unían chilenos y mapuches para avanzar hacia el norte.

Esta amplia dispersión de los focos subversivos obligó a dividirse a las fuerzas gobiernistas. A pesar de ello, poco a poco lograron derrotar a los insurrectos. Así, el 18 de febrero recuperaron San Felipe; después Talca sucumbió a un cruento sitio; el 12 de abril aniquilaron las montoneras sureñas en Maipón, y el 29 del mismo mes Gallo cayó en Cerro Grande, desde donde huyó a Argentina para salvar la vida.

Vuelta la calma, Montt se esforzó inútilmente por reunificar al Partido Conservador, dividido definitivamente entre ultramontanos y regalistas. El Partido Nacional o monttvarista también se desgarró en medio de las pugnas que tuvieron lugar entre la corriente de vieja raigambre pelucona con la que se inclinaba por seguir una vía de mayor tolerancia y más libertades cívicas. El Partido Liberal, fortalecido por la savia juvenil de aristocráticos intelectuales, se robustecía al abrigo de la fusión de liberales y conservadores y se preparaba para llegar al poder una vez que concluyera la administración de José Joaquín Pérez, elegido sin oposición en julio de 1861.

LA ORGANIZACIÓN ECONÓMICA

Manuel Rengifo, estanquero, fue el primer ministro de Hacienda del periodo. La férrea política represiva de Portales le permitió racionalizar la administración estatal y fortalecer la economía. Devolvió al clero los bienes que se le habían confiscado (1831); redujo la planta del ejército; suprimió los cargos públicos superfluos; impuso un estricto control en la recaudación de tributos; afrontó, con buenos resultados, el contrabando; ordenó que el Ministerio de Hacienda refrendase todo pago fiscal; estableció el catastro, gravamen a la renta agrícola calculado sobre el valor de los predios y de sus beneficios; abolió algunos ramos de la alcabala, impuesto a la compraventa; restableció y amplió los almacenes francos de Valparaíso (1834), en los que se podían depositar mercaderías importadas en las bodegas portuarias hasta por tres años sin pagar derechos de internación. A cambio de esta facilidad sólo se pagaba un porcentaje del precio de los bienes, que disminuía cuando se trataba de artículos en tránsito hacia los mercados exteriores. El éxito de esta medida transformó a Valparaíso en el principal puerto comercial del Pacífico occidental. La recalada de barcos aumentó de 275 en 1832 a casi 400 dos años después, y las cargas almacenadas de 200 000 a 800 000 en el mismo lapso. Para mantener el creciente flujo de mercancías, el Estado se vio en la necesidad de arrendar bodegas a los particulares.

Los ingresos del erario nacional se incrementaron con el descubrimiento del rico mineral de plata de Chañarcillo, en Copiapó (1832). Una ley decretada en 1834 autorizó la exportación de *soroches*[1] de plata, concepto que causaba un impuesto de salida de un real y medio por quintal.

Rengifo, buscando fomentar el desarrollo de las actividades agromineras y de las ciencias, liberó de derechos aduaneros a maquinarias, libros, instrumentos científicos y artículos de imprenta, concediendo privilegios especiales a quienes introdujesen tecnologías para aumentar la productividad minera.

El paulatino mejoramiento de la Hacienda permitió regularizar el pago de la deuda interna (1835) que, en su mayor parte, consistía en los adelantos que los par-

[1] Término usado en Chile y en Bolivia para designar al sulfuro de plata.

ticulares habían hecho al gobierno durante los primeros años de vida republicana. En 1837, el Estado debió financiar la guerra contra la Confederación Peruano-Boliviana, por lo cual solicitó a sus acreedores 10% del valor de las cuotas establecidas, con un interés de amortización de 3 y 1%. El servicio de la deuda externa se postergó debido principalmente a que el compromiso con Londres se había traspasado, en parte, al Perú. Sólo hasta septiembre de 1840 se reanudaría el pago de los dividendos.

En 1834 se uniformó la acuñación de monedas de oro y plata, manteniendo el sistema bimetálico colonial, si bien se les fijó un mismo valor en pesos. Las monedas de un centavo y las de medio centavo se acuñaron en cobre. La adopción del sistema métrico decimal (1848) obligó a reajustar su monto. El peso se definió como una moneda de plata de 25 gramos, equivalente a 100 centavos de cobre. A partir de 1851, se amonedó metálico en oro, bajo las denominaciones de cóndor, doblón y escudo, cuyo monto equivalía al de las monedas de diez, cinco y dos pesos de plata, respectivamente. El mayor precio del metal argentífero en Europa provocó una permanente fuga de monedas de a peso, lo que dio lugar a que en las transacciones comerciales se impusiera, *de facto*, el monometalismo aurífero. En virtud de esta medida se renovó la popularidad de las *señas* o circulante privado, en cuya fabricación se empleaba madera, cuero o plomo; también las *fichas salarios* y los *billetes de crédito*, pero como éstos no contaban con el respaldo adecuado, el gobierno se vio obligado a prohibir, en 1839, la creación de bancos y la emisión de papel moneda sin la debida autorización.

La gestión de Rengifo concluyó en 1835 y su lugar lo ocupó otro gran administrador, Joaquín Tocornal, quien pudo financiar el conflicto bélico gracias al progresivo aumento de las entradas fiscales y a la disminución de los gastos. A fin de tener un mayor control sobre las finanzas públicas, Tocornal dispuso que fuesen revisadas por la Contaduría Mayor, cuyo director tenía rango de ministro de la Corte de Apelaciones. Los fallos que este funcionario emitía sólo eran apelables ante el Tribunal Superior de Justicia.

Cuando Bulnes asumió el mando, Manuel Rengifo regresó al Ministerio y ahí se mantuvo hasta poco antes de su muerte (1844). Redactó un reglamento para regular los presupuestos de gasto y la cuenta de inversiones. Logró que los bonos chilenos se vendieran en la Bolsa de Londres con valores más altos que los del resto de las repúblicas americanas. Dictó una ordenanza de aduanas completa que simplificó las operaciones y redujo los derechos (1842).

La bonanza económica permitió iniciar un ambicioso programa de obras públicas: la erección de edificios para el Instituto Nacional y para la penitenciaría; la reparación de la Casa de Moneda para convertirla en sede del gobierno (1846); la creación de un cuerpo de ingenieros encargado de planificar la red vial y de la construcción de puentes, y, finalmente, la creación de la Oficina de Estadística, que se ocuparía de acumular datos precisos sobre población, comercio e industria. A esta dependencia le correspondió realizar el segundo censo nacional que arrojó la cifra de poco más de un millón de habitantes en el país, sin incluir a los mapuches asentados al sur del río Biobío.

LA MODERNIZACIÓN DE LOS TRANSPORTES

En 1835 se aprobó la Ley de Cabotaje, perfeccionada al año siguiente con la de Navegación. Estas leyes entregaban el comercio marítimo a los barcos chilenos comandados por capitanes chilenos de nacimiento o nacionalizados. El ingeniero estadunidense William Wheelwright obtuvo la concesión monopólica, por un plazo de diez años, para operar navíos de vapor en las costas chilenas. A él se debe la fundación de la Pacific Steam Navigation Company, que, con dos vapores, el *Chile* y el *Perú*, transitó desde 1840 entre Valparaíso y El Callao. También creó la compañía que construyó el ferrocarril entre Caldera y Copiapó, con objeto de transportar los minerales que se extraían en esa localidad. El tramo de 81 kilómetros se inauguró en 1850. El éxito de esta obra alentó el proyecto de una vía férrea que uniese a Santiago con Valparaíso. Como el costo de esta empresa superaba la capacidad financiera de los particulares, el fisco adquirió la mayoría de las acciones. Esta contribución permitió iniciar los trabajos en 1858. Dos años antes, el propio Estado había comenzado las obras del ferrocarril hacia el sur de Santiago. En 1852, Wheelwright, con capitales privados, puso en operación el telégrafo eléctrico entre la capital y Valparaíso. En 1856, el gobierno emprendió el cableado hacia Talca, siguiendo la línea férrea.

En 1852 se adoptó el sistema de estampillas de correos, una modalidad de franqueo que Inglaterra había adoptado quince años antes. Y también en Inglaterra se imprimieron los primeros sellos chilenos, en los que figuraba el rostro de Cristóbal Colón. Las entradas fiscales, cada vez más altas, se emplearon para financiar otras obras públicas, como los edificios del Congreso Nacional y de la Casa de Orates, el Observatorio Astronómico y numerosas escuelas.

A partir de 1830, el fisco asumió la tarea de impulsar la actividad económica del país. Otorgó monopolios, como el estanco y los vapores, y privilegios especiales a quienes iniciasen cualquier actividad industrial durante el plazo de ocho años. Estas medidas proteccionistas se complementaron con la fijación de gravosos derechos aduaneros a la importación de bienes producidos en Chile. A medida que se consolidaba la actividad fabril se fueron dictando disposiciones "liberalizantes" —especialmente durante el gobierno de Montt—, gracias a la influencia del francés Jean Gustave Courcelle Seneuil, quien, contratado como profesor de economía política, era contrario a toda intervención estatal, por considerar que ésta atentaba contra las libertades social, política y económica.

Los liberales abogaban por la supresión del estanco y de los monopolios; proponían que se rebajaran drásticamente los derechos aduaneros y pedían la conversión del diezmo, impuesto equivalente a 10% del producto bruto de la agricultura y de la ganadería, que recaudaban los particulares que adquirían este privilegio en remate. En 1852, Montt remplazó el diezmo por un tributo fijo similar al valor que percibía aquél. También abolió en definitiva los mayorazgos (1852), concediendo un plazo de seis años para desvincular los bienes raíces sujetos a ese sistema. La medida no cambió mayormente la propiedad de la tierra ni terminó con los grandes latifundios; sólo otorgó a los hermanos del primogénito el derecho a heredar, consagrado en el Código Civil de 1857. Sin embargo, muchas veces los herederos vendieron su parte al hermano mayor, lo que conservó intacta la superficie de las haciendas y las estancias.

Durante los años posteriores al establecimiento de la república fracasaron varios intentos por crear bancos particulares, aun cuando algunas sociedades emitían billetes de crédito destinados a financiar, con intereses usurarios, los préstamos a mineros y agricultores. A pesar de existir leyes que regulaban los empréstitos, rara vez se cumplían. Un amplio mercado informal de prestamistas cobraban réditos del 1 a 2% mensual, aprovechando las disposiciones legales que permitían a los particulares acordar libremente intereses superiores a los autorizados. Muchos especuladores solicitaban adelantos a las instituciones religiosas con objeto de traspasarlos a otros acreedores, de modo que salían ganando la diferencia de la tasa de interés.

El aumento de las solicitudes de dinero llevó a la apertura de las casas de crédito; éstas fueron las antecesoras de los bancos y contaban con la licencia de las autoridades departamentales para emitir billetes. En 1855 se creó la Caja de Crédito Hipotecario, destinada a otorgar préstamos a largo plazo para fomentar las obras urbanas y el mejoramiento de la agricultura; el mismo año abrió sus puertas el Banco de Valparaíso, propiedad del empresario Agustín Edwards. Un año después, Ossa y Cía., y Bezanilla, Mac-Clure y Cía., imprimían papel moneda en Santiago. En 1859 nació el Banco de Chile, sociedad anónima cuyos billetes empezaron a circular en 1860, año en que se dictó la ley que reglamentaba el funcionamiento de los bancos y los autorizaba para emitir dinero hasta por 150% de su capital. Poco después surgieron los montes de piedad, lo que permitió a los pobres tener acceso a créditos a corto plazo con garantía de prendas.

En 1856 se estableció la primera compañía de seguros, y en 1861 la Caja de Ahorros de Santiago, manejada por el Estado, a fin de estimular el hábito de la previsión entre los ciudadanos.

EL DESARROLLO AGRÍCOLA

La recuperación de la actividad agrícola estuvo íntimamente ligada a la fundación de la Sociedad Chilena de Agricultura (1838), que difundió técnicas, maquinarias y modernos sistemas de cultivo mediante el boletín bimensual *El Agricultor Chileno*, publicado de 1838 a 1849. Poco después se estableció en Santiago la Quinta Normal de Agricultura (1842), con objeto de experimentar y aclimatar nuevas especies: arroz, betarraga azucarera, espárragos y morera. En Santiago también había una Escuela Práctica de Agricultura.

En 1851, Silvestre Ochagavía importó las cepas Pinot y Cabernet francesas, iniciando así el mejoramiento de la industria vitivinícola. También se introdujeron vacunos tipo Durham (1843), porcinos europeos y la abeja italiana (1846). Por esa misma época llegó al país la primera máquina trilladora.

Gracias a los particulares que financiaron la construcción de embalses y canales, la superficie irrigada se extendió desde La Serena hasta Chillán. Esta medida permitió disminuir los riesgos derivados de las frecuentes sequías que afectaban la zona.

El sector agrícola se vio favorecido como nunca antes entre 1848 y 1856, año, este último, en que la Sociedad Nacional de Agricultura, sucesora de la anterior, propició la renovación integral de la actividad agrícola a través del *Mensajero de la Agricultura*, su órgano oficial.

La vida campesina transcurría con el mismo ritmo monótono que la caracterizara durante la colonia. Sólo perturbaba su paz la actividad de bandoleros y cuatreros, a cuyas filas se sumaba la gran masa de vagabundos que recorrían las haciendas en busca de ocasionales trabajos como gañanes o peones. La mayoría de los patrones, propietarios de las tierras, llevaba una vida tan modesta como la de sus arrendatarios o inquilinos. Durante los meses de verano, las faenas como la trilla con yeguas, el rodeo, la marca y la matanza de los animales que se habían capturado en las veranadas en la cordillera eran motivo de fiestas en las que corrían el vino y el aguardiente, y se cantaba a lo humano y a lo divino. También se organizaban competencias de *payadores* y se bailaba al son de arpas, guitarras y vihuelas. La prosperidad de la minería y las oportunidades de trabajo urbano propiciaron la migración de labradores deseosos de cambiar su aletargado modo de vida.

LA PACIFICACIÓN RURAL

Luego de aplastar la resistencia de los últimos realistas, la banda de los hermanos Pincheira, integrada por casi un millar de desarraigados criollos, mestizos e indígenas, continuó asolando las ciudades y las haciendas aledañas a las fronteras del Biobío, así como a las transandinas provincias de Cuyo, Córdoba y Buenos Aires. La principal guarida de la banda se hallaba en las serranías cercanas a Chillán. En enero de 1832, el general Manuel Bulnes, con un escogido grupo de infantes y granaderos, emprendió su búsqueda. Los Pincheira acampaban en el lago Epulafquén, al oriente del macizo andino. Allí los sorprendió el día 13, aniquilando a los montoneros y pehuenches que los acompañaban. El general rescató a más de un centenar de cautivas y una enorme cantidad de animales robados en las estancias pampinas. Después del exterminio de la banda, las campiñas meridionales gozaron de una paz relativa, para cuya conservación se organizó un escuadrón de caballería: los Carabineros de la Frontera.

El esplendor de la minería

El descubrimiento del mineral de plata de Arqueros (1825) estimuló la exploración de nuevas vetas ubicadas entre La Serena y Copiapó. Estos esfuerzos se vieron coronados con el éxito cuando Juan Godoy, pobre *cateador* mestizo, halló un rico filón argentífero en Chañarcillo, al sur de Copiapó (1832). Según la legislación minera, cada yacimiento se consideraba dividido en 24 partes o *barras*; las de Chañarcillo fueron adquiridas por partes iguales por Miguel Gallo, Ramón Goyonechea y Francisco Ignacio Ossa. De esta manera, Copiapó se transformó en el núcleo de la febril actividad minera de la época. El centro de todo este movimiento era Chañarcillo, que, entre 1848 y 1856, produjo 74% del total de la plata extraída en Chile. En 1847 se agregaron las localidades mineras de Checo Grande y El Retamo; en 1848, Santa Rosa de Garín y Tres Puntas, siendo este último el segundo productor de la región. Las ganancias de la minería se invertían en la banca, el comercio, la agricultura y la industria, lo que permitió distribuir los intereses de los mineros a lo largo del país. A su vez, esta medida les permitiría enfrentarse, sin sobresaltos, a la decadencia de los yacimientos que se inició a partir de 1855.

La producción de oro se mantuvo en las minas y lavaderos que, tras ser objeto de una asidua explotación, declinaban irremediablemente. El promedio de 1 200 kilos anuales en la primera década del periodo descendió a 700 en 1860.

La extracción de cobre, centrada en la provincia de Coquimbo, no fue mayormente afectada por la extracción argentífera, debido, en esencia, al tradicional interés de los importadores ingleses que compraban el producto en bruto para fundirlo en Swansea. Con objeto de evitar este rodeo, la Sociedad Rodríguez, Cea y Cía. construyó cuatro hornos de reverbero (1830), con tecnología británica, empleando como combustible árboles nativos: chañar (*Geoffroea decorticans*), algarrobo (*Prosopis chilensis*), guayacán (*Porlieria chilensis*), palo colorado (*Lucuma valpardisia*), molle (*Schinus latifolia*) y espino (*Acacia caven*), lo que dañó en grado considerable el desarrollo de las especies citadas. En 1840 el carbón de piedra sustituyó a la madera; surgieron nuevas fundiciones en Lirquén (1846) y en Lota (1853), para abaratar los costos de transporte del combustible. José Tomás de Urmeneta descubrió, en 1852, el yacimiento de Tamaya, en las proximidades de Coquimbo, que le proporcionó la inmensa fortuna gracias a la cual pudo contratar técnicos europeos para abrir fundiciones en Guayacán y en Tongoy, esta última unida por ferrocarril con Tamaya. En Atacama también se explotaban importantes minas: Las Ánimas, Quebrada Seca, Algarrobo y El Morado, tierra adentro; El Cobre, Salado, Chañaral y Carrizalillo, en la costa, además de numerosos filones en Aconcagua, cuyos productos se fundían en La Ligua, Llay-Llay y Catemu. Más al sur, en Rancagua, comenzaron los trabajos de El Teniente (1845), que se convertiría en la mayor mina subterránea del mundo. Hacia 1850, los empresarios chilenos habían logrado desplazar a los ingleses en la comercialización y el moldeado del cobre.

Los yacimientos de carbón de piedra de Lirquén, provincia de Concepción, fueron explotados por William Wheelwright, quien, en 1841, exportó 4 000 toneladas al Perú. El mismo Wheelwright utilizaría este tipo de combustible en la compañía de vapores que fundó. En 1844 se incorporaron a la producción carbonífera los yacimientos de Lota, propiedad de una sociedad que terminaría en manos de Matías Cousiño (1856), y en 1850 se sumarían los yacimientos de Coronel. Gran parte de la producción se destinaba a satisfacer la demanda interna de fundiciones y ferrocarriles.

Los mineros vivían en *placillas*, pequeños campamentos que levantaban cerca de los yacimientos y que eran tan efímeros como las vetas en que laboraban, vigilados por mayordomos y empresarios, los *apires, barreteros, llenadores, vaciadores* y *carreros*. En estos asentamientos había *pulperías* que los proveían de alimentos, vestido y otros bienes. Los solitarios cateadores, con la esperanza de descubrir el filón más rico del mundo, desahogaban sus frustraciones en los *bodegones*, donde siempre encontraban alguien con quien compartir un trago y sus desventuras. Los mineros celebraban ciertas festividades religiosas en las que se rendía homenaje a la Virgen o a los santos patronos, enriqueciendo el ritual litúrgico con bailes, música y leyendas de tradición indígena.

EL COMERCIO EXTERIOR

Las innovaciones introducidas en las actividades agropecuarias y mineras posibilitaron, durante la década de 1840, la expansión del intercambio internacional. Finalizada la conflagración contra el Perú y Bolivia, se recuperó el mercado triguero peruano y, además, fue posible colocar el carbón de piedra. Las islas polinésicas, Ecuador y Bolivia también importaban el cereal de Chile, único productor de importancia en la costa occidental del Pacífico. El descubrimiento de oro en

California (1848) y en Australia (1851) abrió los mercados de estas plazas al trigo y la harina chilenos hasta 1856, cuando ambas localidades lograron abastecerse a sí mismas de granos y empezaron a competir con la producción de Chile.

Inglaterra y, en menor medida, los Estados Unidos fueron importantes compradores de cobre en bruto o de relave, que adquirían a bajo precio para fundirlo en sus hornos. Las exportaciones de plata alcanzaron su punto más favorable entre 1845 y 1856; sin embargo, su volumen decrecía a medida que se incrementaba el del cobre, debido, especialmente, al estallido de la Guerra de Crimea (1854), que intensificó la demanda de cobre en Europa. El destino de Chile como país exportador de productos agrícolas y mineros se consolidó durante este periodo.

LA CONFEDERACIÓN PERUANO-BOLIVIANA

Al independizarse el Perú segregó de él la República de Bolivia (1825), que en el virreinato conformaba gran parte del llamado Alto Perú. Dos generales mestizos, Agustín de Gamarra, en el Perú, y Andrés de Santa Cruz, en Bolivia, se propusieron reunificar ambos países para formar una confederación con los otros territorios que habían formado parte del Tahuantinsuyu. Santa Cruz asumió la presidencia de su país en 1829. Gamarra fue derrotado en una guerra civil por el general José Luis Orbegoso, quien, contrario a la idea de la confederación, solicitó, sin embargo, la ayuda de Santa Cruz para combatir a Gamarra. Santa Cruz invadió al Perú, venció a Gamarra y lo mantuvo prisionero. Entonces se levantó otro joven caudillo, el general Felipe Santiago Salaverry, que también se oponía a todo entendimiento con Santa Cruz. El presidente boliviano, deseoso de sumir en un caos político al Perú, liberó a Gamarra para dividir, entre éste y Salaverry, las fuerzas peruanas. Luego volvió a invadir al Perú (1836) y, tras un breve combate, aplastó a Gamarra y poco después hizo lo mismo con Salaverry. El Perú quedó dividido en dos Estados: el del Norte y el del Sur, que a fines de 1836 se unieron, en el marco de un sistema federal, con Bolivia. Así nació la Confederación Peruano-Boliviana, con Santa Cruz como su protector vitalicio, y con ella se inició también una vasta maniobra que se proponía la anexión de Ecuador, el noroeste argentino y parte de Chile.

Desde que el Perú logró su independencia, diversos motivos lo habían alejado de Chile: los compromisos sin cumplir del traspaso del empréstito inglés y de los gastos originados por la Expedición Libertadora; el aumento de los derechos aduaneros para las importaciones de trigo chileno (1824) (que lo dejaban fuera de competencia con el trigo argentino), y el gravamen impuesto a las mercaderías embarcadas desde los almacenes francos de Valparaíso, medida con la que se pretendió, infructuosamente, obligar a los comerciantes europeos a utilizar un sistema similar en el puerto de El Callao.

Portales comprendió que la tardanza para solucionar estos problemas obedecía a un propósito deliberado de debilitar la economía chilena, fomentar el desorden social y hacer aparecer a Santa Cruz como el restaurador de la tranquilidad interior. Por esta razón, Portales se propuso disolver la confederación desde el momento en que supo de su creación. El pretexto para intervenir militarmente se lo dio la fracasada expedición de Ramón Freire a Chile, que, al parecer, financió Santa Cruz, y cuya finalidad era derrocar al gobierno de Prieto.

193

El abortado intento golpista

Aunque Freire logró llegar con uno de sus dos barcos a Chiloé y tomar posesión de la isla, fue apresado por fuerzas gobiernistas en agosto de 1836. Sometido a consejo de guerra, se le sentenció a muerte, pena que, ante la indignación del ministro Portales, la corte marcial conmutó por un destierro de diez años a Sydney, en aquel entonces colonia penal inglesa.

En busca de la supremacía marítima

Cualquier intervención militar contra la Confederación exigía dominio del mar. Con tal fin, Portales encomendó a Victorino Garrido apoderarse de los navíos de guerra peruanos surtos en El Callao. Garrido alcanzó plenamente éxito el 21 de agosto de 1836, cuando abordó y sacó de sus fondeaderos los tres barcos armados que se encontraban en el puerto. Al día siguiente, Santa Cruz estalló en ira e hizo arrestar a Ventura Lavalle, cónsul general chileno en el Perú, violando así las normas del derecho internacional que garantizan la inmunidad diplomática. Una vez que Santa Cruz logró recuperar la calma, él y Garrido llegaron a un acuerdo que estipulaba que las naves capturadas seguirían en poder de Chile hasta que se resolviesen las cuestiones pendientes con el Perú, y que las fuerzas chilenas abandonarían sus costas.

La misión de Egaña

El gobierno chileno, a instancias de Portales, desconoció el pacto y obtuvo autorización del Congreso para declarar la guerra a la Confederación en caso de que no se diera una respuesta satisfactoria a las peticiones que Mariano Egaña, designado ministro plenipotenciario, tenía por misión plantear. Éstas eran, entre otras, las siguientes: explicación de la vejación al cónsul Lavalle; disolución de la Confederación; reconocimiento de las deudas con Chile; solución a los problemas de los derechos aduaneros que afectaban el trigo y las mercaderías de los almacenes francos de Valparaíso; indemnización por los gastos y daños causados por la expedición de Freire, y limitación de las fuerzas navales del Perú. Santa Cruz estuvo dispuesto a discutir todas las peticiones, menos la disolución de la Confederación. Egaña, siguiendo instrucciones, declaró la guerra en noviembre de 1836 y regresó al país.

El asesinato de Portales

Chile no estaba preparado económica ni militarmente para un conflicto bélico. Así lo entendía la población, que atribuía la guerra a la obcecación de Portales. Por otra parte, los vencidos en Lircay, incitados por agentes de Santa Cruz, se proclamaban contrarios a la lucha, obstaculizaban el reclutamiento e intrigaban para derribar al gobierno. En febrero de 1837, este último se vio precisado a promulgar la Ley de los Consejos de Guerra Permanentes, según la cual se sometería a proceso sumario, de acuerdo con la ordenanza militar, a cualquier ciudadano acusado de traición, sedición, motín o espionaje en favor del enemigo. El ministro se preocupó, personalmente, de supervisar el adiestramiento de los hombres que integrarían la expedición al Perú. El 2 de junio de 1837 se dirigió a Quillota con objeto de pasar revista a las tropas del Regimiento Maipo, al mando del coronel José Antonio Vidaurre, quien conspiraba para derrocar al régimen e impedir la conflagración. Al día siguiente, aprehendió a Portales y su comitiva, y se dirigió con ellos a Valparaíso, donde esperaba recibir el apoyo de los oficiales y de la tropa del regimiento Valdivia. Éstos, sin embargo, no se unieron a la rebelión y enfrentaron a Vidaurre el día 6. Al escuchar los primeros disparos, Santiago Florín, capitán a cargo del prisionero, pidió a éste bajar del birlocho* donde permanecía engrillado, y ordenó a sus soldados que lo acribillasen. La posterior derrota de los amotinados y la sentencia a muerte de sus caudillos —cuyos cuerpos fueron decapitados—, no bastaron para hacer olvidar el asesinato de Portales; por el contrario, el hecho, atribuido a alevosos al servicio de Santa Cruz, avivó en el alma nacional el deseo de lavar la ofensa, y despertó su ímpetu bélico.

LA EXPEDICIÓN DE BLANCO ENCALADA

El 17 de septiembre de 1837 zarpó de Valparaíso la escuadra chilena, al mando del capitán de fragata Roberto Simpson, con un ejército de casi 3 000 hombres, comandados por el general Manuel Blanco Encalada. Desembarcaron en Quilca para marchar hacia Arequipa, esperanzados en que se les unirían los peruanos disconformes con la Confederación. Los chilenos ocuparon la ciudad y establecieron un gobierno provisional unitario del Perú. Santa Cruz, entre tanto, ganaba tiempo para reunir sus tropas dispersas en los tres estados confederados. Blanco Encalada, ante la imposibilidad de trabar combate, propuso al protector de la

* Carruaje ligero de cuatro ruedas y cuatro asientos, abierto por los costados. [N. del E.]

196

Confederación zanjar la cuestión mediante el enfrentamiento de un escogido grupo de hombres por parte de ambos bandos; una especie de duelo, cuyo resultado sería juzgado por los cónsules de Inglaterra, Francia y los Estados Unidos. La facción declarada ganadora sería la vencedora en el conflicto. Santa Cruz no aceptó esta proposición, pues ya había logrado concentrar una hueste superior a la chilena en Paucarpata. Sin embargo, poco después invitó a Blanco Encalada a iniciar las negociaciones que culminaron con la firma del Tratado de Paucarpata, donde se acordó la paz entre Chile y la Confederación, la devolución de los barcos peruanos apresados, el retiro de las tropas chilenas, la celebración de convenios comerciales entre los países signatarios y el reconocimiento peruano de las deudas contraídas con Chile (con sus respectivos intereses). El tratado se firmó el 17 de noviembre de 1837.

La expedición de Bulnes

El gobierno chileno rechazó, empero, el Tratado de Paucarpata y preparó otra incursión armada, de más de 5 000 soldados, al mando del general Manuel Bulnes. Salieron entre el 6 y el 10 de julio de 1838, en dirección a Ancón, al norte de Lima. Orbegoso los enfrentó en el combate de Portada de Guías, tras el cual Bulnes ocupó Lima el 21 de agosto. Un cabildo abierto proclamó presidente provisional del Perú al general Gamarra, ahora antagónico al Protector, al tiempo que en Matucana era batido un escuadrón de selectos militares bolivianos (18 de septiembre). Como el clima limeño dañaba la salud de los chilenos, Bulnes se trasladó a Huaylas, donde esperaba recibir refuerzos desde Chile y que Gamarra terminara de entrenar a sus hombres.

Pero Santa Cruz atacó a Bulnes, quien le infligió dos derrotas sucesivas, en Buin (6 de enero de 1839) y en Yungay (20 de enero), donde tuvieron una destacada actuación los verdaderos representantes del pueblo chileno: los rotos y los mapuches. La sargento Candelaria Pérez y Juan Colipí, hijo este último de un lonko de Arauco, se alzaron como héroes populares que lograron encender el patriotismo que daría sentido de unidad a la nación. La Confederación quedó disuelta. Su protector huyó a Guayaquil, desde donde intentó regresar a Bolivia. Capturado en Tacna, se le entregó a las autoridades chilenas y se le recluyó durante veinte meses en Chillán. Bulnes, investido con el título de Gran Mariscal de Ancash, regresó triunfalmente a Santiago el 18 de noviembre de 1839.

LAS RELACIONES INTERNACIONALES

Una permanente preocupación de los diversos mandatarios chilenos fue obtener el reconocimiento de la independencia de su país. Portugal la reconoció en 1821, y en 1823 los Estados Unidos hicieron lo mismo tácitamente al amparo de la Doctrina Monroe, por cuanto ésta señalaba su oposición a cualquier intervención política o militar de potencias extracontinentales en América. En 1830, Felipe de Orléans consideró países soberanos a todas las ex colonias de la monarquía española. Al año siguiente, Inglaterra tomaba una determinación similar. José Joaquín Pérez y José Miguel de la Barra fueron los primeros cónsules en aquellos reinos.

Francisco Javier Rosales, designado para negociar ante la Santa Sede, gestionó la solución de los problemas pendientes y logró que Chile fuese reconocido como país emancipado (1840). España otorgó su reconocimiento de la soberanía chilena en un tratado de paz que ambos Estados firmaron en Madrid, el 25 de abril de 1844.

El espíritu americanista que animaba a la diplomacia chilena se expresó en los esfuerzos por estrechar vínculos con las naciones iberoamericanas y coordinar sus intereses económicos para enfrentarse a la expansión económica estadunidense y europea. Esta actitud solidaria dio lugar a que estas potencias extranjeras simpatizaran abiertamente con Santa Cruz en el conflicto de 1836.

En 1846 se temió la intervención de España e Inglaterra en Ecuador para apoyar la instauración de un sistema monárquico. Chile convocó a un Congreso Americano que se verificó en el Perú en diciembre de 1847, donde los países signatarios (Colombia, Ecuador, Perú, Bolivia y Chile) acordaron un pacto confederativo para la mutua defensa y el arbitraje en eventuales problemas limítrofes que pudieran surgir entre ellos (febrero de 1848). Los respectivos parlamentos, sin embargo, no ratificaron este acuerdo.

Los Estados Unidos trataron de fortalecer sus intereses económicos en Hispanoamérica obstaculizando la presencia de los comerciantes europeos. El principal defensor de esta postura fue el ministro estadunidense Jacobo Buchanan, quien dirigió la guerra contra México (1846-1848), cuyo resultado fue la anexión de Texas. Chile miró con inquietud esta política expansionista, que las influencias estadunidenses establecidas en Centroamérica y el Caribe contribuían a confirmar. Elegido presidente en 1856, Buchanan, en uso de amplias facultades entregadas por el Congreso, se inmiscuyó en las disputas internas de sus vecinos sureños. Protegió solapadamente las actividades en Nicaragua del aventurero William Walker (1855), quien planeaba conquistar toda Centroamérica para transformarla en un solo país presidido por él. Walker comenzó por invadir Costa Rica (1856), donde fue derrotado. Chile se apresuró a establecer relaciones diplomáticas con esta nación, propugnando la adopción de una política común en defensa de la agresión imperialista. Asimismo, convocó a una reunión en Santiago, pues se había empeñado en la quimera de formar una gran unión latinoamericana. Sin embargo, a esta reunión sólo acudieron representantes del Perú y Ecuador, quienes suscribieron un tratado (septiembre de 1856) donde se precisaron las normas para facilitar el intercambio comercial y el auxilio mutuo ante cualquier provocación externa.

Al finalizar la década de 1860, Chile sólo contaba con agentes diplomáticos en Bruselas y en Washington. Unos cuarenta cónsules, la mayoría de ellos originarios del país en que representaban a la nación chilena, completaban el cuadro de funcionarios encargados de las relaciones exteriores. En Santiago residían un enviado extraordinario de los Estados Unidos; un ministro del Perú y algunos encargados de negocios de Brasil, Guatemala, Francia, Inglaterra, Hawai, Prusia, Bolivia y España, además de 33 cónsules.

LAS RELACIONES DEL ESTADO CON LA IGLESIA

Desde los días de la Independencia, el gobierno chileno trató de mantener el derecho al patronato, proclamando, en las sucesivas constituciones, que la religión oficial del Estado era la católica, apostólica y romana, con exclusión del culto público de cualquiera otra. La Constitución de 1833 consagró el carácter de protector de la Iglesia del presidente de la república, condición que le permitía detentar el derecho de patronato[2] y el regalismo. El Consejo de Estado, por su parte, confeccionaba las ternas para los altos cargos eclesiásticos y ejercía el *exequatur* o facultad de dar vigencia a las bulas papales en Chile. En 1844, la Ley de Régimen Interior del Estado también traspasó el regalismo a los intendentes, controlando a los curas parroquiales en el manejo de los fondos y en el cumplimiento de sus deberes. Manuel Montt, entonces ministro de Justicia y Culto de Bulnes, invocó el regalismo cuando prohibió ordenar sacerdotes a los menores de 25 años, hecho que motivó la renuncia del arzobispo de Santiago, José Alejo Eyzaguirre. Su sucesor, monseñor Rafael Valentín Valdivieso, asumió la diócesis en virtud de "carta de ruego y encargo" del gobierno (1847), aceptando tácitamente el patronato al prestar juramento ante la autoridad civil. Posteriormente, el nuevo arzobispo consultó al papa Pío IX, quien le manifestó que semejante voto carecía de valor en la medida en que el gobierno republicano de Chile no gozaba del derecho de patronato. Monseñor Valdivieso dio a conocer la respuesta de Su Santidad durante los críticos momentos de "la cuestión del sacristán", coyuntura ésta que lo colocó a la cabeza de los ultramontanos.

El Estado, preocupado por la incesante intervención política de clérigos y frailes, así como por la influencia que éstos ejercían sobre sus feligreses, insistía en practicar su derecho a proponer la designación de prelados y párrocos. A tal efecto, los presidentes Bulnes y Montt enviaron a Roma a Ramón Luis Irarrázabal y

---

[2] Francisco Javier Ovalle Bezanilla, ministro de Manuel Montt, expuso ante el Senado la siguiente definición del patronato: "el conjunto de todas aquellas regalías o derechos que tiene el soberano o el Estado para intervenir en las disposiciones de la Iglesia, que deben regir entre los súbditos y los ciudadanos".

a Manuel Blanco Encalada, sin lograr sus propósitos. La Santa Sede, empero, no se negó a nombrar a los sacerdotes propuestos en ternas elaboradas por el gobierno, si bien se cuidó de dejar expresa constancia de que lo hacía por propia voluntad.

Otro hecho conflictivo ocurrió cuando la Cámara de Diputados rechazó una moción del Senado que permitía a la Compañía de Jesús restablecerse en Chile y ocuparse de sus actividades tradicionales. Con objeto de facilitar su tarea docente, se propuso ceder a los jesuitas el edificio del Instituto Nacional, más 10 000 pesos a fin de solventar los gastos de su instalación (1854). Las autoridades temían que el regreso legal de los jesuitas los impulsase a solicitar la devolución de las propiedades confiscadas y rematadas después de su expulsión. A insinuación del arzobispo Valdivieso, la Compañía fundó el Colegio de San Ignacio, que pronto recuperó el ascendiente de los jesuitas sobre la juventud aristocrática chilena.

LOS PROBLEMAS LIMÍTROFES

En 1842 el presidente Bulnes envió una comisión para explorar el litoral del norte hasta Mejillones en busca de guaneras. Por ley declaró propiedad del Estado todos los depósitos de guano abajo del paralelo 23° de latitud sur. Bolivia protestó alegando que su límite austral era el paralelo 26° de latitud sur, además de que ya había establecido un puerto en Cobija. Cinco años después, el gobierno chileno, con acopio de documentación colonial, demostró que Chile colindaba con Perú en el río Loa. A partir de ese momento se inició una serie de debates, acrecentados a medida que se hallaban ricos minerales de guano y salitre, como el *Salar del Carmen*, descubierto por José Santos Ossa en 1860.

De acuerdo con el principio del *uti possidetis*, Chile se prolongaba al oriente de la cordillera de los Andes. Cano de Olmedilla, autor del último mapa colonial, había designado Chile moderno a todo el espacio al sur del río Negro. En vista de tal antecedente, el gobierno decidió iniciar la colonización del estrecho de Magallanes y zonas aledañas (1843). El presidente Juan Manuel Rozas refutó dicho acto, aduciendo derechos argentinos en aquellas regiones, apoyado en exhaustivos estudios de Pedro de Angelis, que demostraban la consuetudinaria soberanía argentina sobre el territorio comprendido entre "la boca del río de la Plata hasta el cabo de Hornos" (1852). Miguel Luis Amunátegui rebatió tal afirmación en su obra: *Títulos de la República de Chile a la soberanía y dominio de la extremidad austral del continente americano* (1853). La disputa quedó congelada en el Tratado de Paz, Amistad, Comercio y Navegación de 1855, una de cuyas cláusulas expresaba que ambos países reconocían los límites que poseían en 1810, comprometiéndose a discutir "pacífica y amigablemente, sin recurrir jamás a medidas violentas" cualquier problema que derivase de aquella materia, y que en "caso de no arribar a un completo arreglo someter la decisión al arbitraje de una nación amiga". A pesar de los esfuerzos chilenos, el gobierno argentino aplazó la cuestión.

LOS ESFUERZOS COLONIZADORES

O'Higgins había proyectado, por razones económicas, geopolíticas y militares, la ocupación del estrecho de Magallanes. Desde su exilio en el Perú insistió en consolidar su dominio e influyó en el presidente Bulnes para decidirlo a establecer una colonia en el estrecho, neutralizando así a las potencias europeas (Inglaterra y

Francia) que habían manifestado su interés en la zona. En mayo de 1843, siguiendo las instrucciones presidenciales, Domingo Espiñeira, intendente de Chiloé, dio orden de zarpar a la goleta *Ancud*, tripulada por 23 marineros al mando de Juan Williams (conocido como Juan Guillermo). Fondearon, el 21 de septiembre, en puerto del Hambre y tomaron posesión oficial del territorio donde se levantaría el fuerte Bulnes. Al día siguiente, la fragata francesa *Phaeton*, en viaje a las islas Marquesas, intentó reclamar para su país dicha región. El fuerte fue trasladado a una mejor posición geográfica, *Sandy Point*, donde se fundó la ciudad de Punta Arenas (1849).

En 1845 Manuel Bulnes promulgó la Ley de Colonización, destinada a asentar la soberanía al sur del río Biobío. Bernardo Philippi, gran conocedor de Valdivia, reclutó colonos católicos en Alemania y los instaló en La Unión (1846). Prosiguió la tarea Vicente Pérez Rosales. En Alemania, Francisk Kindermann se puso en contacto con la Sociedad de Emigración y Colonización Alemana de Stuttgart para comprar tierras a los indígenas y campesinos de la zona a fin de regularizar la corriente inmigratoria. Sus esfuerzos prosperaron en 1850 con el arribo de cientos de colonos que costearon sus pasajes y que traían capitales y herramientas para adquirir terrenos en Valdivia e instalar industrias. Su llegada generó especulaciones en el valor de suelos aptos para la agricultura. A raíz de ello, el gobierno nombró agente de colonización a Pérez Rosales, cuyos afanes estampó en su obra *Recuerdos del pasado*. Rozó a fuego extensas superficies al sur del río Bueno (1851) para colonizar Llanquihue, donde fundó Puerto Montt (1853) y más tarde Puerto Varas. En premio a sus esfuerzos el gobierno lo nombró cónsul en Hamburgo, encareciéndole fomentar la colonización de la Araucanía.

Los linajes mapuches en el interior de la frontera mantenían sus mestizadas normas y seculares relaciones mágico-religiosas con sus territorios. Amistades recíprocas y rivalidades internas los habían inclinado a uno u otro bando durante las luchas independentistas y la "guerra a muerte". Algunos, incitados por el deseo de participar en el botín, se integraron a las bandas de forajidos y montoneros que asolaban la zona. Pacificada la frontera, los mapuches volvieron a sus faenas económicas, especialmente la ganadera, que les permitía seguir ligados a las formas de intercambio limítrofe desarrolladas desde mediados del siglo XVII.

En 1848, una ley ordenó a la tesorería de Concepción entregar 1 000 pesos para construir "buenas habitaciones" a una serie de "caciques" consignados en lista adjunta. Especial atención mereció Colipí. A estos caciques se les otorgó, además, un sueldo mensual a fin de asegurar su lealtad. Al año siguiente, el episodio del *Joven Daniel*, bergantín naufragado en las playas de Puancho, frente al lago Budi, y que portaba mercaderías y pasajeros, de los cuales sobrevivieron un hombre, muerto por los lugareños, y varias mujeres raptadas e incorporadas a los serrallos de lonkos y ulmenes, inflamó airadas reacciones contra los "bárbaros" impíos. Posteriormente, los pipiolos trataron de ganar su adhesión a las revoluciones de 1851 y 1859, pero al igual que en las guerras civiles argentinas, lo hicieron lonkos que sólo comprometían sus linajes. La larga duración del último movimiento (1859-1861) se explica porque en esa época ya se habían instalado colonos espontáneos cerca del río Malleco, con los consiguientes abusos sobre sus posesiones y mujeres. Ello, más que la influencia de liberales exaltados, los empujó a luchar contra una presencia foránea ansiosa de adquirir tierras a los lonkos mediante contratos refrendados por autoridades militares o civiles de los poblados colindantes, e integrarlas al floreciente mercado triguero. Una ley del 14 de marzo de 1853 reguló las transacciones, en ella se ordenaba que "toda compra de terrenos hecha a indígenas o de terrenos situados en territorio de indígenas debe verificarse con intervención del intendente de Arauco y del Gobernador de Indígenas del territorio respectivo"; dicha fiscalización "tendrá por objeto asegurarse [de] que el indígena que vende *presta libremente* su consentimiento, de que el terreno que vende le pertenece realmente y de que sea pagado o asegurado debidamente el pago del precio convenido". Se limitaban las transacciones a 1 000 cuadras; superficies mayores sólo podían adquirirse previa consulta al gobierno. Esta ley redujo los excesos cometidos hasta entonces, sin eliminarlos por completo.

La acción evangelizadora

Los franciscanos habían mantenido, desde 1756, el Colegio de Propaganda Fide de Chillán, al cual agregaron un Seminario de Naturales en la misma ciudad (1786) cuando heredaron las misiones dentro de la frontera de los expulsados jesuitas. Sus estoicos esfuerzos por convertir a los gentiles siempre habían chocado con la negativa a aceptar la monogamia a pesar de recibir estusiasmados, según expresaban los frailes, el bautismo, sacramento compensado con regalos a los padres que llevaban a sus hijos a la pila bautismal. En realidad, era difícil para los mapuches aceptar compartir un mismo Dios, concepción ajena a su ideología, con quienes consideraban sus agresores. Los linajes eran territoriales y sólo dentro de ellos circulaban los bienhechores espíritus de sus antepasados, presididos por el Pillán que moraba en lo alto de los volcanes. Esta visión de un mundo terrenal, al cual se ingresaba sólo por consanguineidad, íntimamente unido al sobrenatural, donde se hallaban las ánimas de sus parientes, convertía a cada grupo familiar en un ente social y espiritualmente autónomo. Ni aun entre ellos, salvo en las formaciones de clan, podían hermanarse, pues tal hecho implicaba crear nexos inexistentes en las relaciones entre los mundos material y mágico. Más incomprensible les resultaba tener un padre común con quienes no eran sino unos intrusos en los territorios de sus antepasados. Tal vez al influjo de sus madres, muchos mestizos al revés se convertían del todo consciente de lo que hacían, pero la gran masa "aparentaba", por múltiples razones, escuchar y aceptar el llamado de Dios. Esta situación la presentían los misioneros, y si bien se exasperaban por la inutilidad de sus afanes, no lograban penetrar verdaderamente en la realidad del cosmos indígena. Por ello persistían en una tarea que, en la mentalidad nativa, carecía de sentido. El Colegio de Chillán se incendió en 1818 y sólo vino a reconstruirse en 1832, cuando arribaron religiosos italianos para reforzar la evangelización dentro de la frontera, donde los *patirus* —como los llamaban los indígenas— eran, en general, bien recibidos. En 1848 se agregaron a esta labor doce misioneros capuchinos del Colegio de Propaganda Fide de San Fidel de Sigmaringa, quienes se hicieron cargo de nueve misiones franciscanas (Valdivia, Río Bueno, Quilacahuín, Daglipulli, San Juan de la Costa, Pilmayquén, Trumag, Quinchilca y Coyunco) y de la de San José de la Mariquina, fundada por los jesuitas.

A los sabios que actuaron en la época anterior, se agregaron numerosos intelectuales europeos contratados por el gobierno para actualizar los estudios científicos en Chile. En 1828 arribó Claudio Gay, naturalista francés, a quien se le encargó efectuar un viaje exploratorio del país a fin de describir su geografía, historia natural y geológica, recolectando muestras botánicas, fáunicas y mineralógicas (1830). Concluyó la tarea luego de doce intensos años de trabajo, redactando, en Francia, la *Historia física y política de Chile*. En 1838 llegó al Colegio de La Serena el polaco Ignacio Domeyko, naturalista que se distinguió por sus estudios mineralógicos. El geólogo francés Amado Pissis fue contratado en 1848, y se le pidió que estudiara detalladamente el desierto de Atacama. Su obra cumbre fue *Geografía física de Chile* (1876). Lorenzo Sazié, médico francés, arribó en 1834. Mauricio Rugendas, pintor galo, permaneció en Chile entre 1834 y 1845; su compatriota Raymundo Monvoisin lo hizo entre 1843 y 1857. El italiano Alejandro Cicarelli vino en 1848, y en 1850 el astrónomo alemán Carlos Moesta fue nombrado director del primer observatorio astronómico de Sudamérica (1852). A estos señeros nombres se agregan los de arquitectos, ingenieros y empresarios que contribuyeron al desarrollo económico y científico del país.

La influencia intelectual hispanoamericana

El venezolano Andrés Bello fue, sin duda, la figura de mayor relieve entre los eruditos sudamericanos que vivieron en Chile. Contratado en Inglaterra para servir un cargo en el Ministerio del Interior y Relaciones Exteriores (1829), fue redactor de *El Araucano*, director del Colegio de Santiago y profesor de derecho, literatura, gramática y filosofía. En 1832 publicó *Los principios de derecho de jentes*, retitulado, más tarde, *Principios de derecho internacional*, que le dio nombradía universal; en 1835 dio a luz *Principios de la ortología y métrica de la lengua castellana*, y en 1847 *Gramática de la lengua castellana destinada al uso de los americanos*. Redactó, además, el Código Civil chileno (1852) que, aprobado por el Congreso de 1855, entró en vigor el 1 de enero de 1857. Fue el primer rector de la Universidad de Chile.

Los emigrados argentinos que huían de la dictadura de Rozas se dedicaron, en Chile, al periodismo y a la educación. Domingo Faustino Sarmiento emigró en 1840; dos años después era director de la Escuela Normal de Preceptores. Escribió un *Silabario* en el que aprendieron a leer numerosas generaciones chilenas. Junto con Bartolomé Mitre, literato e historiador, y con el abogado Juan Bautista Alberdi, forma la trilogía de políticos que buscaron refugio en Chile. Los dos primeros llegaron a ser presidentes de su nación.

LA GENERACIÓN DE 1842

Las lecciones del español Mora, de Bello y de los argentinos influyeron en la juventud intelectual de la época, encabezada por Ventura Marín y José Victorino Lastarria, profesores del Instituto Nacional. La actividad literaria encontró eco en las páginas de la *Revista de Valparaíso*, dirigida por el argentino Vicente Fidel López, y en *El Museo de Ambas Américas*, del colombiano Juan García del Río, además de *El Mercurio de Santiago*, donde Sarmiento publicaba sus artículos sobre literatura. Bajo su égida empezaron a producir Lastarria, el poeta Eusebio Lillo, autor de la letra del himno nacional, el costumbrista José Joaquín Vallejo, que firmaba con el seudónimo de Jotabeche, Francisco Bilbao, el quijotesco conspirador, autor de un crítico estudio sobre la *Sociabilidad chilena*, que le valió la expulsión del Instituto Nacional por "blasfemo e inmoral" (1844) y de *Boletines del Espíritu*, por el cual el arzobispo Valdivieso lo excomulgó (1850), y Salvador Sanfuentes, traductor de los clásicos, poeta y autor de leyendas en verso inspiradas en episodios nacionales. Embebidos en el romanticismo, no abandonaron del todo las fuentes clásicas.

EL DESARROLLO DE LA EDUCACIÓN

El Instituto Nacional, del cual se segregó el Seminario Conciliar (1835), constituía el centro de estudios superiores en Chile, aunque los grados eran otorgados por la Universidad de San Felipe de la República de Chile. Extinguida en 1839, continuó funcionando hasta 1843, año en que fue inaugurada la Universidad de Chile (17 de septiembre), creada por ley del 24 de octubre de 1842. Considerada continuadora de la anterior, era una universidad académica que confería los grados de bachiller y licenciado a quienes finalizaban sus estudios en el Instituto Nacional. Contaba con cinco facultades: Filosofía y Humanidades, Ciencias Matemáticas y Físicas, Medicina, Leyes y Ciencias Políticas, y Teología, integradas por treinta académicos cada una, pudiendo incorporarse a ellas los miembros del claustro de la fenecida corporación. A la institución se le entregó la dirección, orientación y supervisión de todos los niveles del sistema educativo chileno. En el mismo año se fundó la Escuela Normal de Preceptores.

En 1852 el Instituto Nacional fue dividido en dos secciones: una destinada a la enseñanza primaria y secundaria y la otra a la profesional y científica; a ésta se incorporó el curso de medicina, las carreras de ingenieros de minas, geógrafos, puentes y calzadas, y arquitectos (1853). En 1849 comenzó a funcionar la Escuela de Artes y Oficios y la Academia de Pintura, dirigida por Cicarelli, transformada en la Escuela de Bellas Artes en 1858.

LA SOCIEDAD URBANA

La aristocracia vinculada a los terratenientes pasaba gran parte del año en las ciudades, especialmente en Santiago. Incrementó sus fortunas gracias al auge del comercio triguero. A ella se unieron los ricos mineros del Norte. Construyó suntuosas mansiones en la capital, encargadas a arquitectos franceses que impusieron el estilo neoclásico. El acceso a la educación impartida por las órdenes religiosas, la avidez por la lectura y los viajes al extranjero la transformaron en cuna de la intelectualidad y le impregnaron una profunda conciencia de su valer, manifestada en el interés por dominar la actividad política, identificándose, debido a su profunda fe católica, con el Partido Conservador. El contacto con pintores extranjeros le desarrolló el gusto por las bellas artes, expresado en su afición por los cuadros, especialmente retratos, literatura y representaciones teatrales o musicales. En contraste, los sectores populares se inclinaban por las ideas cooperativistas y de ahorro, organizando sociedades mutualistas que buscaban mejorar las condiciones de vida de sus asociados. En 1859 funcionaban la Unión de Artesanos de Santiago y la Sociedad de Artesanos de Valparaíso.

IX. LA ÉPOCA DE LA EXPANSIÓN
(1861-1891)

UNA ÉPOCA DE CRECIMIENTO GLOBAL

LOS ESFUERZOS desplegados en todos los ámbitos de la vida nacional a partir de 1831, además de afianzar en el mando a la vieja aristocracia, permitieron instaurar una organización política que posibilitó el desarrollo económico, la modernización agropecuaria, minera y de las vías y medios de transporte. Se inició, también, un incipiente proceso de industrialización, acompañado del surgimiento de bancos e instituciones de crédito, y de la ocupación del territorio mediante programas de colonización, ampliando las fronteras incorporadas a faenas agrícolas y mineras. Aparecieron movimientos sociales reivindicatorios de los derechos obreros. Se impulsó el perfeccionamiento de la educación en todos sus niveles. Con la valiosa contribución de intelectuales y científicos extranjeros se gestó la fundación de la Universidad de Chile (1842). Tal es el sentido del concepto de expansión, atribuido a un periodo tradicionalmente denominado República Liberal.

EL FIN DEL PREDOMINIO CONSERVADOR

Los hechos anteriores a la formación del Partido Nacional y de la fusión liberal-conservadora anunciaban el fraccionamiento de la fuerza política que había manejado el país durante treinta años. Montt no pudo reunificarla y debió enfrentarse a una aguda crisis gubernamental después de los sucesos de 1859. Designó nuevamente ministro del Interior a Antonio Varas, quien, por curiosa coincidencia, le había sucedido en todos los cargos (abril de 1860), lo cual fue interpretado como una presión del mandatario para imponer su candidatura en las elecciones presidenciales que se avecinaban, recrudeciendo las acusaciones de autoritario y personalista. Varas renunció a la postulación (enero de 1861) pidiendo entregarla a una persona ajena a los rencores e intereses partidarios. Tales condiciones las reunía el senador José Joaquín Pérez. Elegido por unanimidad, le correspondió ejercer el mando durante el último periodo con reelección inmediata (1861-1871).

EL ADVENIMIENTO AL PODER DE LA FUSIÓN LIBERAL-CONSERVADORA

Pérez intentó establecer un gobierno de unidad nacional, y por ello integró su primer gabinete con miembros de todas las tendencias. Bajo el mismo predicamento promulgó una ley de amnistía (1861) favoreciendo a todos los procesados por delitos políticos desde 1851. Sin embargo, los contrarios a Montt, cuyo Partido Nacional tenía amplia mayoría en el Congreso, reprocharon al presidente su estrecha relación con los monttvaristas. Varios ministros renunciaron y Pérez formó gobierno con la fusión liberal-conservadora (1862), de la cual se escindió, el mismo año, un grupo exaltado y anticlerical para constituir el Partido Radical. Consecuente con sus principios, se esforzaron por lograr una serie de libertades, reformar la Constitución, descentralizar la administración pública, limitar las atribuciones del Ejecutivo, aprobar una nueva ley electoral, fijar incompatibilidades entre empleos fiscales y cargos de representación popular y laicizar funciones entregadas a la Iglesia.

Empleando los mismos métodos intervencionistas de la época conservadora, los liberales montaron una maquinaria electoral que les permitió elegir, sucesivamente, cuatro presidentes de la república: Federico Errázuriz Zañartu (1871-1876), Aníbal Pinto (1876-1881), Domingo Santa María (1881-1886) y José Manuel Balmaceda (1886-1891).

LOS PARTIDOS POLÍTICOS DEL PERIODO

A raíz de las luchas ideológicas, los grupos de opinión, aglutinados en torno de prestigiosas figuras o núcleos familiares, unidos por intereses comunes, se transformaron en verdaderos partidos políticos, proceso acelerado en el último decenio del siglo.

El Partido Conservador, de raigambre pelucona, se perfiló durante las disputas religiosas entre regalistas y ultramontanos. Proclives al régimen autoritario, se opusieron a las reformas constitucionales hasta el gobierno de Errázuriz Zañartu cuando, desplazados del poder, adoptaron una posición contraria al autoritarismo presidencial y al intervencionismo electoral, llevándoles a combatir los arrestos dictatoriales de Balmaceda y convertirse en uno de los pilares del régimen parlamentario. Profundamente clerical, se manifestó contrario a las leyes laicas, aunque propició libertades como la de enseñanza, en defensa de la Iglesia católica. Apoyó el liberalismo económico en resguardo de sus propios intereses.

El Partido Nacional agrupó a los conservadores laicos, segregados del anterior a raíz de la "cuestión del sacristán". Dominado por las personalidades de Montt y Varas, el Partido Nacional careció de una ideología política definida. Sus miembros pertenecían, mayoritariamente, a la clase media ilustrada que, desde la administración pública, se desenvolvería en la banca, industria y comercio. Desapareció junto con quienes lo forjaron. Durante el gobierno de Pérez fueron duramente acorralados por la fusión liberal-conservadora. En 1868, los adversarios de Manuel Montt, entonces presidente de la Corte Suprema de Justicia, último bastión nacional, aprobaron, en la Cámara de Diputados, una acusación en su contra por infracción a las leyes y notable abandono de deberes. La Cámara designó una comisión para formalizar y continuar la imputación ante el Senado, constituido como Tribunal en conciencia, donde el libelo fue rechazado (mayo de 1869).

El Partido Liberal, relacionado con los antiguos reformistas y revolucionarios pipiolos, luchaba por modificar la Constitución, imponer una enseñanza laica y disminuir la influencia de la Iglesia en materias civiles. Decidido impugnador de la ley electoral que posibilitaba la intervención presidencial en los comicios, una vez afianzado en el poder durante el gobierno de Errázuriz Zañartu, no vaciló en usar las mismas armas. Integrado por burgueses e intelectuales, idealizó la democratización del Estado, se unió a los conservadores o se fragmentó, según las contingencias políticas.

El Partido Radical nació de aquel conglomerado liberal que no aceptó la fusión con los conservadores. Encabezados por Manuel Antonio Matta y Pedro León Gallo, postulaban reformas a la Constitución y a la ley electoral, la laicización de la enseñanza y de algunas funciones que desempeñaba la Iglesia. Desde 1865 pasaron a ser oposición, expresando su ideario en *La Voz de*

Chile. Estableció asambleas, cédulas locales de organización, a lo largo del país, convirtiéndose en una colectividad moderna y democrática. Fundado por aristócratas progresistas, terminaría representando a la naciente clase media.

El Partido Demócrata surgió de una división del radicalismo en 1887. Eminentemente populista, contó con el decidido apoyo de artesanos, obreros y mineros del salitre, integrados a una masa proletaria que comenzaba a adquirir conciencia de su realidad y a exigir derechos políticos, como el sufragio universal y otros, englobados bajo el término de "cuestión social".

El Partido Liberal Democrático, fundado por Benjamín Vicuña Mackenna para impulsar su postulación presidencial, tuvo alguna resonancia en las provincias; sin embargo, desapareció junto con el retiro de la candidatura de su inspirador.

REFORMAS Y MODERNIZACIÓN POLÍTICAS

El artículo 5o. de la Constitución de 1833 prohibía el ejercicio público de cualquier religión ajena a la católica, apostólica y romana. A pesar de ello, se erigió una capilla protestante en Valparaíso (1837), sin motivar condenas gubernamentales o particulares. Los radicales solicitaron suprimir dicha disposición con la resistencia de conservadores y algunos liberales. Tras ardorosos debates, surgió una ley interpretativa de aquella disposición, permitiendo a los disidentes practicar su culto en recintos privados y abrir escuelas para educar a sus hijos "en la doctrina de sus religiones" (1865).

En agosto de 1869 se modificó la ley electoral ordenando, entre otras innovaciones, confeccionar los registros cada tres años a fin de evitar el sufragio de muertos o emigrados a otras provincias, proscribiendo la inscripción de suboficiales y tropas de las fuerzas armadas o policiales.

Buscando disminuir potestades al Ejecutivo, se redujo, a proposición de Federico Errázuriz, seguro candidato presidencial, la duración del mandato a sólo cinco años.

La maquinaria electoral preparada por Errázuriz le otorgó una amplia mayoría en el Congreso de 1873. Éste de inmediato se abocó al estudio de las enmiendas necesarias a fin de disminuir el autoritarismo presidencial. La primera rebajó el quórum para sesionar, de mayoría absoluta, a un tercio de los miembros en el Senado y a un cuarto en la Cámara de Diputados. Otra suprimió las facultades extraordinarias del Ejecutivo, otorgándole, en cambio, la atribución de restringir la libertad personal, de imprenta y reunión, por un lapso no superior al año, a causa de "la necesidad imperiosa de la defensa del Estado, de la conservación del régimen constitucional o de la paz interior". En ningún caso las personas serían juzgadas por tribunales especiales. Eliminó el voto de los ministros en el Consejo de Estado e incorporó a tres representantes de cada Cámara, quedando en mayoría sobre los cinco designados por el primer mandatario. Fijó el número de diputados en uno por cada 20 000 habitantes o fracción no inferior a 12 000. Cambió la composición del Senado: en lugar de los 20 representantes de todo el país, se elegirían, en votación directa, por provincias, en proporción de uno por cada tres diputados "y fracción de dos diputados" disminuyendo su ejercicio de nueve a seis años.

Los extranjeros que habiendo residido en el país durante un año manifestasen "su deseo de avecindarse en Chile y soliciten carta de ciudadanía" podrían nacionalizarse.

Continuando con su obra reformista, el Congreso despachó, en 1874, las leyes que reconocían el derecho a reunión y asociación "sin permiso previo". A fin de liberar a los congresistas de la influencia del Ejecutivo, determinó que los primeros, al momento de aceptar "empleo retribuido de nombramiento exclusivo del Presidente de la República", cesarían en sus funciones. Mantuvo, sin embargo, la compatibilidad entre los cargos parlamentarios y ministros de Estado. Modificó la estructura de la Comisión Conservadora, que durante la época de receso del Congreso asumía algunas de sus atribuciones, y agregó siete diputados a los siete senadores que la integraban, y le dio la potestad de solicitar al presidente de la república la convocación extraordinaria del parlamento, cuando "lo exigieren circunstancias graves y excepcionales". Simplificó el procedimiento acusatorio a los secretarios de Estado y restringió las facultades del presidente durante el estado de sitio.

Las reformas estuvieron orientadas a restar autoridad al Ejecutivo, y para ello aumentaron la influencia del Legislativo —que ya contaba con el arma de las leyes periódicas— tanto en la formación de ellas como en asuntos de gobierno; éste, para defenderse, incrementó la intervención electoral, tratando de colocar en el Congreso adeptos leales que le permitieran llevar a cabo su programa gubernamental. Lentamente se rompió el equilibrio entre ambos poderes, deteriorándose las relaciones hasta el punto de provocar conflictos entre los mandatarios y sus propios partidos políticos. El hecho fue aún más notorio cuando se instituyó, en 1888, la absoluta incompatibilidad entre los cargos parlamentarios y cualquier otro pagado por el fisco.

La ley electoral de 1874

Las disposiciones de las cuatro leyes electorales promulgadas después de la Constitución de 1833 no garantizaban la libertad electoral ni la representatividad de los grupos minoritarios. Además, entregaban todo el control del proceso a representantes del Ejecutivo. A efecto de eliminar su influencia, ejercida principalmente por medio de las municipalidades, el Congreso entregó la tutela de los comicios a juntas de contribuyentes mayores, encargándoles designar las juntas verificadoras de inscripciones electorales y receptoras de sufragios.

Estableció, para las elecciones de diputados, el *voto acumulativo*, en remplazo del sistema de *lista cerrada* —mantenida para los senadores—, en el cual la nómina que obtenía mayoría absoluta elegía la totalidad de los representantes de la circunscripción. Ahora, cada ciudadano dispondría de tantos votos como vacantes por llenar, y podría entregárselos a uno o varios candidatos. Se esperaba, así, que las minorías tuviesen expresión en el Congreso.

Aumentó el universo ciudadano al considerar que todos los varones mayores de edad que supiesen leer y escribir disponían de la renta exigida por la Constitución. Posteriormente, de hecho se impuso el sufragio universal al reconocer como ciudadanos a los varones mayores de 21 años que leyesen y escribiesen (1888).

La ley no terminó con la intervención electoral del gobierno, pues éste creó nuevos métodos para mantener bajo vigilancia el desarrollo electoral: inventó contribuyentes; suplantó a otros; robó y destruyó los sufragios de mesas consideradas adversas (con ello, quedaron, en muchas ocasiones, sin representantes algunas circunscripciones), o falsificó los escrutinios. Así, a pesar de su fragmentación, el Partido Liberal logró mantener su mayoría en las cámaras legislativas. Su descarada intromisión obligó a reformar la ley, dejando en manos de la justicia ordinaria la constitución de las juntas de contribuyentes mayores y a sus infractores (1884). En dicho marco se efectuaron las elecciones parlamentarias de 1885, cuando partidarios del gobierno sustrajeron, desde los Tribunales de Justicia, los registros electorales de Santiago. Lo mismo ocurrió en otros departamentos, que así quedaron sin sufragar.

La relativa madurez política alcanzada por el país impidió que los mandatarios impusieran a sus sucesores como había ocurrido hasta entonces. A partir de 1871 se realizaron convenciones para designar al candidato. Estas asambleas reunían a ex parlamentarios, diputados y senadores en ejercicio, contribuyentes mayores y profesionales pertenecientes a los partidos o facciones aliados para hacer frente a las elecciones presidenciales.

EL FIN DEL INTERVENCIONISMO ELECTORAL

A raíz de los sucesos de 1885, la oposición decidió obligar al gobierno a llamar a elecciones complementarias para llenar los cargos vacantes. Empleó la táctica de la obstrucción a la aprobación de las leyes periódicas, aprovechando que los reglamentos de las cámaras no consignaban la clausura del debate en tanto un proyecto continuase en discusión. Así se hizo con la ley de contribuciones que fue alegada hasta el 9 de enero de 1886, cuando Pedro Montt, presidente de la Cámara de Diputados, agobiado por la angustiante situación de un gobierno que no podía sobrevivir sin cobrar tributos, dio, *de facto,* por terminado el debate ante airadas protestas de la minoría.

220

Restaba pronunciarse sobre la ley del presupuesto. Para apurar su despacho la mayoría negoció, ofreciendo realizar comicios complementarios a la elección de 1885. Éstos se efectuaron en medio de la más inusitada violencia, pues mientras unos trataban de sustraer las urnas otros las defendían a todo trance. La contienda dejó 46 muertos. La oposición triunfó en Santiago y demostró que podían vencer la maquinaria gubernamental con sus mismos medios.

El gobierno de José Manuel Balmaceda

La convención liberal-nacional eligió como candidato a Balmaceda, mientras la liberal-radical nombró a José Francisco Vergara, quien renunció al comprobar que carecía del apoyo necesario. El 30 de agosto de 1886, 330 electores le dieron 324 votos a Balmaceda, quien asumió el mando el 19 de septiembre. Había sido uno de los paladines del reformismo y abogó por imponer un sistema parlamentario al estilo europeo que, de hecho, habían establecido las modificaciones constitucionales de 1873-1874. Sin embargo, a medida que participó en el poder, primero como ministro y luego como presidente, se dio cuenta de que la práctica del gobierno de gabinete, generadora de continuas rotativas ministeriales, obstaculizaba la acción gubernativa, pues la permanencia de los secretarios de Estado dependía del juego político partidista, con sus precarias y cambiantes mayorías parlamentarias, lo que hacía imposible llevar a cabo un programa estable de gobierno. Así fue abandonando sus ideas y convirtiéndose en el más ferviente defensor de las prerrogativas presidenciales.

Balmaceda asumió el mando animado por el sincero propósito de restablecer la unidad nacional, reunir las facciones liberales en un solo gran partido de gobierno y reanudar las relaciones con la Santa Sede, a fin de neutralizar a los conservadores (1887). Impuesta la convivencia política, planeaba iniciar un vasto programa de obras públicas, cimentado en las entradas proporcionadas por el salitre. Aspiraba a mejorar el sistema educativo y a fomentar la colonización de la Araucanía. La tarea propuesta se vio dificultada por los partidos conservador, radical y liberal disidentes que provocaron continuas crisis ministeriales. Para superarlas debió recurrir a combinaciones partidistas que no apaciguaron los ánimos opositores. Los obreros, por su parte, exigían un mejoramiento de sus condiciones de vida, y se organizaban para hacer uso del derecho a huelga a fin de expresar su descontento. Entre los años 1886 y 1889 estallaron 51 huelgas, con graves daños para la paz social.

A pesar de sus esfuerzos Balmaceda no logró unificar a los liberales ni mantener mayorías estables en el Congreso. Nueve ministerios, entre septiembre de 1886 y enero de 1890, evidencian dicha situación, agravada por el "fantasma" de las leyes periódicas. El décimo ministerio asumió su cargo a comienzos de 1908 en medio de la virulencia desatada, en la prensa opositora, por las proximidades de la elección presidencial. Para darle respuesta, los gobiernistas fundaron *La Nación,* en Santiago, y *El Comercio,* en Valparaíso. A fines de mayo se formó el undécimo ministerio, encabezado por Enrique Salvador Sanfuentes, considerado candidato oficial del balmacedismo para sucederle. Aunque Sanfuentes renunció expresa e irrevocablemente a su postulación, fue censurado por ambas cámaras sin haber escuchado el programa ministerial. Balmaceda mantuvo el gabinete argumentando que los ministros eran de su absoluta confianza. Los diputados reaccionaron aplazando el despacho de la ley de contribuciones y el Senado se negó a discutir la del presupuesto general de la nación. Se desataba, así, la querella entre ambos poderes, y buscaron apoyar en la ciudadanía sus respectivas posiciones.

La intermediación del arzobispo de Santiago, monseñor Mariano Casanova, permitió un acuerdo mediante el cual el Congreso aprobaría la ley de contribuciones, que tenía casi paralizado al país, y el gabinete renunciaría. Belisario Prats, nuevo secretario del Interior, se comprometió a mantenerse en el gobierno mientras contase, simultáneamente, con la confianza del mandatario y del Parlamento. Prats era decidido partidario de la libertad electoral, por lo cual, cuando comprobó que a sus espaldas se preparaba una intervención en los comicios de 1891, renunció. Poco antes había convocado a sesiones extraordinarias del Congreso para discutir las leyes del presupuesto para 1891 y la que fijaba las fuerzas de tierra y mar.

Balmaceda integró el decimotercer gabinete con amigos personales. Los ministros del Interior, Claudio Vicuña, y de Relaciones, Domingo Godoy, compartían la tesis de que la Constitución de 1833 era "presidencialista" y de que los secretarios sólo dependían de la confianza del mandatario. Tal disposición encerraba una ruptura definitiva con el Poder Legislativo, que, por encontrarse en periodo de receso, no podía censurarla. Agravó aún más la situación la negativa del presidente para convocarlo a fin de despachar la pendiente ley de presupuesto.

CRISIS CONSTITUCIONAL Y GUERRA CIVIL

El 1 de enero de 1891 Balmaceda lanzó un manifiesto al país declarando que, ante la tardanza del Congreso para aprobar el presupuesto de la nación, regiría ese año el mismo de 1890, decreto refrendado el 5 de enero con la firma de todos sus ministros de Estado. En la práctica, al violar un precepto constitucional instauraba la dictadura.

El Congreso lo destituyó por pasar por alto la Carta Fundamental y se erigió en otro acto ilegal, en Poder Ejecutivo. El 7 de enero se sublevó la escuadra comandada por el capitán de navío Jorge Montt Álvarez, apoyando "la acción del Congreso a fin de restablecer el imperio de la Constitución". Luego zarpó hacia Iquique llevando a bordo al vicepresidente del Senado, Waldo Silva, y a Ramón Barros Luco, presidente de la Cámara de Diputados. Dominando el rico distrito salitrero obtendrían fondos para organizar un ejército constitucionalista, ya que las fuerzas regulares se mantuvieron leales al mandatario.

En el estallido de la guerra civil intervinieron, también, los intereses de la burguesía surgida al amparo del progreso económico del país. El autoritarismo de Balmaceda no les permitía gozar de las libertades indispensables para su desarrollo. Buscaban, además, entremeterse en el gobierno para detener o atenuar el plan de inversiones públicas, pues les preocupaba el alza de los salarios campesinos a causa de las mejores remuneraciones obtenidas en el tendido de líneas férreas, puentes y caminos. Tampoco fueron ajenos al movimiento los planes nacionalizadores de las compañías salitreras, mayoritariamente británicas, esbozados por el presidente. Dichos intereses, expresados en forma velada en la prensa vinculada a la oligarquía, influyeron sobre muchos congresistas burgueses para disminuir las atribuciones presidenciales.

Balmaceda se preparó para la lucha: aumentó los sueldos de los militares, reclutó nuevos contingentes, declaró estado de sitio en todo el territorio, disolvió el Congreso y convocó a elecciones parlamentarias (abril de 1891). Paralelamente, una convención designó candidato presidencial a Claudio Vicuña, quien fue elegido sin oposición en julio.

Los "constitucionalistas", tras algunas escaramuzas con tropas "presidencialistas", se instalaron en Iquique y formaron una Junta de Gobierno integrada por Montt, Silva y Barros Luco (abril de 1891). Mientras recibían los derechos por exportaciones de salitre, los financiaron banqueros como los Edwards, Ross y Matte, cuyos agentes en Europa y los Estados Unidos compraban modernas armas y movían todo tipo de influencias para demorar el despacho de las adquiridas por los balmacedistas.

El ministro Godoy, en el ínterin, utilizaba los medios a su alcance para aplastar la rebelión en el resto del país. Clausuró la Universidad de Chile, algunos liceos y diarios antagónicos; confiscó ganados y cosechas de los opositores; encarceló a los más decididos adversarios y creó una amplia red de espionaje, encendiendo, con sus medidas, la antipatía hacia el régimen en todos los sectores de la sociedad. Tribunales militares remplazaron a las Cortes de Justicia.

Las tropelías de Godoy fueron censuradas por el recién instalado Parlamento, adicto al presidente. Se formó otro gabinete, encabezado por Julio Bañados Espinoza (mayo de 1891), quien redactó un proyecto de reforma constitucional para robustecer el sistema presidencial de gobierno. Aprobado por la Cámara de Diputados, no alcanzó a tratarlo el Senado. Muchos de sus principios serían incorporados a la Constitución de 1925. Aunque rechazaba la violencia hubo de reprimir conspiraciones y actividades saboteadoras del comité secreto de Santiago, que preparaba el camino al ejército constitucionalista. Trataban de evitar la concentración de fuerzas balmacedistas en la capital y Valparaíso, volando los puentes ferroviarios. Un grupo de jóvenes aristócratas fue descubierto en el fundo Lo Cañas cuando planeaban derribar el puente del río Maipo (Santiago). Casi todos sus integrantes cayeron abatidos a tiros. Sobrevivieron ocho, a quienes el Consejo de Guerra condenó a muerte inmediata (agosto de 1891). Estos excesos provocarían el sangriento revanchismo de los congresistas a la hora del triunfo.

LOS ENCUENTROS BÉLICOS

La primera fase de la lucha armada se desarrolló en el desierto salitrero. El combate más cruento se produjo en Pozo Almonte, donde los revolucionarios, tras la victoria, pasaron por las armas a heridos y prisioneros (marzo de 1891). Luego se inició la guerra marítima. La torpedera *Lynch*, recién arribada desde Inglaterra, hundió al acorazado *Blanco Encalada*, buque insignia de la armada (abril de 1891).

EL DESENLACE DEL CONFLICTO

En agosto, el ejército congresista desembarcó en Quintero, venciendo completamente al balmacedista en las batallas de Concón y Placilla (21 y 28 de agosto). Su triunfo quedó opacado por el cruel asesinato de oficiales y el saqueo e incendio de residencias pertenecientes a partidarios del presidente. Éste, al enterarse de lo que sucedía, delegó el mando en el general Manuel Baquedano, encomendándole proteger a la población, y buscó asilo en la legación argentina, donde pondría fin a sus días al expirar el periodo de su gobierno (18 de septiembre). Dejó un testamento político explicando su proceder y pronosticando los males que acarrearía al país la implantación de un régimen parlamentario, al cual era adicta la mayoría de la oficialidad de la marina, formada en Gran Bretaña.

LAS PUGNAS ESTADO-IGLESIA

Un doloroso hecho: el incendio de la iglesia de La Compañía (8 de diciembre de 1863), donde fallecieron, quemadas o asfixiadas, más de 2 000 personas, cuando culminaba el mes de María, hizo reaflorar los ataques al clero y al fanatismo religioso, provocando roces entre las autoridades civil y eclesiástica. A raíz del siniestro se creó el Cuerpo de Bomberos de Santiago, integrado, al igual que su similar de Valparaíso, por voluntarios que mostraban, así, su vocación de servicio público. Hasta hoy, los "caballeros del fuego" mantienen esa condición en Chile.

La Iglesia no había concordado con la reforma constitucional que de hecho consagró la libertad de cultos en el país (1865). Sin embargo, el verdadero deterioro en las relaciones estalló durante el gobierno de Errázuriz Zañartu a propósito de las llamadas cuestiones teológicas cuyos debates entre liberales y conservadores se extendieron largos años.

LA CUESTIÓN DE LOS CEMENTERIOS

Al fallecer una persona que no profesaba la fe católica, sus deudos encontraban serias dificultades para darle sepultura, pues, salvo los cementerios de disidentes levantados en algunas ciudades, los camposantos, aunque pertenecían al Estado, eran administrados por la Iglesia. El problema hizo crisis cuando el obispo de Concepción proscribió el sepelio de un coronel que, separado de su esposa, había vivido en manifiesto concubinato con otra mujer. La discusión llegó a la Cámara de Diputados y Errázuriz promulgó una ley obligando a mantener en los cementerios un sitio para enterrar a los no católicos, y ordenaba que todos los creados en adelante, con fondos municipales o estatales, quedasen fuera de la jurisdicción eclesiástica; autorizaba, además, erigir cementerios particulares (1871). La Iglesia reaccionó prohibiendo el entierro de creyentes en ellos. El Estado replicó proscribiendo sepultar en los templos (1883). Finalmente, el arzobispo Casanova autorizó levantar capillas y ofrecer servicios religiosos en los cementerios laicos (1890).

LA CUESTIÓN DEL MATRIMONIO

Un diputado liberal agnóstico no prestó el juramento de rigor al asumir el cargo, explicando públicamente las razones para ello; sus palabras fueron consideradas una ofensa a la religión. Posteriormente solicitó autorización para contraer matrimonio, siéndole denegada por la curia, que lo acusaba de sacrílego. Pidió, entonces, de acuerdo con lo dispuesto en el artículo 118 del Código Civil, le aplicaran las normas para un no católico, declarando él y su mujer, ante un sacerdote y dos testigos, la voluntad de reconocerse como esposos. Tampoco se le aceptó, aduciendo que era bautizado. El diputado resolvió casarse, sin la presencia de un sacerdote, ante un grupo de testigos de reconocida respetabilidad. Más tarde, el presbítero Francisco de Paula Taforó, de tendencia liberal, bendijo el matrimonio, provocando irritadas protestas de la Iglesia y los conservadores ultramontanos. El incidente dio comienzo a un prolongado debate que culminó con la promulgación, en enero de 1884, de la ley de matrimonio civil.

Complementariamente se creó el Registro Civil (1884) organismo dependiente del Estado, encargado de llevar el padrón de nacimientos, matrimonios y defunciones. A partir de ese momento sólo fue válido, para todos los efectos legales, el enlace efectuado ante un oficial del Registro Civil.

La cuestión de la libertad de enseñanza

Otra aspiración liberal era laicizar la enseñanza y colocarla bajo el control del Estado. Los conservadores abogaban, en cambio, por su completa libertad. En virtud de un pacto entre el presidente Errázuriz y el Partido Conservador, se nombró ministro de Justicia, Culto e Instrucción a uno de sus más connotados miembros, Abdón Cifuentes, quien eliminó la tutela y fiscalización de la Universidad de Chile a colegios particulares, en su mayoría, pertenecientes a congregaciones religiosas (1872). Hasta ese momento los alumnos debían rendir exámenes ante comisiones integradas por profesores del Instituto Nacional. Liberales y radicales levantaron sus voces de protesta en defensa del principio de Estado docente.

Pronto se descubrieron abusos producto de dicha libertad: alumnos reprobados en el Instituto Nacional, único liceo fiscal de Santiago, eran aprobados en los particulares y podían seguir sus estudios; se fundaron colegios con el solo propósito de otorgar certificados de exámenes. En vista de ello, el Congreso acordó dictar una Ley de Instrucción Pública cuya discusión se prolongó hasta 1879. Mientras tanto, el rector del Instituto Nacional, Diego Barros Arana, introdujo la enseñanza de las ciencias naturales, a las que se oponía la Iglesia por estimarlas contrarias a la religión y a la moral privada.

El ministro Cifuentes renunció (1873); le sucedió un liberal que eximió de la obligación de asistir a clases de religión en los liceos fiscales a los alumnos cuyos padres así lo solicitasen (1873), y decretó que los estudiantes debían rendir exámenes ante comisiones designadas por el Consejo Universitario, el cual, con acuerdo de dos tercios de sus miembros, podía proponer al gobierno los colegios dignos de aplicar sus propios exámenes.

SUPRESIÓN DEL FUERO ECLESIÁSTICO

La discusión del Código Penal enfrentó, otra vez, a liberales y conservadores en el Parlamento, especialmente cuando se debatían artículos que afectaban al fuero eclesiástico, el *exequatur* y los recursos de fuerza. El arzobispo de Santiago, monseñor Rafael Valentín Valdivieso, en el colmo de su paroxismo, amenazó con excomulgar a quienes admitiesen leyes contrarias a la libertad y derechos de la Iglesia. Aunque muchos artículos referidos al clero no se aprobaron por carecer de los votos requeridos constitucionalmente, se aceptó uno que señalaba: "El que ejecutare en la república cualesquiera órdenes o disposiciones de un gobierno extranjero, que ofendan la independencia o seguridad del Estado, incurrirá en la pena de extrañamiento menor en sus grados mínimo a medio", aplicable a disposiciones emanadas de la Santa Sede. El Código comenzó a regir en marzo de 1875, año en que fue sancionada la ley de organización y atribuciones de los tribunales, suprimiendo el fuero eclesiástico y los recursos de fuerza.

LA RUPTURA DE RELACIONES CON LA SANTA SEDE

En 1878 falleció monseñor Valdivieso. El gobierno propuso a la Santa Sede al canónigo Francisco de Paula Taforó para ocupar la diócesis vacante. Gran parte del clero y ultramontanos se opusieron tildándole de liberal, cosa comunicada a León XIII en una carta, en la que se resaltaba, además, su condición de hijo ilegítimo. El papa no accedió a la solicitud. En 1881 el presidente Santa María volvió a insistir en el nombramiento de Taforó, aun cuando éste había desistido de su candidatura. León XIII envió un delegado apostólico especial, monseñor Celestino del Frate, a investigar la situación del arzobispado santiaguino (1882). Del Frate estimó que Taforó perturbaría al clero y a los feligreses, por lo cual el papa, en misiva autógrafa, reiteró al mandatario su negativa a la petición. Éste, en enero de 1883, ordenó enviar su pasaporte a Del Frate para que abandonase el país. Al momento de hacerlo, desconoció el derecho de patronato del gobierno, lo cual, además de ser considerada una provocación, derivó en la ruptura de relaciones. Se reanudaron durante el gobierno de Balmaceda, quien propuso a Mariano Casanova para arzobispo de Santiago y otros para las sedes vacantes de Ancud y Concepción. León XIII los aceptó en diciembre de 1886.

LOS CONFLICTOS INTERNACIONALES

Desde 1856, Chile había procurado sentar las "bases para la unión de las repúblicas americanas", siguiendo un ideal americanista que se remontaba a la época de la independencia. El acuerdo de ese año sólo fue ratificado por Ecuador, por lo cual el Perú convocó a un nuevo Congreso, que iba a celebrarse en Lima en 1864. A él se invitó a todos los países del continente.

Dos años antes, una división de la armada española había incautado las islas Chinchas, ricas en depósitos de guano, a raíz de problemas pendientes desde la época colonial, pues la Corona aún no reconocía la independencia peruana. El país anfitrión utilizó el Congreso para evitar resolver la pugna. Los gobiernos asistentes hicieron ver a los españoles la conveniencia de devolver las islas capturadas, sin obtener respuesta positiva. Aseguraron, sí, que no pretendían reconquistar sus antiguos dominios y que sólo deseaban arreglar asuntos irresolutos con el Perú. En el Congreso se convinieron dos tratados: alianza defensiva y arbitraje obligatorio para cualquier desavenencia entre ellos (1865). Ninguno fue ratificado por los respectivos parlamentos. Tampoco se efectuó la reunión citada para Guayaquil (1867).

La lucha armada con España

La ocupación de las islas desató airadas protestas de connotados políticos chilenos, en las que sobresalía el espíritu americanista que los animaba. El gobierno, por su parte, declaró contrabando de guerra al carbón de piedra; permitió la venta de caballos al Perú y soslayó el enganche de marinos que sus agentes efectuaban en el país. El representante español reclamó por estos hechos y recibió las correspondientes explicaciones del ministro del Interior y Relaciones. Sin embargo, la Corona las desestimó y ordenó al almirante José Manuel Pareja, comandante de la escuadra en el Pacífico, que exigiera nuevas satisfacciones. Pareja se presentó en la rada de Valparaíso el 18 de septiembre de 1865, requiriendo homenajear al pabellón español con una salva de 21 cañonazos. Ante tan inusual petición, el presidente Pérez, con acuerdo del Congreso, declaró la guerra siete días después. De inmediato los puertos fueron bloqueados por la flota peninsular. La armada chilena contaba con sólo dos débiles barcos. No obstante, la dispersión de las fuerzas extranjeras posibilitó que Juan Williams Rebolledo, al mando de la corbeta *Esmeralda,* se apoderase de la goleta *Covadonga* frente a las costas de Papudo, lo que provocó el suicidio de Pareja. Su sucesor, Casto Méndez Núñez, persiguió a las naves refugiadas, junto con las peruanas, en el archipiélago de Chiloé. Se enfrentaron en el combate de Abtao (7 de febrero de 1866) sin resultado decisivo.

La guerra era insostenible para una escuadra carente de base de apoyo. Méndez Núñez enfiló hacia Valparaíso anunciando que bombardearía al indefenso puerto el 31 de marzo de 1866. La población buscó protección en los cerros, mientras banderas blancas ondeaban sobre iglesias y hospitales. Luego de tres horas de cañoneo la ciudad quedó en ruinas. Las cuantiosas pérdidas materiales, calculadas en 15 millones de pesos de la época, agudizadas por la paralización del puerto y las actividades mercantiles resintieron la economía nacional. La banca suspendió sus operaciones a plazo.

Méndez Núñez trató de repetir tan indigno ataque en El Callao, pero fue rechazado por sus bien provistas fortalezas.

El gobierno chileno, previniendo otra eventualidad similar, adquirió dos corbetas y fortificó Valparaíso. El Perú también aumentó su escuadra. El hecho daría inicio a una carrera armamentista destinada a lograr el predominio naval sobre el Pacífico.

TRATADO DE LÍMITES CON BOLIVIA

La guerra determinó una alianza defensiva y ofensiva entre Chile y el Perú, a la cual se adhirieron Ecuador y Bolivia. Ello posibilitó pactar con este último país un acuerdo limítrofe (1866), que puso fin a largos años de controversias que estuvieron a punto de desatar la guerra. Ese mismo año José Santos Ossa descubrió ricos yacimientos de nitrato en el Salar del Carmen, e incorporó al área salitrera territorios reclamados por Bolivia. Obutvo la concesión para explotarlos del gobierno del general Mariano Melgarejo. Formó una sociedad que, a partir de 1873, se llamó Compañía de Salitres de Antofagasta. La mayoría de los capitales y obreros de las oficinas salitreras, ferrocarriles y puertos de Antofagasta eran chilenos.

CREACIÓN DEL MINISTERIO DE RELACIONES EXTERIORES

En 1871 una revolución depuso al presidente Melgarejo en Bolivia. Su sucesor, el general Agustín Morales, de breve mandato, declaró nulos todos los acuerdos de la anterior administración, incluyendo el tratado fronterizo con Chile. El gobierno no aceptó la resolución y envió a La Paz, en calidad de ministro plenipotenciario, a Santiago Lindsay, quien logró mantener algunas disposiciones del acuerdo de 1866, en tanto se firmaba otro en su remplazo. A este problema se agregaron las reclamaciones limítrofes de Argentina y el creciente poderío naval peruano. A fin de encarar con mayor dedicación y profesionalismo la posición internacional de Chile, el presidente Errázuriz Zañartu decidió independizar la cartera de Relaciones Exteriores del Ministerio del Interior. Su primer ministro fue Adolfo Ibáñez (2 de diciembre de 1871).

LOS DEPÓSITOS DE GUANO Y SALITRE DE TARAPACÁ

Las salitreras y guaneras peruanas tarapaqueñas también eran trabajadas por peones chilenos, atraídos hacia aquella región por la quimera de una rápida riqueza que nunca alcanzaban, debido a la carestía de alimentos y vituallas, en su mayoría importados desde Valparaíso, cuyos bancos y casas comerciales proporcionaban fondos para la explotación y comercializaban el mineral en el exterior.

En 1872 asumió la presidencia del Perú Manuel Pardo. El país se hallaba casi en bancarrota, pues los ingresos fiscales no alcanzaban a financiar ni la mitad del presupuesto nacional. El guano monopolizado por el Estado proporcionaba gran parte de las entradas, pero los yacimientos se estaban agotando, y el salitre, en manos de capitales chilenos que sólo pagaban un impuesto de exportación, le hacía fuerte competencia en los mercados internacionales. Pardo decidió nacionalizarlos, dejando en poder del Estado el estanco de ambos fertilizantes (1873). Para que la medida tuviese efecto era necesario impedir la libre venta del salitre antofagastino, también manejada por empresarios chilenos. A tal efecto, buscó forjar una alianza permanente con Bolivia (1872).

EL TRATADO SECRETO DE 1873

Manejando hábilmente las disensiones internas de Bolivia, en las que se vieron, aparentemente, involucrados algunos chilenos, el presidente Pardo convenció a Tomás Frías, sucesor del recién asesinado general Morales, para que firmara un tratado secreto de alianza defensiva, el cual estipulaba que ambos gobiernos se garantizarían, mutuamente, la integridad de sus territorios, comprometiéndose a no firmar tratados de límites sin acuerdo previo con el aliado y a incorporar a otros Estados americanos al pacto (6 de febrero de 1873). El tratado sólo sería conocido por Chile en información de la cancillería brasileña.

LA ESTATIZACIÓN DEL NITRATO DE TARAPACÁ

El presidente Pardo, al amparo del tratado secreto, promulgó la ley de expropiación de las oficinas salitreras, y obligó a sus propietarios a entregarlas al Estado a cambio de certificados salitreros, especie de bonos a largo plazo, que nunca se cancelaron. Con esta medida Pardo buscaba acelerar un enfrentamiento, y anticiparse a la llegada a Chile de las naves blindadas mandadas construir en Inglaterra. El gobierno, para su sorpresa, no reaccionó, reconociéndole el derecho a ejercer libremente la soberanía en territorios que le pertenecían.

Pardo intentó integrar a la alianza a Argentina, cuyos problemas fronterizos con Chile aún no se resolvían. El presidente Domingo Faustino Sarmiento apoyó la incorporación. Sin embargo, no se materializó ante el temor de un pacto similar entre Chile y Brasil, país que asimismo tenía pendientes asuntos de límites con Argentina, el Perú y Bolivia. A ello contribuyó también el arribo a Valparaíso del recién adquirido blindado *Cochrane.*

EL TRATADO DE LÍMITES DE 1874

Las condiciones se hicieron propicias para remplazar el desahuciado acuerdo de 1866 con Bolivia. El nuevo convenio mantuvo como límite el paralelo 24° de latitud sur, pero suprimió la medianería entre los paralelos 23 y 24, con excepción de las guaneras explotadas o por descubrirse entre dichas latitudes. A cambio de la renuncia de Chile a sus derechos sobre las exportaciones de salitre, Bolivia se comprometió a no aumentar, durante 25 años, las contribuciones de los capitales y de las salitreras operadas por chilenos.

LA MISIÓN DE BARROS ARANA A ARGENTINA

Según al principio del *uti possidetis,* correspondían a Chile los territorios localizados al oriente del macizo andino, desde el río Diamante hasta el cabo de Hornos. La ocupación argentina de algunos sectores redujo la discusión a la zona localizada al meridión del río Negro. El gobierno decidió zanjar la cuestión enviando a Diego Barros Arana (1876) a finiquitar un arreglo directo con la cancillería argentina sobre la base de ceder la Patagonia, que en opinión de Darwin carecía de valor, hasta el río Santa Cruz o, en última concesión, el río Gallegos, dejando en posesión de Chile todos los términos australes de dicho punto. En caso de no aceptarse ninguna de las proposiciones, debería exigir el arbitraje sobre la Patagonia, el estrecho de Magallanes y Tierra del Fuego. Barros Arana firmó, en 1878, un tratado que establecía como linde entre ambos Estados la cordillera de los Andes y dejaba bajo jurisdicción argentina las tierras orientales. El ministro de Relaciones Exteriores, José Alfonso, rechazó tal pacto, y las negociaciones diplomáticas, con altibajos, se prolongaron hasta

1881, cuando se suscribió el mencionado convenio definitivo de límites de 1878.

LA RUPTURA DEL TRATADO DE 1874

Un golpe militar había llevado al poder en Bolivia al general Hilarión Daza, quien en 1878, ante la angustiante situación fiscal, violó las disposición de 1874, al decretar un impuesto de 10 centavos por quintal exportado a la Compañía de Salitres de Antofagasta. Chile protestó sin que Daza aceptase llegar a un arbitraje; por el contrario, mandó cobrar el tributo desde el día de aprobación de la ley. Como la Compañía se negara a cancelarlo, ordenó confiscar todos sus bienes y sacarlos a pública subasta. El mismo día fijado para el remate (14 de febrero de 1879), desembarcó la fuerza armada enviada por el gobierno en defensa de los acuerdos de 1874.

OCUPACIÓN DE ANTOFAGASTA Y COMIENZO DE LA GUERRA

Al haber sido atropellado de manera unilateral un tratado vigente, Chile decidió reivindicar los territorios que le pertenecían hasta antes de 1866. Tal fue el sentido de la ocupación militar de Antofagasta, cuya población, en su mayoría chilena, recibió a los hombres comandados por el coronel Emilio Sotomayor en medio de vítores y el flamear del emblema nacional. Pronto se completó la posesión de la provincia con la toma de Calama tras corto combate en el puente del río Topater. De hecho la guerra se había iniciado.

LA MISIÓN DE LAVALLE EN CHILE

El presidente del Perú, Mariano Ignacio Prado, envió a Santiago a José Antonio Lavalle como ministro plenipotenciario con objeto de interponer su mediación para evitar el conflicto. Propuso derogar el impuesto y la confiscación de los bienes de la compañía salitrera a cambio de la evacuación de las tropas chilenas de Antofagasta. En realidad, sus esfuerzos en parte eran sinceros y en parte obedecían a un intento de ganar tiempo, pues su país, apremiado por Bolivia para cumplir con el pacto secreto, no se hallaba preparado para una conflagración. Buscaba, además, lograr la adhesión de Argentina. Chile exigió neutralidad al Perú después de que Bolivia declaró la guerra (1 de marzo). Prado confesó la existencia del tratado confidencial. El gobierno chileno, entonces, declaró la guerra a ambos países el 5 de abril de 1879.

Las campañas de la Guerra del Pacífico

Ninguno de los beligerantes estaba en condiciones de sostener una lucha larga y costosa, razón por la cual Chile se propuso metas destinadas a lograr determinados objetivos que lo acercasen a la paz. Tales fueron las denominadas campañas:

a) *Campaña de Antofagasta*. Estuvo orientada a impedir el remate de la Compañía de Salitres y a persuadir al Perú de que no interviniese en el conflicto. El desarrollo de los hechos llevó a reivindicar los territorios entre el paralelo 24° y el río Loa. Fue de corta duración (febrero-abril de 1879).

b) *Campaña marítima* (abril-octubre de 1879). Destinada a lograr el dominio del mar para trasladar, sin dificultades, tropas hacia el norte. Malentendidos entre Rafael Sotomayor, secretario general de Guerra, y el almirante Juan Williams Rebolledo, conspiraron en contra de un rápido ataque a la escuadra peruana, en El Callao, cuyas naves estaban en reparación. Dos acciones fueron relevantes en esta etapa: el combate naval de Iquique (21 de mayo), donde se enfrentaron, en desigual lid, la vieja corbeta *Esmeralda*, capitaneada por Arturo Prat, el monitor *Huáscar*, comandado por Miguel Grau, y la goleta *Covadonga*, al mando de Carlos Condell, con el blindado *Independencia*, al mando de Juan Guillermo Moore. Prat murió heroicamente sobre la cubierta del *Huáscar* al abordarlo mientras su nave era espoloneada, y el *Independencia* varó en Punta Gruesa cuando iba en persecución de la goleta. La heroica hazaña de Prat llegó a simbolizar el patriotismo que impregnaría el espíritu de los soldados en la victoria o en la muerte.

El *Huáscar*, diestramente dirigido por su comandante, sembró la confusión sobre las costas hasta que fue capturado en el combate de Punta de Angamos (8 de octubre). Establecido el dominio marítimo, Chile inició las operaciones terrestres.

c) *Campaña de Tarapacá* (noviembre de 1879). Tuvo como finalidad apoderarse del distrito guanero y salitrero del Perú para privarlo de las entradas generadas por sus exportaciones. Tras desembarcar en Pisagua, el ejército avanzó hacia Dolores y derrotó a los aliados. Una sorpresa en Tarapacá no impidió que se rehiciera y tomara el puerto de Iquique. Las fuerzas rivales sobrevivientes retrocedieron hacia Tacna.

d) *Campaña de Tacna y Arica* (febrero-julio de 1880). Su propósito fue destruir las tropas peruano-bolivianas concentradas en la provincia de Tacna y negociar directamente con Bolivia, ahora gobernada por Narciso Campero. Con Daza fuera del poder, las autoridades creían posible lograr que Bolivia rompiese su alianza con el Perú, cuyo gobierno se negaba a cualquier tratado de paz. El ejército expedicionario desembarcó en

Ilo, avanzó a Moquehua, abandonada por sus defensores para atrincherarse en las inexpugnables alturas de Los Ángeles. Fue tomada por asalto a bayoneta. La victoria abrió las puertas de Tacna, hacia la cual se dirigieron atravesando, penosamente, un terreno carente de agua. La batalla en el Campo de la Alianza terminó con la resistencia de los aliados. Los bolivianos regresaron al altiplano, para no volver a combatir. Mientras los peruanos buscaban refugio en Arequipa, los jefes chilenos preparaban la toma del Morro de Arica, clave para señorear las regiones al sur del río Sama. La tarea, ante el asombro de los navegantes extranjeros surtos en la bahía, fue cumplida en sólo 55 minutos (7 de junio de 1880).

LAS CONFERENCIAS DE ARICA

El presidente de los Estados Unidos, Rutherford Birchard Hayes, alarmado ante la probabilidad de una intervención europea a fin de terminar la guerra, instruyó a sus cónsules en Chile, Bolivia y el Perú para que, junto con representantes de los tres países, alcanzasen un acuerdo de paz. Presididas por Thomas A. Osborn, acreditado en Santiago, las sesiones se llevaron a cabo en la fragata estadunidense *Lackawanna* (22-27 de octubre de 1880). En ellas Chile exigió al Perú la cesión de todos los territorios al sur de la quebrada de Camarones; sus delegados propusieron, en cambio, un arbitraje *incondicional* de los Estados Unidos. José Francisco Vergara respondió que negociaría directamente con sus adversarios cuando éstos aceptasen las condiciones que Chile estimase convenientes para su seguridad. Las conferencias fracasaron. No quedaba más que marchar sobre la vieja capital virreinal.

e) *Campaña de Lima* (enero de 1881). El presidente Nicolás de Piérola se había dado maña para rehacer el ejército peruano y atraer, nuevamente, aunque sin éxito, a los bolivianos. Fortificado en las serranías de Chorrillos y Miraflores, esperó a las fuerzas chilenas que desembarcaron en Pisco para marchar hacia el valle de Lurín, unos 30 km al sur de la capital. Desde allí arremetieron contra la primera línea defensiva, rompiéndola por completo el 13 de enero. Dos días después ocurría lo mismo en el segundo resguardo. El 17, "marchando en correcta formación", los vencedores entraban en Lima. La guerra virtualmente había terminado. Sin embargo, la huida de Piérola a la sierra obligó a ocupar el país, entregando el mando al contralmirante Patricio Lynch, quien, además de reorganizarlo y preocuparse de levantar su alicaída economía, tuvo que encarar la enconada resistencia interna y los intentos de especuladores franceses y estadunidenses que trataban de influir sobre sus gobiernos a fin de presionar a Chile para que renunciase a anexiones territoriales, dejándoles campo libre a sus aspiraciones de preponderancia sobre las guaneras y salitreras.

f) *Campaña de la Sierra* (1881-1883). Las esperanzas de intromisiones foráneas, evitando la cesión de Tarapacá a Chile, empantanaban los tratados de paz. Por otra parte, en la sierra operaban diversas montoneras de soldados e indígenas al mando de caudillos locales, que alteraban el orden y la tranquilidad interior. Para acabar con ellos la hueste chilena debió dividirse en pequeños destacamentos asentados en los poblados diseminados en la región montañosa andina. Allí fueron atacados por fuerzas muy superiores numéricamente, dando origen a heroicos combates como los de Sangra (26-27 de junio de 1881) y La Concepción (9-10 de julio de 1882), donde murió la guarnición, conformada por 74 soldados y cuatro oficiales al mando del capitán Ignacio Carrera Pinto. Finalmente, el coronel Alejandro Gorostiaga logró asestar el golpe final a la resistencia en la batalla de Huamachuco (10 de julio de 1883).

Los tratados de paz con el Perú (1883) y de tregua con Bolivia (1884) dieron término al conflicto. Chile amplió su territorio hasta la quebrada de Camarones, en cuyos términos se hallaban los yacimientos salitreros que contribuirían a la expansión económica y a la formación de grandes fortunas mineras, bancarias o comerciales. El norte constituyó un núcleo de atracción para la inmigración del proletariado urbano, originando focos de tensiones sociales al no cumplirse sus anhelos de bienestar. Finalmente, el país se alzó como potencia militar sudamericana, asegurándose la quietud fronteriza e integridad nacional.

LA CONQUISTA DE LA ARAUCANÍA

Colonizadas Valdivia, Llanquihue y Osorno, aún permanecía un espacio, delimitado por los ríos Biobío y Toltén, fuera de la jurisdicción chilena. Tal era la Araucanía, región que se prolongaba hacia las pampas y la Patagonia oriental, donde los mapuches, aunque mestizados, conservaban sus usos y costumbres de siglos, ensayando formas para tratar, a pesar de su gran segmentación interna, en un mismo pie de igualdad jurídica con los Estados de Chile y Argentina. Colonos ansiosos de tierras cerealeras se habían internado, espontáneamente, más allá de la tradicional frontera, refugio, además, de delincuentes, aventureros, políticos y renegados. El activo tráfico conchavero fue incrementado por la presencia de cientos de mercachifles o *faltes* en los meses estivales, abriendo rutas entre las formaciones de *quilas* o arriesgándose a navegar en precarias canoas.

La sociedad mapuche estaba dividida en dos agrupaciones: *abajinos* y *arribanos*. Los primeros ocupaban la costa y las lomas que unen las faldas de la cordillera de Nahuelbuta con la Depresión Intermedia, zona eminentemente agrícola. Predominaban dos linajes: *Colipí* y *Coñoepán*, aunque sin tener una fuerte cohesión integracionista a su alrededor. Fueron leales al gobierno chileno.

Los arribanos se localizaban en las áreas cercanas a la cordillera de los Andes, valles intermontanos y tierras al pie del macizo, región en esencia ganadera. Los linajes estaban estrechamente unidos en torno de las familias Marilúan y Quilapán, enemigas declaradas de los forasteros que merodeaban por sus heredades, Eran aliados naturales de los pehuenches.

Cornelio Saavedra, nombrado intendente de Arauco en 1857, elaboró un plan para "incorporar" dichos territorios a la soberanía efectiva de Chile mediante el paulatino avance de la frontera hacia el sur, erigiendo líneas de fuertes a fin de pacificar las comarcas interfluviales e instalar colonos extranjeros (alemanes, suizos, franceses, italianos y españoles) o soldados del ejército de la Araucanía para desplazar a los nativos más al sur.

EL PINTORESCO EPISODIO DEL "REY DE LA ARAUCANÍA"

En 1860 arribó a Valdivia Orelie Antoine de Tounens, quien logró persuadir a ciertos lonkos para que lo acogiesen como soberano de *el reino de la Nueva Francia*, que incluía la Araucanía y la Patagonia. Luego solicitó el reconocimiento de los gobiernos de Francia y Chile, sin recibir respuesta de las autoridades. Su actividad inquietó a Saavedra y ordenó apresarlo. En Los Ángeles fue sometido a juicio. La condena a reclusión en la Casa de Orates se conmutó por la entrega al cónsul francés para que lo remitiese a su país (1862). Allí publicó sus *Memorias*, empeñado en demostrar las ventajas que ofrecía el reino a futuros colonos. Incluso diseñó una bandera, acuñó monedas y otorgó títulos de nobleza. Regresó a la Patagonia en 1869. Atravesó la cordillera por el paso del Llaima, preparando una insurrección general contra las fuerzas chilenas que habían avanzado hasta el río Malleco. Saavedra puso precio a su cabeza. El "monarca", conocedor de lo transitorio de las alianzas mapuches, no se sintió seguro. Se dirigió a Buenos Aires antes de retornar a Francia, donde sus desvaríos le acarrearon otros juicios criminales. Falleció en completa indigencia. No obstante, la monarquía que fundó aún está en manos de sus herederos.

EL AVANCE AL RÍO MALLECO

Saavedra, luego de obsequiosos parlamentos con los linajes *abajinos*, dijo que "la ocupación de Arauco no nos costará sino mucho mosto y mucha música". Obtuvo consentimiento para fundar Lebu en la costa, cerca de yacimientos de carbón, y llegar con sus tropas hasta el río Bureo, donde erigió Mulchén (1862). Al año siguiente refundó Angol, base para la expansión al Malleco. La construcción de las plazas fuertes de Quidico, Toltén y Queule (1867) le dio dominio sobre el litoral. La línea del Malleco, entretanto, se afianzaba con la erección de ocho fuertes y el establecimiento de Collipulli y Chiguaihue.

Si bien los abajinos prestaban su colaboración, los arribanos resistían la presencia foránea encabezados por el *toqui* Quilapán, cuya sublevación (1868-1871) puso en jaque a los fuertes y acabó con los destacamentos enviados en su contra. Un parlamento celebrado a comienzos de 1871 selló las paces. Saavedra había fundado Lumaco (1869) para poner a cubierto la frontera del Malleco. Los hechos demostraron que la ocupación costaba más que mucho mosto y música al Estado. Éste se transformó en propietario de las tierras enajenadas y desconoció los derechos mapuches sobre las amplias superficies pertenecientes a cada linaje. Sólo les permitieron conservar sectores aledaños a los *ruqueríos*, rompiendo la complementaridad ecológica en que sustentaban su existencia. El resto fue fraccionado y sacado a remate a partir de 1873.

Ferrocarriles, telégrafo, caminos y puentes acompañaban el proceso colonizador, alterando el paisaje y la relación que los mapuches habían mantenido con una naturaleza plagada de ánimas protectoras o malhechoras. El roce indiscriminado acabó con el bosque nativo, dando paso a áreas cultivables y pastizales.

HACIA EL RÍO TRAIGUÉN

La presión por nuevos suelos baldíos, susceptibles de adquirirse del fisco, impulsó el avance, poco antes de la Guerra del Pacífico, de la línea de fuertes hacia Traiguén, labor encomendada al coronel Gregorio Urrutia, quien el 2 de diciembre de 1878 erigió, en sus riberas, el pueblo homónimo. Zapadores a su mando tendían líneas telegráficas junto a caminos y puentes protegidos por fortificaciones. El conflicto del salitre detuvo la tarea. Los soldados fueron enviados al frente norteño y en su lugar llegaron guardias nacionales integradas por campesinos, colonos y algunos oficiales en retiro. Ellos cometieron o toleraron una serie de tropelías, provocando, en 1880, numerosos enfrentamientos que culminaron exitosamente con el asalto nativo a Traiguén (septiembre), preludio de la rebelión general de 1881.

LA ÚLTIMA GRAN RESISTENCIA MAPUCHE

El gobierno, utilizando las tropas que regresaban del Perú, decidió adelantar la línea de fuertes hasta el río Cautín, misión confiada al ministro del Interior, Manuel Recabarren. En febrero de 1881 salió de Traiguén y fue fundando Quino, Quillem, Lautaro, Pillalelbún y Temuco. Este último sufrió un violento ataque de linajes aledaños, conscientes de que quedarían reducidos al pequeño espacio comprendido entre los ríos Cautín y Toltén. Asaltaron los convoyes de carretas, aniquilaron a sus ocupantes y robaron los animales que guiaban. El gobierno encargó la pacificación al coronel Urrutia. Al frente de tropas regulares y cívicas, sofocó la rebelión. Para consolidar la línea del Cautín, dotó de hombres y armamento a los emplazamientos fortificados de Carahue, Nueva Imperial, Temuco, Pillalelbún y Lautaro.

Restaba reocupar las ruinas de Villarrica, destruida en 1602. Urrutia salió en dirección a ellas en diciembre de 1882. Frente al volcán del mismo nombre, en los llanos de Puntué, celebró un parlamento con los lonkos Panchulef y Epulef, a cuyos linajes pertenecían dichas comarcas. Epulef, el 1 de enero de 1883, permitió a Urrutia, en un signo lleno de altivez, ver los despojos de la ciudad cuyos habitantes habían sido exterminados o capturados por sus antepasados. Fue, también, la última manifestación de propiedad comunal en un mundo que dejaba de existir al llenarse de voces extranjeras y de cercos que delimitaban nuevas pertenencias.

DECADENCIA Y RENACIMIENTO DE LA ACTIVIDAD MINERA

A partir de la década de 1860, la producción de plata y oro experimentó un continuo descenso, interrumpido por el descubrimiento de la rica veta argentífera en Caracoles (1870), efectuada por un cateador apodado *Cangalla*, en Sierra Gorda, entre Antofagasta y Calama. Aunque tuvo corta vida, impulsó la creación de diversas sociedades que participaron en la extracción de guano y salitre en las provincias de Antofagasta y Tarapacá. En cambio, el rendimiento del cobre convirtió a Chile en primer productor mundial en 1873. A partir de 1880, su precio en los mercados mundiales bajó considerablemente, al igual que el de la plata. Sin embargo, para esa época el país contaba con las cuantiosas entradas proporcionadas por el nitrato.

La propiedad de las salitreras estaba en manos particulares, pues el gobierno, al terminar la Guerra del Pacífico, decidió entregar las oficinas a quienes detentaban los certificados emitidos por el Perú al expropiarlas. Como este país no canceló sus compromisos, se vendían a muy bajo precio, situación aprovechada por los ingleses John North y Robert Harvey para reunir capitales en el exterior y lograr el control de numerosos yacimientos. No en vano al primero se le llamó el *Rey del salitre*, pues en 1889 los intereses británicos que representaba eran dueños de casi todas las oficinas tarapaqueñas. El Estado sólo recibía un impuesto por quintal exportado. Por eso Balmaceda, a pesar de su ideología liberal, propició la nacionalización de las salitreras.

El estado de la agricultura

La pérdida de los mercados de Australia y California deprimió severamente al sector. El auge minero lo reactivó al tener que suplir requerimientos alimenticios de miles de obreros que laboraban en los yacimientos de carbón, guano y salitre. El mejoramiento de los medios de transporte, sobre todo ferrocarriles y vapores, junto a la introducción de nuevas tecnologías, permitió recuperar las exportaciones hasta la destrucción de la flota mercante y el puerto de Valparaíso en 1866. La ganadería se vio favorecida por un alza en el precio de la carne. Al finalizar el periodo, el país no se autoabastecía de alimentos.

Los vaivenes del dinero y la banca

El conflicto con España obligó a decretar la inconvertibilidad de los billetes de banco. Para financiar los gastos y destrozos de la guerra, el Estado autorizó la emisión de papel moneda no convertible en oro por un monto equivalente a 50% de su capital, que sería aceptado por la hacienda pública, garantía mantenida hasta 1888. El endeudamiento interno del fisco hizo posible financiar la enorme cantidad de obras públicas emprendidas en esta época, gran parte de ellas en infraestructuras viales y de comunicación. Al amparo de estas medidas surgieron nuevos bancos y se fundó la Bolsa de Comercio de Valparaíso. Durante el gobierno de Errázuriz Echaurren la balanza comercial se mantuvo constantemente deficitaria en casi 25%. El temor a una crisis, aumentada por la quiebra de numerosas compañías mineras a consecuencia del bajo precio de los metales, hizo subir la tasa de interés bancario de 8 a 12% anual. En 1878 de nuevo se decretó la inconvertibilidad para evitar la quiebra de bancos que habían emitido más de lo debido a fin de asegurar, con los réditos de sus préstamos, dividendos a los accionistas. El Estado, por su parte, redujo gastos públicos, aumentó las contribuciones, aplicó impuestos indirectos a diversos bienes y redujo, temporalmente, sus sueldos a funcionarios fiscales. El término de la guerra del Pacífico generó ingresos que afirmaron la economía y estabilizaron el valor de la moneda.

El espíritu liberal del periodo se reflejó en el Código de Comercio, que comenzó a regir en 1867, y en el Código de Minería (1875), modificado en 1888.

LAS OBRAS PÚBLICAS

Gran parte de las inversiones estatales se orientó a la extensión de las vías férreas, el telégrafo, caminos y puentes; sobresalió en este aspecto, el viaducto del Malleco. Se levantaron edificios como el de la Universidad de Chile, la Escuela Militar y Naval, el Palacio del Congreso Nacional, la Escuela de Medicina, la Escuela de Artes y Oficios, el Internado Nacional y la Cárcel de Santiago, entre otros, además de cientos de escuelas y liceos a lo largo del país. Se debió, por otra parte, reconstruir Valparaíso y habilitar nuevos puertos, como el dique seco de Talcahuano. Tan intensa actividad obligó a crear el Ministerio de Obras Públicas (1887).

Para fomentar la agricultura se abrieron canales, lo que mejoró el rendimiento de las tierras, especialmente en el valle del Maipo, donde se plantaron cepas francesas que impulsaron el desarrollo de la industria viti-vinícola. En 1869 se celebró la primera Exposición Agrícola, donde se exhibieron maquinarias y animales traídos desde Europa. A ella siguió, en 1875, la Exposición Internacional, para la cual se levantó un edificio especial en la quinta Normal. Hoy alberga al Museo Nacional de Historia Natural.

La modernización de Santiago fue fundamentalmente obra de Benjamín Vicuña Mackenna, quien desde su cargo de intendente la dotó de dos hermosos paseos: el Cerro Santa Lucía y el Parque Cousiño, hoy O'Higgins, además de crear nuevos núcleos urbanos.

LA NUEVA ESTRUCTURA DE LA SOCIEDAD

La minería fue, sin duda, el mayor agente de cambio social en el periodo. Sus dueños, ligados a la banca y al comercio, se constituyeron una burguesía liberal y radical en lo político, muy opuesta a la rancia aristocracia conservadora, con la cual terminarían fusionándose al abolirse los mayorazgos y ampliarse la propiedad territorial agrícola a raíz de la colonización y la incorporación de la Araucanía. Así, surgiría la oligarquía chilena, cuyo gusto por el lujo y la ostentación se refleja en los palacios que levantó en el centro de las ciudades y en las casas de campo mantenidas en sus afueras. Socialmente se reunían en clubes como el de la Unión, en Santiago, el de Concepción o Viña del Mar, e hipódromos.

Al amparo del Estado comenzaron a formarse los grupos medios: profesionales universitarios, oficiales de las fuerzas armadas, pequeños comerciantes, empleados públicos, dependientes y artesanos calificados. Su afán de superación encontró respuesta en la educación pública gratuita a la que tenían acceso sus hijos, quienes tratarían de asimilar los modos y costumbres de la oligarquía. Los más destacados ingresarían en ella mediante matrimonios que los beneficiaban mutuamente.

Las capas bajas laboraban en las industrias, puertos y oficios menores. De ahí saldría el proletariado urbano con mentalidad distinta al obrero minero o campesino. Quienes lograron seguir la enseñanza regular se transformarían en líderes para encabezar las luchas por reivindicaciones sociales.

LA ENSEÑANZA

En los últimos años del periodo se fundaron cientos de escuelas primarias, cuyos maestros egresaban de Escuelas Normales. La instrucción era gratuita aunque no obligatoria. No obstante, los sectores medios que estaban surgiendo se preocupaban por matricular a sus hijos en ellas. Las órdenes religiosas y algunos particulares mantenían escuelas privadas. Aprendían las primeras letras en el silabario elaborado por Claudio Matte. El total de alumnos llegaba a 100 000, en una población que, según el censo de 1885, alcanzaba 2 507 000 habitantes.

La enseñanza secundaria se impartía en liceos fiscales o colegios particulares, abiertos a hombres y mujeres. A fin de contar con profesores idóneos, se creó en 1889 el Instituto Pedagógico, cuyos primeros profesores fueron contratados en Alemania, siguiendo la generalizada tendencia del periodo de germanizar algunos sectores de la enseñanza civil y militar. Los planes de estudios estaban estructurados en forma concéntrica, y se impartían en dos ciclos de tres años cada uno. Tenía una matrícula cercana a los 8 000 alumnos.

En la enseñanza superior, la Universidad de Chile desde 1879 fue convertida en centro docente, aunque continuó supervisando la educación en general. A partir de entonces, el Instituto Nacional se transformó en liceo. Dos años antes se había permitido el ingreso de mujeres a sus aulas. La primera egresada fue Eloísa Díaz, médica cirujana (1887). A instancias del arzobispo Casanova nació la Universidad Católica de Chile (1888), cuyos alumnos rendían exámenes ante su similar estatal. Al finalizar 1891, en conjunto ambas instituciones tenían 371 educandos.

LA LITERATURA

En la corriente costumbrista destacaron José Joaquín Vallejos y Daniel Barros Grez. Sin embargo, el autor de mayor resonancia fue el diplomático Alberto Blest Gana, cuyas obras *Martín Rivas, El ideal de un calavera, Los trasplantados, Durante la reconquista* o *El loco Estero* son vívidas recreaciones de la sociedad, con las virtudes y defectos de sus grupos característicos. Sobresalen también los autobiográficos *Recuerdos del pasado* de Vicente Pérez Rosales.

En poesía, Guillermo Blest Gana y Eduardo de la Barra constituyen las figuras más destacadas del periodo. Romántico, con un sentimentalismo erótico el primero, y racional el segundo.

La historia fue el género que continuó predominando, por su calidad y cantidad, en la producción literaria. Diego Barros Arana escribió una monumental *Historia general de Chile*, en 16 volúmenes, además de numerosos textos para la enseñanza secundaria. Los hermanos Gregorio Víctor y Miguel Luis Amunátegui compusieron tratados de indudable mérito en la historiografía nacional; al segundo se deben, entre otros,

Descubrimiento y conquista de Chile, Los precursores de la In-dependencia de Chile y *La dictadura de O'Higgins.* Más pro-lífico fue el multifacético Benjamín Vicuña Mackenna. Su *Historia de Santiago, El ostracismo de los Carrera, El ostracismo de O'Higgins* y *Don Diego Portales* muestran tal pasión que termina transformando en héroes a los pro-tagonistas de sus estudios. El arzobispo Crescente Errázuriz dedicó varios tomos a los primeros años de la conquista de Chile. Ramón Sotomayor Valdés publicó una interesante *Historia de la administración del general Prieto.* José Toribio Medina inició, en este periodo, su valiosa y erudita producción histórica con *Los aborígenes de Chile* e *Historia de la literatura colonial de Chile,* al igual que Gonzalo Bulnes, autor de *La expedición libertadora del Perú.*

LA PRENSA

La *Revista del Pacífico, La Estrella de Chile* y la *Revista chilena* acogían en sus páginas trabajos de literatos y ensayistas pertenecientes a la generación de 1842 y a sus discípulos. Los *Anales de la Universidad de Chile* pu-blicaban estudios elaborados por su cuerpo docente. La *Revista Católica* y *El Estandarte Católico* encendían po-lémicas durante las luchas ideológicas. También tenían ediciones algunas agrupaciones profesionales y gre-miales. Los vaivenes políticos daban vida a efímeros periódicos. La prensa seria estaba representada por *El Ferrocarril* de Santiago y *El Mercurio* de Valparaíso. En Concepción circulaban *La Tarántula,* llamada después *Revista del Sur* y *El Republicano.* En Los Ángeles *El Bio-bío, El Civilista* y *El Meteoro;* en Chillán, *La Discusión de Chillán;* en Angol, *El Eco del Sur, El Colono* y *El Malleco.* La prensa provinciana, salvo escasas excepciones, re-producía artículos de la de Santiago o Valparaíso.

De la Academia de Bellas Artes surgieron los más notables pintores del periodo: Antonio Smith se apegó al clasicismo de las formas; Antonio Caro plasmó en sus telas aspectos de la vida popular; su cuadro más famoso es *La Zamacueca*, cuyo colorido va a la par con la perfección del dibujo y las expresiones faciales. Pedro Lira descolló en el paisajismo y los temas de inspiración histórica, al igual que Ramón Subercaseaux, Alfredo Hesby, Onofre Jarpa, Alfredo Valenzuela Puelma, Alberto Valenzuela Llanos y Juan Francisco González.

En escultura sobresalieron Nicanor Plaza, autor de la bella estatua de Caupolicán, y Virgilio Arias.

La ópera acaparaba la atención de los asiduos al Teatro Municipal, donde en la década de 1880 se montaron dramas musicales de Wagner: *Lohengrin* y *Tanhäuser*. Ellas inspirarían al compositor Eliodoro Ortiz de Zárate.

Las tablas poseían una sala en Santiago: el Teatro Nacional y dos en Valparaíso: el Teatro Cómico y El Café del Comercio, donde se presentaban obras traducidas, pues la dramaturgia nacional se hallaba en pañales. En 1886 visitó el país la Compañía de Sara Bernhardt, presentando el drama *La dama de las camelias* que tuvo gran aceptación en el ámbito artístico.

X. EL RÉGIMEN PARLAMENTARIO
(1891-1925)*

Crisis de la sociedad liberal

La oligarquía, que había disfrutado los poderes económicos y políticos durante el periodo anterior, viéndose profundamente afectada por los sucesos posteriores a la guerra civil de 1891, se sumió en un estado de paroxismo social, económico y político. La prosperidad gozada fue frenada por el cambio del sistema de gobierno y por las crecientes demandas de las capas medias y del proletariado que, en los primeros decenios del siglo XX, encontraron cauce adecuado para canalizar inquietudes y anhelos de reformismo democrático. El Estado no permaneció indiferente a ellas y terminó por aceptar una nueva constitución que reprimió los excesos del parlamentarismo. La oligarquía, dueña de la minería, la banca y el comercio, perdió muchos de sus privilegios al crearse el Banco Central. Su influencia disminuyó a medida que crecía una pujante clase media.

El desequilibrio de los poderes públicos

Las reformas a la ley electoral impidieron al Ejecutivo desempeñar el papel de "gran elector", interviniendo en los comicios. La gran masa de ciudadanos, indiferentes

* Éste y los siguientes capítulos se han redactado en colaboración con el profesor Fernando Ramírez Morales.

al proceso político, vendió su voto al mejor postor. Ello permitió que la oligarquía asumiese el papel adoptado por el gobierno. Sus miembros dominaron la política cohechando al proletariado en los campos, yacimientos minerales, industria y comercio. Llegados al Legislativo, desarrollaron un juego de alianzas y coaliciones dedicado más a imponer sus intereses que a resolver problemas, y constituyeron momentáneas mayorías a fin de derribar gabinetes cuando el Ejecutivo no aceptaba sus designios. Ello gracias a que los vencedores de la guerra civil dieron a las disposiciones constitucionales un sentido ultraparlamentario: las leyes periódicas y la censura a los ministros se aplicaron careciendo el presidente de facultades para disolver el Congreso y sin que éste lo eligiese. De ahí su dependencia de aquellas pasajeras uniones partidistas, tendientes a formar bloques como la Alianza Liberal, Coalición o Unión Nacional, para obtener la mayoría en un Parlamento donde tampoco el Ejecutivo tenía injerencia por efecto de la ley de incompatibilidades, y que, además, podía obstaculizar indefinidamente sus proyectos de ley al no preverse la clausura del debate en los reglamentos de ambas cámaras.

LOS PARTIDOS POLÍTICOS

El Partido Liberal se había segmentado al paso del tiempo. La convención de 1893 asoció a los antiguos liberales con los nacionales durante casi tres años. Al formar éstos tienda aparte, surgieron tres grupos: liberales doctrinarios, ligados a la Alianza Liberal; liberales, afectos a coligarse con conservadores, y liberales independientes, oligarcas elegidos por su poder económico. Los liberales democráticos, antiguos balmacedistas, funcionaban como partido autónomo (1894).

257

El Partido Conservador mantuvo su poderío por el apoyo prestado a la Iglesia. Católicos de todas las capas sociales pertenecían a sus filas, lo cual les proporcionaba gran poderío electoral, especialmente en las áreas rurales.

El Partido Radical atraía a profesionales de clase media, magisterio y elementos educados en liceos fiscales. Laico en lo doctrinario, estuvo estrechamente vinculado a la masonería. El Partido Democrático, nacido de una rama, escindida en 1887, del radicalismo, aglutinaba en lo esencial a obreros, mineros y pequeños artesanos. De él se desprendería un importante grupo para fundar el Partido Obrero Socialista (1912) y luego el Comunista (1922).

Liberales doctrinarios, demócratas y radicales dieron vida a la Alianza Liberal que eligió presidente a Germán Riesco (1901-1906) y a Arturo Alessandri Palma (1920-1925).

La coalición, integrada por conservadores, liberales y nacionales, elevó a la primera magistratura a Federico Errázuriz Echaurren (1896-1901) y a Juan Luis Sanfuentes (1915-1920).

La Unión Nacional, compuesta por nacionales, radicales y grupos liberal-conservadores, triunfó con Pedro Montt (1906-1910).

Los otros presidentes del periodo, Jorge Montt (1891-1896) y Ramón Barros Lucos (1910-1915), no tuvieron opositores.

LA INERCIA GUBERNATIVA

El predominio del Parlamento sobre el Ejecutivo obligó a éste, de hecho, a orientar la política con las censuras al gabinete, originando permanentes crisis ministeriales. Entre 1891 y 1920, en seis gobiernos hubo 85 cambios de ministerio y pasaron por ellos 348 secretarios de Estado. En esas condiciones era imposible elaborar planes a largo plazo y la actividad política se redujo a luchas para obtener el apoyo de mayorías circunstanciales en ambas cámaras del Congreso. Asuntos sin mayor trascendencia focalizaban las discusiones públicas. Ilustra esta situación la famosa frase del presidente Barros Luco: "No hay sino dos clases de problemas en política: los que se resuelven solos y los que no tienen solución". A él se atribuye también la afirmación de "que los más serios asuntos de Estado los resolvía dormitando".

LA CRISIS DEL CENTENARIO

En el año 1910, en medio de las suntuosas celebraciones conmemorativas de los cien años de Independencia, organizadas por la oligarquía gobernante, se alzaron voces entre intelectuales y miembros de la naciente clase media denunciando duramente la ineficacia administrativa y el conjunto de conflictos que afectaban a la sociedad chilena: creciente movilización del proletariado minero, efervescencia estudiantil, alcoholismo, falta de programas de educación, salud e higiene públicas, y absoluta indiferencia hacia la llamada cuestión social.

Alejandro Venegas, joven profesor de Talca, envió, con el seudónimo de doctor Valdés Canje, una serie de cartas al presidente Pedro Montt delatando, descarnadamente, el submundo del proletariado, los abusos y la corrupción política. Publicadas con el título *Sinceridad: Chile íntimo en 1910*, provocaron tal escándalo en los círculos conservadores que se dieron a la tarea de identificar al autor para castigar su osadía.

En 1911 Francisco Antonio Encina publicó *Nuestra*

inferioridad económica, señalando que el escaso espíritu de trabajo, el despilfarro y el bajo nivel educativo de la población eran las causas de la postración en que se debatía el país, acentuadas por la falta de un sentido nacional debido a la extranjerización de las costumbres y a la entrega de la patria a intereses económicos foráneos. Críticas similares contenían las obras de Alberto Edwards Vives, *La fronda aristocrática; La raza chilena,* de Nicolás Palacios, y *Ricos y pobres,* de Luis Emilio Recabarren, fundador del Partido Comunista en Chile.

Fin del consenso

El generalizado descontento contra el régimen parlamentario se expresaba en la prensa, o mediante huelgas, manifestaciones populares y surgimiento de partidos obreros. Al mismo tiempo, entraba en acción la clandestina Liga Militar, integrada por oficiales y civiles de ideas nacionalistas y populistas, anticipo de la intervención castrense en política a partir de 1924. Ellas marcaban la creciente dicotomía entre el quehacer de la oligarquía gobernante y las demandas públicas.

Las reformas a la ley electoral y de municipalidades

El cohecho y el fraude alcanzaron su punto culminante en el gobierno de Barros Luco. El Congreso dictó una ley (1914) ordenando abrir nuevos registros electorales, renovables cada nueve años; instituyendo el secreto del sufragio; la instalación de mesas únicas de votación y la prohibición de detener a ciudadanos que no habían ejercido sus derechos, en las puertas de los locales electorales. Éstas y otras disposiciones referentes al escrutinio y la pérdida de tutela que ejercían los alcaldes sobre los registros de votantes limitaron la intervención electoral, lo que se reflejó en un aumento de votos en favor de los partidos Radical y Demócrata, fortaleciendo a la Alianza Liberal. Al abrigo de dichos preceptos triunfó el candidato a senador por Tarapacá, región tradicionalmente reducto conservador, Arturo Alessandri Palma, en las parlamentarias de 1915, marcando el inicio del derrumbe del viejo sistema político.

Innovaciones en las campañas presidenciales

El proceso anterior hizo variar el estilo y la forma en que se designaban los candidatos a la primera magistratura. La repercusión de la Guerra Mundial de 1914 sobre la industria salitrera, el constante aumento demográfico y de la población urbana, junto al lento crecimiento económico del periodo, estimado en 1% anual, trajeron al tapete político temas que hasta entonces la oligarquía, encerrada en salones familiares y clubes, había desdeñado: las cuestiones sociales.

El candidato, transformado en jefe de su propia campaña, debía salir en giras, exponiendo sus ideas y programas en reuniones animadas por desfiles de simpatizantes. De repente, estallaban vehementes luchas juveniles —primordialmente entre conservadores y radicales—. Las autoridades se vieron obligadas a reforzar el resguardo policial en los sitios de concentración. Ello, no obstante, representaba una incipiente manifestación democrática que buscaba dejar en manos del pueblo las decisiones tomadas antes por cúpulas partidistas o grupos de amigos.

La clase media de cuello y corbata, los obreros organizados en la Federación Obrera de Chile (FOCh) y los universitarios de la Federación de Estudiantes de Chile (FECh), creada en 1907, fueron las noveles fuerzas incorporadas al quehacer político. Los primeros, aglutinados en torno de los partidos Liberal y Radical; los dos últimos participando, mancomunadamente, en mítines y protestas violentas por el alza del costo de la vida y por la falta de soluciones a los problemas sociales. De allí saldrían los bisoños cuadros dirigentes que pondrían en marcha el proceso que habría de terminar con el parlamentarismo.

LA ELECCIÓN PRESIDENCIAL DE 1920

La Alianza Liberal presentó la candidatura del senador Arturo Alessandri Palma, apodado *el León de Tarapacá*, y la Unión Nacional postuló a Luis Barros Borgoño. El programa alessandrista proponía reformas de carácter social y político, como dictar leyes laborales, establecimiento del impuesto a la renta, reforma tributaria, creación del Banco Central, robustecimiento del Poder Ejecutivo, separación de la Iglesia y el Estado, ley de instrucción primaria obligatoria y equilibrar la condición legal de la mujer. Eso y su fogosa y populista oratoria le valieron la adhesión de los sectores más postergados de la nación, la querida chusma, como la llamaba, mientras arremetía contra la canalla dorada unionista que lo acusaba de querer desatar una lucha de clases.

El resultado de la votación fue estrecho. Por no obtener mayoría absoluta el Congreso, con predominio derechista, debía, constitucionalmente, proclamar al mandatario. El temor a provocar una explosión popular y de no contar con el apoyo de una parte del ejército les impidió dar por elegido a Barros Borgoño. Los propios dirigentes de la Unión propusieron constituir un tribunal de honor que determinase, en conciencia, quién tenía "mejor derecho" a ocupar el cargo. Los candidatos y el Congreso se comprometieron a acatar el fallo que, en definitiva, favoreció a Alessandri.

LOS ÚLTIMOS ESTERTORES DEL PARLAMENTARISMO

Aunque la Alianza Liberal tenía una indisciplinada mayoría en la Cámara, la Unión Nacional dominaba el Senado, impidiendo con censuras al gabinete, que el mandatario llevase a cabo su programa de gobierno; 16 cambios ministeriales, en menos de cuatro años, demuestran la cerrada oposición del Parlamento a cualquier tipo de iniciativa. En enero de 1924 las dos coaliciones acordaron emprender una serie de reformas, entregándole sólo a la Cámara de Diputados la facultad de censurar gabinetes, fijar una dieta parlamentaria, establecer nuevo quórum para sesionar, decretar la clausura del debate por simple mayoría y despachar la ley de presupuesto por lo menos 40 días antes de que empezara a regir. Alessandri designó un ministerio con representantes de ambas fuerzas políticas para garantizar la rápida discusión de las reformas, pero tuvo corta duración.

El presidente intervino en las elecciones parlamentarias de marzo, realizando una gira por el sur del país. Solicitó a la ciudadanía que le diese mayoría en el Parlamento para sancionar los proyectos presentados. Los candidatos oficialistas obtuvieron un amplio triunfo.

Sin embargo, querellas internas de la Alianza Liberal y el déficit fiscal impidieron aprobar las reformas, con excepción de la que establecía la dieta o sueldo de los congresistas (septiembre de 1924), ante la indignación popular.

EL RUIDO DE LOS SABLES Y EL PRONUNCIAMIENTO MILITAR DEL 5 DE SEPTIEMBRE

Las dificultades económicas por las que atravesaba el erario nacional habían detenido el Decreto-Ley que mejoraba los sueldos de los funcionarios públicos y de las fuerzas armadas. Un grupo de jóvenes oficiales de la guarnición de Santiago asistió, en señal de muda protesta, a la sesión del Senado que debatía la dieta (3 de septiembre). Exhortados a abandonar la galería, se levantaron haciendo sonar sus sables contra el suelo.

Al día siguiente constituyeron un Comité Ejecutivo Militar y el día 5 enviaron una comisión a entrevistarse con el presidente. Acordaron obtener del Congreso la rápida aprobación de las leyes que otorgaban mayores recursos a la hacienda nacional, aumentaban los sueldos, y otras de orden social. Se formó, además, un nuevo gabinete, con el general Luis Altamirano en el Ministerio del Interior. El 8 de septiembre el Parlamento sancionó los 16 proyectos que se le presentaron. El Comité Militar, en abierta rebeldía, continuó funcionando y exigió la disolución del Congreso. Alessandri, sobrepasado por las circunstancias, se refugió en la embajada de los Estados Unidos y envió su renuncia al Senado; como no la aceptó, el mandatario insistió. Con acuerdo de la Cámara, se le concedió licencia para ausentarse durante seis meses del país.

El general Altamirano asumió la vicepresidencia de

la república e instauró una Junta de Gobierno integrada por él, el general Juan Pablo Bennet y el almirante
Francisco Nef (11 de septiembre). Las fuerzas armadas
tomaron la totalidad del poder al decretar de inmediato
el cierre del Congreso y aceptar la renuncia del presidente. Así, el 12 de septiembre de 1924, quebrantan-
do el régimen constitucional, terminaba también el
sistema parlamentario y cl predominio político de la
oligarquía.

LA JUNTA DE GOBIERNO Y EL COMITÉ MILITAR

La Junta se identificó con los intereses oligárquicos, in-
clinándose hacia la Unión Nacional, mientras el Comité Militar, presidido por el teniente coronel Bartolomé
Blanche, era de tendencia alliancista. Esta discrepancia
lo hizo calificar de reaccionaria a la Junta, acusándola
de no cumplir los compromisos contraídos. Uno de
ellos era convocar a elecciones para una Asamblea
Constituyente. En respuesta, la Junta llamó a elecciones parlamentarias y presidenciales para el 10 de mayo
de 1925.

EL PRONUNCIAMIENTO MILITAR DEL 23 DE ENERO DE 1925

La oligarquía, aglutinada en la Unión Patriótica, proclamó la candidatura de Ladislao Errázuriz, segura de
triunfar en las elecciones. La Alianza Liberal reaccionó
iniciando una campaña para llamar de regreso a Arturo Alessandri. A ella se plegó un grupo de oficiales del
ejército, quienes, acompañados de un piquete de soldados, se apoderaron del Palacio Presidencial y arrestaron
a los miembros de la Junta. Nombraron otra, integrada

por Emilio Bello Codesido, el general Pedro Pablo Dartnell y el almirante Carlos Ward, que designó un ministerio compuesto por amigos personales de Alessandri, enviándole un telegrama a Roma solicitándole que regresara a terminar su periodo constitucional. El 20 de marzo era recibido en Santiago.

Fin del gobierno de Alessandri

Disuelto el Congreso, el presidente gobernó mediante decretos-leyes. El 7 de abril designó una Comisión Consultiva para que se pronunciara sobre un proyecto de nueva Carta Fundamental, preparada por él y sus ministros. En agosto dictó otro decreto fundando el Banco Central con base en un estudio preparado por el economista estadunidense Edwin Walter Kemmerer, destinado a monopolizar la emisión de moneda, regular el circulante y el crédito, evitando la desvalorización del peso y el incremento de los precios. Modificó la ley de elecciones y creó juntas permanentes encargadas de llevar los registros ciudadanos y designar, por sorteo, los vocales de cada mesa receptora. Así, el gobierno dejó de tener injerencia en dicho proceso. Se adoptó el sistema de votación proporcional, con cifra repartidora.

Las elecciones presidenciales se debían realizar el 24 de octubre. Hacia el mes de septiembre no se perfilaba ninguna postulación, razón por la cual Alessandri sugirió que los diferentes partidos apoyasen a un candidato único, ajeno al gobierno. Inesperadamente, un sector militar y de civiles propuso la candidatura del ministro de Guerra y Marina, coronel Carlos Ibáñez del Campo. El mandatario, deseando respetar la abstención electoral del Ejecutivo, le solicitó la renuncia. Ibáñez, que no veía incompatibilidad entre la nominación y el cargo, se negó a hacerlo, precipitando la dimisión del gabinete. Alessandri conformó otro con Luis Barros Borgoño como ministro del Interior y renunció en forma irrevocable a la presidencia (1 de octubre). Al día siguiente, el coronel Ibáñez citó a los presidentes de los partidos políticos y les anunció que si se ponían de acuerdo en un candidato de consenso, él retiraría su postulación. Por unanimidad propusieron a Emiliano Figueroa Larraín.

La Constitución de 1925

La nueva Carta Fundamental fue de marcada tendencia presidencialista, dándole atribuciones al Ejecutivo —cuyo mandato fue ampliado a seis años, elegido en votación directa— para concurrir a la formación de las leyes, sancionarlas y promulgarlas; dictar los reglamentos, decretos e instrucciones que estimase convenientes para la ejecución de las leyes; prorrogar las sesiones ordinarias del Congreso y convocarlo a extraordinarias. Los ministros de Estado pasaron a ser de su exclusiva confianza. Eliminó las leyes periódicas y estableció plazo para decidir sobre el presupuesto general de la nación.

Reconoció como ciudadanos a todos los chilenos varones, mayores de 21 años, que sabiendo leer y escribir se hallasen inscritos en los registros electorales.

Consagró la separación de la Iglesia y el Estado y limitó el derecho de propiedad en favor de los intereses generales del Estado, de la salud ciudadana y de la salubridad pública. Creó un Tribunal Calificador de Elecciones y proporcionó las normas para modificarlas. Con el tiempo, la gran cantidad de reformas introducidas la tornaron inoperante.

La virulencia desatada después de la guerra civil de 1891, especialmente en las ciudades, afectó a muchos comerciantes extranjeros. Recurrieron a sus embajadores para solicitar indemnizaciones. Las más importantes provenían de mercaderes ingleses. Para solucionarlas se creó el Tribunal Arbitral Anglo-Chileno, compuesto por tres miembros: un representante de cada Estado y un tercero neutral. Con otros países se llegó a transacciones satisfactorias para ambas partes. En todos los casos se trató de aplicar la norma internacional de que "los gobiernos no son responsables de los perjuicios ocasionados a extranjeros a causa de cualquiera conmoción interior, cuando la autoridad constituida ha hecho lo posible por evitarlo".

EL EPISODIO DEL "BALTIMORE"

En octubre de 1891, tripulantes de dicha nave de guerra estadunidense desembarcaron en Valparaíso buscando diversión. Se enfrentaron, en riña callejera, con obreros, a consecuencia de la cual murieron dos marinos y quedaron muchos heridos. Un hecho delictivo, común en los puertos, se convirtió en conflicto internacional al solicitar el representante de los Estados Unidos explicaciones y las correspondientes compensaciones económicas al gobierno de Chile. Un telegrama del Ministerio de Relaciones Exteriores al agente de Chile en Washington, redactado en términos poco diplomáticos, pidiéndole protestar por las expresiones utilizadas por el Presidente de ese país en referencia al suceso, fue el pretexto para presentar un ultimátum a Chile: o retiraba las palabras objetadas y pagaba la indemnización, o se rompían las relaciones. El gobierno cedió a la exigencia.

PROTOCOLO ACLARATORIO AL TRATADO DE LÍMITES CON ARGENTINA

Al demarcarse la frontera según los principios establecidos en el acuerdo de 1881, se comprobó que en algunos sectores no coincidían las más altas cumbres con la división de las aguas. Los peritos argentinos señalaron que en tales casos debía prevalecer el principio de las más altas cumbres; los chilenos argumentaban la divisoria de las aguas. Para solucionar la divergencia se convino un protocolo, fijando normas para trazar los lindes, reafirmando que serían de dominio perpetuo argentino todas las tierras al oriente de las más altas cumbres divisorias de aguas, y chilenas las que estaban al occidente de ellas (1893).

EL PACTO DE ARBITRAJE

Como aún subsistían discrepancias en el trazado de la línea divisoria, en 1896 se firmó un pacto estableciendo que cualquier desacuerdo entre los peritos de ambos países sería sometido al arbitraje de Su Majestad británica, quien debía "aplicar estrictamente" las disposiciones del tratado de 1891 y del protocolo de 1893. El compromiso excluyó los territorios al norte del Paso de San Francisco. En virtud de él, fueron sometidos a arbitraje reclamaciones sobre el hito de San Francisco, la hoya del río Lacar, la región entre el paso Pérez Rosales y el monte Fitz Roy y la del Seno de Última Esperanza (1898). La sentencia fue dictada por Eduardo VII el 20 de noviembre de 1902. Lacar quedó para Argentina y el resto para Chile.

La disputa por la puna de Atacama

Argentina venía exigiendo la entrega de este territorio, que se encontraba sobre los 4 000 m de altura, entre los paralelos 22°54' y 26° 52' 45'' de latitud sur, pertenecientes a la jurisdicción de San Pedro de Atacama, en posesión de Chile desde la reivindicación de la provincia de Antofagasta. Parte de ella había sido cedida a Argentina por Bolivia en el tratado de límites suscrito en 1889. Ese año la controversia por la puna había llegado a su estado más crítico y se temió el estallido de una guerra. El presidente Errázuriz Echaurren decidió constituir una comisión, presidida por el cónsul de los Estados Unidos en Buenos Aires, William Buchanan, y un representante de cada nación, Enrique Mac Iver, por Chile, y José Evaristo Uriburu, por Argentina, a fin de que se abocasen a buscar una solución al problema. Buchanan trazó una serie de líneas rectas en la zona disputada, dejando la mayor parte en territorio argentino (1899).

El abrazo del estrecho

Una vez entregadas a arbitraje las cuestiones en querella, el presidente Errázuriz se reunió con Julio Roca, mandatario argentino, en Punta Arenas, manifestando públicamente los deseos de paz y amistad entre los Estados hermanos (15 de febrero de 1899).

270

Los pactos de mayo de 1902

A pesar de estos arreglos, subsistían sectores belicistas en ambos países que consideraban un despojo ilegítimo a sus territorios los acuerdos firmados. A fin de desterrarlos, el representante de Argentina en Chile, José Antonio Terry, y el presidente Riesco firmaron, el 28 de mayo, tres pactos: el Acta Preliminar, en la que los transandinos manifestaban que no tenían intenciones de inmiscuirse en los asuntos internos o externos de los países del Pacífico; el Tratado General de Arbitraje, mediante el cual se obligaban a entregar a la decisión de Su Majestad británica todas las controversias que surgiesen. El árbitro debía ceñirse a los principios del derecho internacional. Su sentencia sería definitiva y el cumplimiento quedaría entregado al honor de las dos naciones; y la Convención sobre Limitación de Armamentos Navales, comprometiéndose a disminuir sus escuadras hasta llegar a una equivalencia naval y a no adquirir nuevos barcos por el plazo de cinco años. Este se considera el primer tratado en el mundo sobre limitación de armamentos navales.

El tratado de paz con Bolivia

El Acta Preliminar anuló las pretensiones bolivianas de contar con la intervención argentina en la "cuestión del Pacífico", y decidió firmar el Tratado de Paz definitivo con Chile (20 de octubre de 1904), en Santiago. Reconoció el dominio absoluto y perpetuo de Chile sobre los territorios entre la desembocadura del río Loa y el paralelo 23°; Chile se comprometió a construir un ferrocarril entre Arica y La Paz, inaugurado en 1913, a entregarle 300 000 libras esterlinas, y 6 millones de pesos oro de 18 peniques, reconociéndole el más amplio y libre derecho de tránsito por el territorio nacional y la facultad de establecer agencias aduaneras en Arica y Antofagasta.

El Tratado abc

En 1915, Argentina, Brasil y Chile resolvieron formar una Comisión Permanente para estudiar cualquier conflicto que no estuviese sujeto a arbitraje con objeto de dirimirlo pacíficamente.

La transformación de la sociedad

El triunfo de los sectores conservadores y parlamentaristas en 1891 los hizo asumir, en forma excluyente, la dirección del país. Se consideraban a sí mismos los únicos capaces de mantener el crecimiento interno generado por la riqueza salitrera. El sentimiento de clase superior, exteriorizado en su rígida y despectiva relación con los otros grupos sociales, generó un sentimiento colectivo de actitudes, componentes del "modo de ser aristocrático": apellido, dinero y ocio. Vivían de sus rentas agrícolas, pasando gran parte del año en Europa, adquiriendo artículos suntuarios. Les enorgullecía participar en clubes y fiestas cortesanas. La vieja aristocracia, austera y rural, era desplazada por una oligarquía amante del lujo y la moda. Expresión de ello eran sus palacios afrancesados en el centro de Santiago, donde se concentraban casi 300 familias que conformaban esa élite. Aún están en pie mansiones de aquella época: los palacios Cousiño, Irarrázabal, Íñiguez, y la mansión Edwards en Santiago.

La clase media comenzó a forjarse en el último tercio del siglo XIX gracias al mejoramiento de la educación fiscal y a la ampliación de la administración estatal, cuya mayor cantidad de ministerios y servicios públicos requirió empleados letrados. Otra fuente de ascenso social fueron las fuerzas armadas, profesionalizadas por instructores prusianos, con cuadros permanentes de oficiales y suboficiales. También el comercio y las salitreras contribuyeron a ese resurgimiento. Los miembros de esta clase eran tratados con desprecio por la oligarquía, tildándolos de *siúticos*, aludiendo a su peculiar manera de ser. Identificados con los partidos Radical y Liberal, adoptaron una vestimenta característica, habitaron en barrios típicos, se adhirieron, en gran parte, a la masonería y elaboraron un ideario político y social que se manifestó con claridad a partir de 1920.

El proletariado fue una clase heterogénea formada por el incremento de las actividades mineras e industriales, el crecimiento demográfico y la mayor capacidad de absorción de mano de obra en las ciudades, que promovieron una emigración de las áreas rurales hacia Santiago, Valparaíso y Concepción. El contingente campesino se estableció en los arrabales citadinos, viviendo en *tolderíos* sin agua potable, alcantarillado, atención médica ni escuelas, en medio del mayor abandono y pobreza. Cólera, tifus y viruela los azotaban continuamente. Su tasa de mortalidad infantil llegaba, en los primeros decenios del siglo XX, a 300 por mil.

Hacinamiento, cesantía y desazón incubaban otros males como alcoholismo, prostitución y delincuencia. Para combatirlos, los primeros líderes populares organizaron *mutuales* y sociedades de socorro, aspirando a que los propios afectados lucharan por salir del estado de postración en que se hallaban. La insensibilidad de gobernantes y promesas nunca cumplidas conspiraban, no obstante, contra la solución a sus problemas. Debieron esperar casi 20 años la ley de instrucción primaria obligatoria y las leyes sociales reclamadas por sus dirigentes. Debido a ello, pasaron de la solidaridad entre iguales a tomar conciencia política, formando sindicatos y llamando a huelgas parciales o generales en pro de demandas económicas y sociales.

Los censos del periodo arrojaron los siguientes resultados:

Año	Habitantes
1895	2 712 145
1907	3 249 279
1920	3 753 799

LA CUESTIÓN SOCIAL

Entre 1890 y 1915 hubo más de 350 huelgas, "ilegales" según las normas vigentes, y reprimidas, por tanto, con distintos grados de violencia. La más temprana manifestación de lucha social fue la huelga en 1903 de los obreros de las compañías de vapores de Valparaíso (12 de mayo de 1903) en demanda de mejores salarios. Durante el choque con la fuerza pública saquearon numerosos locales comerciales, atacaron el edificio de *El Mercurio* e incendiaron el de la Compañía Sudamericana de Vapores. Fallecieron más de 30 huelguistas y hubo dos centenares de heridos. En 1905 estalló la *huelga de la carne* (22-23 de octubre), como medio de presión al gobierno para que derogase el impuesto a la importación de ganado argentino a fin de abaratar el precio de ese producto en Chile.

El 6 de febrero de 1906, obreros del puerto de Antofagasta, las salitreras y el ferrocarril a Bolivia, encabezados por el tipógrafo Luis Emilio Recabarren, se lanzaron a la huelga procurando aumento en sus jornales y en el tiempo de merendar. Luego de incendiar algunos inmuebles, fueron reducidos por las fuerzas armadas. Las mismas apaciguaron a los mineros del salitre en Iquique que exigían liberarse de las obligadas compras en las *pulperías* establecidas en cada oficina, mayores medidas de seguridad laboral y el pago en monedas de 18 peniques en lugar de fichas. El gobierno, sin desconocer lo justo de las peticiones, trató de evitar que el conflicto adquiriese dimensiones internacionales debido a que las salitreras pertenecían a capitalistas extranjeros, y envió a sofocarlo a un batallón del ejército. Éste, el 21 de diciembre de 1907, abrió fuego sobre los manifestantes que, con sus familias, se habían refugiado en la Escuela Santa María. Hubo más de 1 500 muertos.

Situaciones similares a las anteriores ocurrieron en las protestas de Puerto Natales (1919) y Punta Arenas (1920).

LAS LEYES SOCIALES

En 1906 se dictó la ley sobre habitaciones obreras, propiciando la construcción de poblaciones a fin de sacar a los trabajadores de los *conventillos*, viejas casonas arrendadas por piezas, donde los grupos familiares vivían en total promiscuidad y sin las menores condiciones higiénicas. Al año siguiente fue aprobada la ley de descanso dominical; en 1915 la *de la silla*, permitiendo sentarse a los empleados durante la jornada laboral; en 1916 la de accidentes del trabajo; en 1917 la del servicio de cunas en las fábricas, y la que regulaba el derecho a huelga; en 1918 la de retiro y previsión social del personal de Ferrocarriles del Estado, y en 1919 se reglamentaron las faenas en el sistema de trenes.

275

Luego del primer pronunciamiento militar de 1924, el Congreso aprobó otras siete leyes, en discusión desde hacía varios años: la del contrato de trabajo, que fijaba una jornada de ocho horas, suprimía el trabajo infantil, creaba la Inspección del Trabajo, reglamentaba los contratos colectivos y permitía a la esposa percibir el salario de su marido declarado alcohólico; la del Seguro Obrero, que con aportes del trabajador, empleador y el Estado instituía un fondo protector contra accidentes, enfermedades e invalidez; la de accidentes del trabajo; la que fundaba los Tribunales de Conciliación y Arbitraje en los pleitos laborales; la que reglamentaba la organización sindical; la que permitía la formación de sociedades cooperativas y la que establecía la Caja de Empleados Particulares.

La minería

El salitre, principal fuente de ingresos a comienzos del periodo, había perdido mercados debido a la competencia de otros fertilizantes nitrogenados, como el sulfato de amonio y el nitrato de cal. Ya a partir de la década de 1910, la producción superaba las ventas, acumulándose enormes *stocks* en las oficinas. La Guerra Mundial agudizó el problema al cerrarse los puertos alemanes y países ocupados debido al bloqueo británico. Las ventas se paralizaron. El precio disminuyó a tal punto que no era costeable producirlo. Las salitreras se paralizaron, quedando miles de obreros cesantes. El gobierno elaboró un plan de obras públicas en el norte y proporcionó transporte a quienes deseasen instalarse en el centro del país. La Ley de Auxilios Salitreros (1914) autorizó a otorgar anticipos sobre las existencias a aquellas empresas que continuasen produciendo.

El fenómeno se revirtió en la segunda mitad de 1915 gracias al repunte de su valor, lo cual hizo que el gobierno británico propusiera la fijación de un monto máximo de compra (1917). Los precios disminuyeron hasta por debajo del costo. Muchas oficinas clausuraron sus puertas. La Compañía de Salitres de Antofagasta solicitó al gobierno que se hiciera cargo de la venta y tratara de solucionar el problema a la brevedad posible. Después del armisticio de 1919, los aliados tenían acumulada una existencia de salitre equivalente a seis meses del consumo antes del conflicto. Las exportaciones cayeron notoriamente. En marzo de ese año, sólo 70 salitreras seguían laborando. El gobierno propuso crear una Asociación de Productores de Salitre con su participación, para centralizar la compra de insumos, la venta del nitrato, la propaganda, el arrendamiento de barcos para transportarlo y mejorar las técnicas de producción.

La gran crisis salitrera comenzó a gestarse en 1920 debido a la baja de precios en los productos agrícolas, especialmente algodón, y a la colocación alemana de salitre sintético, más barato, en Europa central. La mayoría de las salitreras dejó de laborar a partir de 1921.

El interés por el cobre aumentó en la década de 1890 debido a su empleo en los cables eléctricos y telegráficos. Ello favoreció la inversión estadunidense en grandes yacimientos. La Braden Copper Company puso en explotación *El Teniente* (1906); la Chile Exploration Company, Chuquicamata (1915); la empresa fue controlada, en 1923, por la Anaconda Company. La Andes Copper adquirió, en 1920, la mina de Potrerillos, explotada desde 1876. La producción cuprífera subió aceleradamente; al finalizar el periodo se acercaba a las 200 000 toneladas.

La Compañía de Arauco y la Compañía Minera e

Industrial de Chile explotaban carbón en las zonas de Lota, Coronel y Arauco. En las dos primeras los mantos se hallaban bajo el mar.

La disminución del precio de la plata también repercutió en forma negativa en la producción de este mineral. En 1900 se obtuvieron 73 000 kilos, debiendo adoptarse nuevas técnicas para reducir los costos. Unos pocos yacimientos se vieron beneficiados en las provincias de Tarapacá (Huantajaya), Atacama y Coquimbo.

Al finalizar el siglo XIX el descubrimiento de la mina de oro de Guanaco, cerca de Antofagasta, sacó del letargo en que había caído dicha actividad. A ella se agregaron yacimientos auríferos en las islas al sur del canal de Beagle.

EL SECTOR AGROPECUARIO

Junto a los grandes latifundios comenzaron a surgir medianas y pequeñas propiedades agrícolas al amparo de la conquista de la Araucanía y de la extensión de las vías férreas que facilitaban el traslado de sus productos a los centros de consumo. Cereales y alfalfa se cultivaban esencialmente en las tierras recién colonizadas, dando vida a una industria molinera. La ganadería bovina era la actividad preponderante en las antiguas estancias al norte del río Biobío, mientras en Punta Arenas y Tierra del Fuego se dedicaban a la ovina. La fruticultura ocupaba extensas superficies desde La Serena hasta Curicó.

EL LENTO DESARROLLO INDUSTRIAL

Después de la guerra del Pacífico empezó la diversificación y ampliación de la industria manufacturera. De

278

las casi 2 500 fábricas que existían en el país hacia 1895, alrededor de 42% de ellas se había creado en los últimos cinco años. Para 1920 las fábricas habían sobrepasado las 2 700 y había más de 4 600 talleres artesanales y pequeños obrajes. Ello se relaciona con el crecimiento demográfico y la concentración urbana, con movimientos migratorios campo-ciudad, especialmente apreciables en Santiago, Valparaíso y Concepción, que por un lado demandaron bienes y por otro ofrecían fuerza de trabajo. A partir de 1924, se observa un sostenido crecimiento industrial que se extendería hasta la crisis de 1930.

En la última década del siglo XIX y en la primera del XX, la industria se dedicó a la producción de locomotoras y estructuras de hierro para obras de ingeniería civil. A partir de entonces fue diversificándose, incorporando rubros como el procesamiento de alimentos, cerveceras, acero, enlozados, vidrios, cemento, muebles y vestuario. La tendencia era crear sociedades anónimas.

LA POLÍTICA MONETARIA

En 1892 se dictó la ley de conversión, fijando el 31 de diciembre de 1895 como término del régimen de papel moneda, y adoptando el patrón oro, con el peso como unidad monetaria, con una ley equivalente a once duodécimos de fino. Ese año se rebajó la cantidad de fino del peso, de una paridad de 24 a 18 peniques, autorizándose la circulación restringida de monedas de plata y estableciendo un plazo perentorio para remplazar los billetes por metálico. En 1898, ante la baja del precio en oro de los productos exportados por Chile y los gastos ocasionados por la preparación de un eventual enfrentamiento bélico con Argentina, más la crítica situación de algunos bancos que no contaban con recursos auríferos capaces de respaldar sus emisiones, se dictó otra ley, decretando una moratoria, hasta el 1 de enero de 1902, en la convertibilidad, a fin de evitar la quiebra de algunos bancos. La prórroga volvió a extenderse hasta 1905 y luego a 1910. En realidad, el patrón oro y el sistema metálico duraron sólo tres años. De hecho, Chile ingresó al régimen de papel moneda en 1898.

Desde los últimos decenios del siglo XIX funcionaban cajas de ahorro destinadas a captar dinero, pagando un pequeño interés, de los sectores medios y bajos de la sociedad, a fin de incrementar la disponibilidad de crédito formal en el mercado. Un decreto de 1910 ordenó la fusión de ellas, salvo la Caja de Ahorros de Santiago, abierta en 1884, en una Caja Nacional de Ahorro administrada por el consejo de la Caja de Crédito Hipotecario, cuyas letras adquirían, trasvasando las economías de sus clientes, a los terratenientes y empresarios mineros.

El abuso de los agentes de las casas de empeño, que prestaban con garantía prendaria a intereses fluctuantes entre 3 y 10% mensual, obligó en 1920 a crear la Caja de Crédito Popular, conocida como la *tía rica*, dirigida por el Estado.

El incremento de la actividad comercial y el surgimiento de sociedades anónimas activaron el movimiento bursátil, en manos de particulares, especialmente después de la guerra de 1879. Un grupo de ellos fundó la Bolsa de Comercio de Santiago (1893), organizada como sociedad anónima. En 1905 lo hizo la hasta entonces informal Bolsa de Corredores de Valparaíso.

El aumento de las entradas fiscales a raíz de los derechos aduaneros percibidos por las exportaciones de salitre permitió suprimir los impuestos directos e indirectos. Al mismo tiempo, el fisco se endeudó en el exterior para financiar los gastos que demandaba la política de obras públicas. Sólo a partir de 1909 volvieron a ser gravadas algunas especies (tabaco y alcoholes), y se establecieron contribuciones sobre los bienes raíces e impuestos a la herencia. Ante el creciente déficit fiscal desatado al término de la Guerra Mundial, en 1924 se dictó la ley de impuesto a la renta personal.

La colonización espontánea y oficial de Aisén

Después del tratado de límites con Argentina, muchos chilenos emigrados a la Patagonia en busca de mejores condiciones de vida resolvieron regresar a Chile, instalándose en la margen sur del lago Buenos Aires, hoy general Carrera, especialmente alrededor de Chile Chico, y en los cursos superiores de los ríos Simpson (Coihaique) y Baker (Cochrane). Ignorando el gobierno este movimiento, otorgó concesiones, por 20 años, en los territorios entre el estuario de Reloncaví y el río Pascua (1903), donde se formaron sociedades ganaderas como la Sociedad Industrial de Aisén (1903), The Anglo-Chilean Pastoral Company Ltd. y la Sociedad Ganadera de los Tres Valles (1905). Estas agrupaciones no pudieron cumplir los requisitos exigidos por el gobierno: instalar cierto número de familias agricultoras sajonas, establecer una línea periódica de navegación hacia Puerto Montt o Punta Arenas, vender, a precio de costo, maderas al fisco, hacer empastadas y cultivar cereales, debido a las dificultades del terreno. Por otra parte, entraron en conflicto con los colonos espontáneos, generándose violentos encuentros, característicos en la pionera vida fronteriza, que obligó a la intervención gubernamental para asegurar la estabilidad de pobladores asentados en cientos de *puestos*, conformados por sus habitaciones y tierras circundantes (1921).

La colonización del extremo sur

Las zonas de Magallanes y Tierra del Fuego también atrajeron a ganaderos y buscadores de oro. La fiebre aurífera en el sector insular impulsó una inmigración yugoslava, mientras que británicos y españoles se dedicaban a la explotación ovejera y comercial en las áreas continentales y Punta Arenas, ocupando mano de obra estacional chilota. Lamentablemente, su presencia significó el comienzo del exterminio de la poblaícón *selknam*, cuyos territorios de caza se vieron reducidos por los cercos de las estancias y sus cuerpos sucumbían a enfermedades para las que no estaban inmunizados. Otros fueron literalmente cazados en beneficio de la *civilización*. Misioneros salesianos trataron de proteger a los sobrevivientes en la isla Dawson.

El Estado reafirmó su jurisdicción al sur del canal de Beagle otorgando concesiones para la caza de lobos marinos en las islas Wollaston (1895) y Diego Ramírez (1902).

La colonización en la Araucanía

Durante el proceso de ocupación de este territorio se había propuesto radicar a las "comunidades" mapuches, como empezaron a denominar a los antiguos linajes, en espacios perfectamente delimitados, las *reservaciones*, declarando el resto terreno fiscal, apto para ser entregado, con ciertas condiciones, consagradas en leyes, a colonos extranjeros. En 1894, otra ley amplió este beneficio a oficiales del ejército "que tuvieren que retirarse, siempre que se hubieren encontrado en alguna acción de guerra". En 1898, el presidente de la república fue autorizado para entregar 50 hectáreas a cada jefe de familia y 20 por cada hijo legítimo a cualquier chileno que supiese leer y escribir y no hubiese sido condenado por crimen o simple delito, otorgándoseles el título definitivo de propiedad después de seis años, habiendo cumplido con los requisitos de instalarse, cercar y trabajar la tierra. El remanente era sacado a remate público, permitiéndose la participación de colonos ya asentados. Un agente de colonización, destacado en Europa, tenía la misión de reclutar inmigrantes, al igual que compañías privadas de colonización creadas por nacionales de países europeos, como la Sociedad Colonizadora Nueva Italia de Jorge Ricci, que operó en Malleco y Temuco.

Para determinar el tamaño de las reservaciones se empleó un criterio simplemente demográfico, alterando la relación añeja de los linajes mapuches con una naturaleza diversificada, latitudinalmente, en sus recursos naturales, calidad de tierra y vías de comunicación. Una vez determinada el área de radicación, se procedía a determinar las fajas o hijuelas sujetas a colonización. El proceso no tuvo en cuenta las antiguas rencillas familiares y muchas veces fueron aglutinados grupos antagónicos, provocando una verdadera guerra interna dentro de las reducciones. Estos conflictos empobrecieron a una sociedad que ya no tuvo el espacio suficiente para criar sus ganados y rotar en forma adecuada las superficies cultivadas. La tala excesiva y la erosión hicieron presa de ellas.

LA EDUCACIÓN

Los esfuerzos del periodo anterior para preparar profesores de enseñanza primaria y secundaria prosperaron en las tres décadas siguientes. La enseñanza adquirió nuevas rutas con la orientación de notables educadores como Abelardo Núñez, Valentín Letelier, Darío Salas y Luis Galdames. Al esfuerzo estatal por disminuir el analfabetismo se unieron instituciones privadas, entre las que destacó la Sociedad de Instrucción Primaria, que mantuvieron numerosas escuelas. En general, la asistencia a ellas, liceos y colegios particulares casi se cuadruplicó en el periodo, llegando a 400 000 alumnos. Aun así, al promulgarse la ley de Instrucción Primaria Obligatoria (1920), para todos los niños mayores de 7 años, 50% de la población era analfabeta.

Las grandes reformas fueron resultado del Congreso General de Enseñanza realizado en Santiago (1902) y del Congreso Nacional de Enseñanza Secundaria (1912).

La Universidad de Concepción, fundada en 1919, a instancias del educador Enrique Molina, permitió el acceso a la educación superior a jóvenes de las provincias sureñas que no estaban en condiciones de sufragar gastos de estadía en Santiago.

LA LITERATURA

La corriente naturalista de Maupassant y Zola tuvo émulos en Chile, dedicados a describir los cambios experimentados por la sociedad. Augusto D'Halmar, en su *Juana Lucero* (1902), pinta con descarnada realidad la historia trágica de amor de una "muchacha alegre";

Baldomero Lillo muestra el mundo de los mineros del carbón en *Sub Terra* (1904) y el de los campesinos en *Sub Sole* (1907). Luis Orrego Luco reseña la crisis moral de la naciente oligarquía en *Casa grande* (1908); *El roto* (1920) de Joaquín Edwards Bellos, y *Vidas mínimas* (1923) de José Santos González Vera revelan la vida del proletariado urbano tanto en los bajos fondos como en las vecindades. Desde Europa, Alberto Blest Gana examinó el comportamiento de los chilenos afrancesados en *Los transplantados* (1903). Eduardo Barrios presenta una tierna historia romántica en *El niño que enloqueció de amor* (1915) y en *Un perdido* (1918), la vida en el puerto de Iquique.

La corriente criollista fue encabezada por Mariano Latorre, describiendo minuciosamente el paisaje y empleando el lenguaje habitual del campesino o del *roto*. Sus obras más destacadas fueron *Cuentos del Maule* (1912), *Cuna de cóndores* (1918), *Zurzulita* (1920) y *Ully* (1923).

La lírica alcanzó expresión universal con Gabriela Mistral, autora de los *Sonetos de la muerte* con que ganó los jueglos florales de Santiago (1914), el Premio Nobel de Literatura (1945) y el Nacional de Literatura (1951); Pablo Neruda publicó *Veinte poemas de amor y una canción desesperada* (1924) y ganó el Premio Nacional de Literatura (1945) y el Nobel (1971). Vicente García Huidobro, por aquellos años en Europa, empezaba a lucubrar sobre el creacionismo, intentando transformar al poeta en un pequeño dios que hiciese florecer a la rosa en su verso.

LA HISTORIA

La historiografía se enriqueció con las obras de los mismos eruditos mencionados en el periodo anterior.

A ellos se agregó la de Gonzalo Bulnes acerca de la Guerra del Pacífico. Tomás Guevara inició estudios sistemáticos de la sociedad mapuche con su *Historia de la civilización de la Araucania* (1902), *Folclore araucano* (1911), *Las últimas familias y costumbres araucanas* (1913) e *Historia de la justicia araucana* (1922). El conocimiento del pasado prehispánico chileno y americano tuvo en Ricardo Latcham y Aureliano Oyarzún grandes exponentes. Al primero se debe, entre otras, *La organización social y las creencias de los antiguos araucanos* (1924); al segundo, *La sangre en las creencias y costumbres de los antiguos araucanos* (1917).

Los periódicos de combate político dieron paso a la prensa informativa. En 1900 comenzó a circular *El Mercurio de Santiago* y en 1903 *El Diario Ilustrado*, vinculado al Partido Conservador, agregándose a *La Nación* y el vespertino *Los Tiempos*. Desde 1910 aparecieron numerosos periódicos socialistas en provincias, como *El Grito Popular* (Iquique) o *El Socialista* de Antofagasta, ambos dirigidos por Luis Emilio Recabarren.

Los semanarios divulgaban poemas y artículos literarios y de interés general. Sobresalieron *Selecta* (1900), *Sucesos* (1902), *Zig-Zag* (1905), *Pacific Magazine* (1913) y la *Revista Chilena* (1917).

LAS BELLAS ARTES

En pintura, la Generación de 1913 tuvo en Arturo Gordon, Pedro Luna y Alfredo Lobos a sus más destacados representantes. Con la influencia de Paul Cézanne se formó el Grupo Montparnasse, integrado por Luis Vargas Rozas, Enriqueta Petit, Camilo Mori y Julio Ortiz de Zárate, cuyas obras destacan por el colorido de sus telas.

Rebeca Matte descolló en la escultura, llegando a ser profesora de la Academia de Bellas Artes de Florencia. Alcanzó su madurez artística Virginio Arias, autor de numerosos monumentos neoclásicos que adornan parques y plazas santiaguinos.

La creación de la Sociedad Orquestal de Chile (1912) y la Sociedad Bach (1924) amplió el panorama de la música selecta. Acario Cotapos fue el más importante compositor de la época. Las compañías de ópera y zarzuelas atraían numeroso público al Teatro Municipal. El cine nacional comenzaba a dar sus primeros pasos, al tiempo que aumentaban las representaciones teatrales.

XI. EL RÉGIMEN PRESIDENCIAL
(1925-1990)

LOS DIFÍCILES INICIOS

CUANDO se esperaba que la candidatura de Emiliano Figueroa, apoyada por conservadores, liberales, demócratas y radicales, no tuviese opositor, la Unión Social Republicana de Asalariados de Chile proclamó la del doctor José Santos Salas, ministro de Higiene, Previsión Social y Trabajo, quien contaba con la adhesión de sectores medios y bajos, pues fue autor de un decreto-ley que disminuyó el valor de los arriendos en las vecindades y ordenó demoler las viviendas declaradas insalubres. Su labor asistencial se había orientado al mejoramiento de las condiciones de vida entre los proletariados de Santiago y Valparaíso. Con el lema "Salas sale solo", emprendió una ardua campaña a la cual se incorporó el Partido Comunista. En las elecciones del 24 de octubre de 1925 obtuvo 28.3% de los sufragios y Figueroa fue proclamado presidente electo.

El 22 de noviembre se efectuaron los comicios parlamentarios para restablecer el Congreso disuelto en septiembre de 1924, en los que resultó ganador el Partido Radical al obtener 12 senadores y 24 diputados.

Emiliano Figueroa asumió el cargo el 23 de diciembre. Su gobierno no dio paso a las aspiraciones reformistas y permitió la intervención del Parlamento en la formación de los gabinetes ministeriales. El coronel Carlos Ibáñez, ministro de Guerra, insistía en continuar el proceso de reformas sociales iniciado tras el pronunciamiento militar, convirtiéndose en la figura predominante del régimen. Dio de baja a jefes navales que se mostraban contrarios a los propósitos militares del gobierno. En febrero de 1927, Ibáñez fue nombrado ministro del Interior, ocupando la vicepresidencia cuando Figueroa solicitó una licencia temporal. En tal calidad, dictó una serie de medidas para asegurar el orden público y el cumplimiento de las leyes sociales. Alentó las actividades deportivas y redujo los gastos públicos, reorganizando los servicios fiscales y disminuyendo la cantidad de funcionarios. Cuando declaró vacantes algunos cargos judiciales se vio en conflicto con el presidente de la Corte Suprema, Javier Ángel Figueroa Larraín, hermano del jefe de Estado, quien estimó que la medida sobrepasaba disposiciones constitucionales. Como no se llegase a un acuerdo, ordenó el arresto del juez supremo. Emiliano Figueroa trató de intervenir sin éxito en el conflicto, ante lo cual el 7 de abril de 1927 se retiró temporalmente del gobierno. El 4 de mayo presentó al Senado su renuncia irrevocable, siendo aceptada dos días después.

LA VICEPRESIDENCIA DE IBÁÑEZ

En marzo de 1927 ordenó crear la Contraloría General de la República a fin de revisar la contabilidad y administración de los organismos estatales. Se la dotó de amplia autonomía e independencia respecto del Ejecutivo. Procedió a decretar la reforma de la Universidad de Chile (abril de 1927), cuya Federación de Estudiantes se había unido a las asociaciones obreras para impulsar el cambio social, expresando sus inquietudes en el semanario *Claridad* y la revista mensual *Juventud*. En 1920 convocó a la Primera Convención Estudiantil

Chilena, aprobando una Declaración de Principios en la que reconocían

[...] la constante renovación de todos los valores humanos. De acuerdo con este hecho, considera que la solución del problema social nunca podrá ser definitiva y que las soluciones transitorias, a que se puede aspirar, suponen una permanente crítica de las organizaciones sociales existentes. Esta crítica debe ejercerse sobre el régimen económico y la vida moral e intelectual de la sociedad. Ante las necesidades reales de la época presente, estima que el problema social debe resolverse por la sustitución del principio de competencia por el de cooperación, la socialización de las fuerzas productivas y el consecuente reparto equitativo del producto del trabajo común y por el reconocimiento efectivo del derecho de cada persona a vivir plenamente su vida intelectual y moral.

Esta actitud y la permanente rebeldía contra la autoridad, unida a proclamas de cogobierno universitario, habían desatado la intervención estatal. Ibáñez la emprendió también contra dirigentes obreros y parlamentarios opositores —muchos salieron del país— y exoneró a numerosos funcionarios. Estableció estricta censura de prensa y fundó Carabineros de Chile (abril de 1927), fusionando los diversos cuerpos de policías.

El mismo día en que el Senado aceptó la renuncia de Figueroa, José Santos Salas proclamó, por medio de la prensa, la candidatura de Ibáñez. El 10 de mayo éste convocó a elecciones para el 22 de aquel mes, mientras sus ministros salían en giras a provincias preparando el ambiente electoral. El vicepresidente dio a conocer sus intenciones de cumplir con el programa elaborado por el Comité Militar en 1925. Obtuvo 98.9% de los votos.

EL GOBIERNO DE CARLOS IBÁÑEZ DEL CAMPO (1927-1931)

Decidido a modernizar Chile, emprendió un vasto plan de obras públicas, financiado con créditos obtenidos en el exterior, el llamado presupuesto extraordinario, para diferenciarlo del basado en las entradas fiscales regulares. Convertido en caudillo popular, no supo, sin embargo, ganarse el apoyo de los políticos, a quienes acorraló y vigiló mediante una red de agentes-espías dirigida por Ventura Maturana, prefecto jefe de investigaciones de Santiago. Ante ello, los conspiradores debieron reunirse clandestinamente u organizar encuentros en el extranjero. Uno se celebró en Calais (enero de 1928) con participación de civiles, entre ellos Arturo Alessandri, y militares. Firmaron un pacto secreto declarando desconocer la legitimidad del gobierno de Ibáñez y comprometiéndose a luchar por restablecer la democracia, el imperio de las leyes y la Constitución. El complot fue descubierto por agentes de seguridad. Ibáñez lo denunció públicamente, aumentando la opresión contra sus enemigos.

El Congreso Termal

En 1929 se creó la Dirección del Registro Electoral, organismo encargado de supervisar la estructura administrativa de los procesos electorales, intentando con ello terminar la vieja práctica del cohecho. Al avecinarse las elecciones parlamentarias (marzo de 1930), Ibáñez, que no contaba con apoyo político, fue partidario de aplicar en todo el país la norma de la ley electoral que permitía a los partidos ponerse de acuerdo, en los departamentos, para no realizar comicios, designando los candidatos por elegir. El Partido Conservador apoyó al presidente por el temor de perder congresistas. Después, se plegaron las otras agrupaciones, cuyas directivas, reunidas en las termas de Chillán, llegaron a un acuerdo para proponer tantos postulantes cuantas vacantes debían llenarse. De ese modo no hubo competencia y el Congreso se dio por elegido, ante las protestas de la opinión pública.

Un intento golpista, organizado por exiliados en Argentina y algunos oficiales militares, llamado *complot del avión rojo,* fracasó en septiembre de 1930, año en que el país comenzaba a sentir la crisis económica mundial de 1929. Escasearon los recursos extraordinarios y se paralizaron las obras públicas, lo cual afectó gravemente a productores, comerciantes y rentistas. La gran masa, que se había mostrado indiferente al autoritarismo presidencial, poco a poco fue sumándose a las protestas y a la reacción en contra de un Congreso que no la representaba con fidelidad.

El affaire *del puente del río Maipo*

Ventura Maturana, a fin de recuperar la popularidad del mandatario, dio a conocer un fingido intento de dinamitar el puente ferrocarrilero sobre el Maipo con el propósito de descarrilarlo cuando el presidente regresaba con su comitiva de Osorno. Los supuestos inculpados fueron apresados y la prensa dio gran publicidad al hecho (10 y 11 de diciembre). Después de la caída de Ibáñez se supo que todo había sido una farsa.

La renuncia de Ibáñez

En julio de 1931, ante la grave situación económica, suspendió el pago de la deuda externa, rebajó los gastos fiscales, disminuyó sueldos a empleados públicos y decretó contribuciones especiales. Los productos de exportación no encontraban mercados en el exterior, lo que paralizó la actividad empresarial. La crisis se manifestó también en el ámbito gubernamental. Ibáñez organizó un gabinete de *salvación nacional* para enfrentarla. Ofreció restablecer la libertad de prensa y la constitucionalidad, impulsar el retorno de los deportados, y dio franca cuenta del estado de la hacienda nacional, a punto de caer en bancarrota. El 22 de julio estalló una huelga de estudiantes de la Universidad de Chile, parapetados en la sede de la casa central, a la que se unieron alumnos de la Universidad Católica. Al día siguiente, se inició una huelga general en Antofagasta. Manifestaciones contrarias al régimen surgieron en Valparaíso, Concepción y Santiago; en esta última hubo cinco muertos y centenares de heridos. Luego, los gremios profesionales ordenaron la paralización de sus afiliados y el comercio cerró. El gabinete renunció en masa. El 26 de julio Ibáñez solicitó al Congreso permiso para ausentarse del país por un año, entregando el mando a Pedro Opazo, presidente del Senado, quien inmediatamente nombró un ministerio presidido por Juan Esteban Montero. Como ministro del Interior, le correspondió asumir la vicepresidencia (27 de julio).

Ibáñez había viajado a Argentina sin esperar la respuesta del Congreso a su petición. En vista de ello, se llamó a elecciones presidenciales para el 4 de octubre.

Sublevación de los marineros

La rebaja a los sueldos de la administración pública obligó a los tripulantes de los navíos de la escuadra estacionada en Coquimbo a redactar un manifiesto protestando por la medida (1 de septiembre). El vicepresidente Manuel Trucco, remplazante de Montero, quien había aceptado la candidatura presidencial, designó un nuevo ministerio para enfrentarse con la mayor energía a los rebeldes, dirigidos por un estado mayor de las tripulaciones. Pronto se agregaron al motín las unidades de Valparaíso y Talcahuano. Fueron aplastados por tropas del ejército y unidades de aviación.

La elección presidencial de 1931

Aunque se suponía que Montero no tendría rivales, el 19 de septiembre presentó su candidatura Arturo Alessandri. Posteriormente lo harían Manuel Hidalgo, socialista, y Elías Lafferte, comunista. Montero triunfó con 63.8% de los sufragios. Contando con mayoría absoluta, asumió el puesto el 4 de diciembre, en medio de un caos económico que había llevado al peso a su valor más bajo, con la consiguiente alza del costo de la vida. Se organizó un Comité de Ayuda a los Cesantes, situación en la que estaban casi 125 000 personas. También fueron rebajados los alquileres de arriendo y las contribuciones territoriales. El ambiente era propicio para movimientos subversivos, inspirados por comunistas, a lo largo del país. Para derribar al gobierno también conspiraban grupos alessandristas e ibañistas. Entre éstos se contaba Carlos Dávila, dueño de la revista *Hoy*, que junto con el periódico *Crónica* criticaba ácidamente la gestión gubernamental, que continuaba despidiendo a funcionarios y oficiales de las fuerzas armadas. Además se decretaba el racionamiento de gasolina, la inconvertibilidad de los billetes del Banco Central y se creaba la Comisión de Control de Cambios Internacionales a fin de vigilar el envío de letras de cambio pagaderas en oro al exterior, evitando la desaparición de las reservas auríferas del Estado (abril de 1932).

La república socialista

Encabezaban la oposición más fuerte tres hombres de tendencia socialista: Dávila, el comodoro del aire Marmaduke Grove y Eugenio Matte Hurtado. Ellos, junto con otros oficiales, prepararon un golpe militar que se iniciaría en la base aérea El Bosque de Santiago. El 4 de junio los amotinados lograron obtener la renuncia de Montero y la entrega del mando a una Junta constituida por el general Arturo Puga, Carlos Dávila y Eugenio Matte. El comodoro proclamó la República Socialista de Chile.

El Congreso Termal fue disuelto, gobernándose por medio de decretos-leyes. La Caja de Crédito Popular debió entregar a sus dueños vestimenta, máquinas de coser y cualquier tipo de herramientas empeñadas; la Caja Nacional de Ahorro otorgó créditos a pequeños industriales y comerciantes para que regularizasen sus obligaciones no pagadas. La Junta dispuso que el Estado proporcionara, diariamente, raciones alimenticias a indigentes y cesantes. Declaró "feriado bancario" por tres días a fin de impedir una fuga de dinero. Luego autorizó el retiro de depósitos en porcentajes fijados por ley. Ordenó requisar el oro en la Bolsa de Comercio, joyerías y compraventas del metal, prohibiendo su salida del país para evitar la devaluación monetaria.

En tan febril tarea legislativa los miembros de la Junta mostraban sus discrepancias tanto en los objetivos como en los medios de acción. Dávila renunció (13 de junio). Tres días después, una asonada militar, encabezada por el coronel Pedro Lagos, depuso a la Junta, remplazándola por otra que presidía Dávila, ibañista ferviente, quien se autoproclamó presidente provisional el 8 de julio, luego que dimitiesen los dos integrantes de la Junta.

PRESIDENCIA DE DÁVILA

Aunque carecía de apoyo político, pues los alessandristas desconfiaban de él por su ibañismo y éstos le reprochaban las maniobras para no devolver el poder al general tras su regreso del exilio (6 de julio), alcanzó a gobernar, dictatorialmente, 100 días, durante los cuales creó la Caja de Amortización de la Deuda Pública a fin de captar fondos para superar la crisis económica; el Comisariato General de Subsistencias y Precios, con atribuciones para regularizar el abastecimiento y valor de los bienes de primera necesidad, pudiendo, incluso, expropiar establecimientos industriales, comerciales o agrícolas, y el Consejo de Economía Nacional, organismo asesor, en materias de planificación, recuperación y reconstrucción económica, del Ejecutivo.

El aislamiento político de Dávila era cada vez más evidente. Trató de resolverlo convocando a elecciones parlamentarias para octubre de 1932. El Congreso tendría carácter constituyente, pues debería reformar la Carta de 1925 para darle un tinte socialista. Sin embargo, bastó un ligero movimiento de la Escuela de Aviación, dirigida por el comodoro Arturo Merino Benítez, para que le entregase el poder al general Bartolomé Blanche y se embarcara rumbo a los Estados Unidos.

Blanche convocó a elecciones presidenciales y parlamentarias para el 30 de octubre. Arturo Alessandri y los partidos de derecha obtuvieron un amplio triunfo. El país retornaba a la normalidad constitucional.

LOS PARTIDOS POLÍTICOS Y SU EVOLUCIÓN EN LA DÉCADA DE 1930

Una de las características de las diversas agrupaciones partidaristas fue su permanente fragmentación durante este periodo. Del Partido Conservador, bastante disminuido en importancia, se desprendió su juventud para fundar la Falange Nacional (1938); dividida en dos grupos: el Partido Conservador Social-Cristiano —parte del cual ingresó al Partido Demócrata Cristiano— y el Partido Conservador Tradicionalista, se funden en el Partido Conservador Unido (1953), que en 1957 volvió a denominarse Partido Conservador. En 1966, formó el Partido Nacional junto con el Partido Liberal, y con Acción Nacional. En poco tiempo logró convertirse en la segunda fuerza política del país.

El Partido Liberal, desde 1860, experimentó numerosos vaivenes; segmentado en varias facciones, se reunificó a mediados de 1930, alcanzando cierta representatividad hasta asociarse al Partido Nacional.

El Partido Radical, dirigido por una Junta Central desde 1888, llegó a la presidencia con Juan Esteban Montero. De él se desprendió el Partido Radical Socialista (1931). Constituyó, con comunistas y socialistas, el Frente Popular (1936), alcanzando el poder tres años después. Un Consejo Ejecutivo Nacional (CEN) remplazó a la Junta Central en su dirección (1943). En 1946 se escindió el Partido Radical Democrático, anticomunista, que regresó al redil en 1949, y en 1948, el Partido Radical Doctrinario. Un sector del radicalismo se negó a integrarse a la Unidad Popular, que apoyaba la candidatura de Allende, conformando el Partido Democracia Radical (1970). Poco después surgió el Partido de Izquierda Radical, formado por los descontentos del régimen allendista.

El Partido Socialista de Chile, surgido en 1933 por la fusión de varios grupos nacidos después de la crisis de 1930 al amparo populista de caudillos militares, participó del poder durante el gobierno del Frente Popular hasta 1941. Antagónico de los comunistas, mientras un grupo creaba el Partido Socialista de los Trabajadores (1940), otro se integraba a la Alianza Democrática, que postulaba la candidatura del radical Juan Antonio Ríos. El primero, junto con el Partido Socialista Auténtico, se incorporó al Partido Comunista, mientras que su sector mayoritario terminó fundando el Partido Socialista Popular. Las facciones se unieron constituyendo el Frente de Acción Popular (1957). En la década de 1960 se desprenden de él el Partido Socialista del Pueblo, el Movimiento de Izquierda Revolucionaria (MIR) y la Unión Socialista Popular, signo de las pugnas entre marxistas, ultras y moderados.

El Partido Comunista, integrado a la Tercera Internacional (1922), se organizó en células y un Comité Central a cargo de un secretario general. Durante 10 años estuvieron fuera de la ley (1948-1958). Obedecía fielmente las instrucciones de su similar soviético.

El Partido Demócrata Cristiano se fundó en 1957 por fusión de la Falange Nacional y los conservadores socialcristianos. De él se desgajaron el Movimiento de Acción Popular (Mapu), 1969, del cual se desprenderían, en 1973, el Mapu Obrero Campesino y la Izquierda Cristiana (1972).

Los partidos marxistas fueron proscritos después del golpe militar de 1973. El resto quedó en receso. Actuando en la clandestinidad o en forma encubierta, comenzaron a reaparecer en la década de 1980.

Arturo Alessandri Palma asumió la presidencia el 24 de diciembre de 1932 y gobernó hasta la misma fecha de 1938. Una gran cesantía, déficit de la balanza de pagos, suspensión del servicio de la deuda externa, inflación y decreciente valor de la moneda reflejaban aún la crisis económica por la que atravesaba el país. En lo social, se enfrentó a la miseria de una población afectada por la epidemia de tifus, que causó grandes estragos entre las masas populares (1933). Políticamente, el mandatario estaba decidido a imponer los preceptos presidencialistas de la Carta de 1925. Para ello trató de formar un gobierno nacional, con participación de todos los sectores, a fin de restablecer la permanencia ministerial. Solicitó y obtuvo del Congreso facultades extraordinarias con objeto de arrostrar conspiraciones ibañistas e intentos golpistas, auxiliado por las Milicias Republicanas, organización civil de carácter paramilitar, creada por Eulogio Sánchez Errázuriz en 1932. En un año reclutó 50 000 voluntarios, especialmente universitarios, dispuestos a defender con las armas la estabilidad constitucional. Pasado el peligro subversivo, se disolvieron (1935). Muchos de sus miembros ingresaron a la entonces recién constituida Acción Nacional, imbuida en las antiguas ideas portalianas de gobierno fuerte, justo y honorable. Defendió los principios de libertad y propiedad privada, en contra del corporativismo estatal. Terminaría por fusionarse con la Unión Republicana en la Acción Republicana.

Con el influjo de las corrientes nacionalistas alemana e italiana, surgió el Movimiento Nacional Socialista, presidido por Jorge González von Marées, cuyos partidarios se organizaron en brigadas uniformadas, enfrentándose violentamente con grupos marxistas, derechistas y milicias republicanas (1934).

En los lavaderos de oro de Huaquín, cercanos a Lonquimay, se produjo un motín de mineros molestos por no acceder a sus peticiones económicas. Asaltaron la tienda; mataron al administrador y sustrajeron el oro almacenado. Junto con los obreros que construían el aledaño túnel de Las Raíces, se enfrentaron a las fuerzas policiales y atacaron los fundos de la región. El gobierno envió un destacamento a sofocar la rebelión, enfrentándose en Ranquil (6 de julio). Murieron cerca de 200 personas. La oposición promovió agresivas manifestaciones ante lo que calificó de dictadura gubernamental.

A pesar de la efervescencia política, la relativa holgura fiscal permitió iniciar una serie de obras públicas para absorber a los cesantes. Las más importantes fueron el barrio cívico, de Santiago, el Estadio Nacional, catalogado como "elefante blanco", pues tenía capacidad para 80 000 espectadores, y la sede de la Escuela de Derecho de la Universidad de Chile. La Sociedad Constructora de Establecimientos Educacionales levantó numerosas escuelas y liceos a lo largo del país. Paralelamente fueron mejoradas las instalaciones hospitalarias, viales y de regadío.

En 1934 se promulgó la ley que otorgó derecho de voto a las mujeres en los comicios municipales; 15 años después obtendrían igualdad cívica con los hombres en la administración de Gabriel González Videla. En 1938, la de Medicina Preventiva, permitió a empleados y obreros seguir tratamientos antes que se produjese la enfermedad y continuar percibiendo sus salarios mientras recuperaban la salud, y la de Seguridad Interior del Estado, otorgando instrumentos legales para controlar los frecuentes movimientos alteradores del orden público.

La Confederación de Trabajadores de Chile

A raíz de la constante represalia contra las huelgas que estallaban en diversos sectores laborales, los obreros crearon un Frente de Unidad Sindical, llamando a una Convención de Trabajadores de Chile que culminó con la instauración de un organismo central, la CTC, para agrupar a las organizaciones laborales (1936).

El Frente Popular

El Partido Comunista impulsó la formación de frentes populares que aglutinasen a todos los combatientes contra el fascismo y el nacionalsocialismo en torno de las fuerzas de izquierda. Motor de dicho entendimiento fue el peruano Eudocio Ravines, quien actuaba por orden de la *Komintern* de la internacional comunista con el apodo de Jorge Montero. Ravines logró entusiasmar a un sector del radicalismo, cuya Junta Central, a pesar de la oposición de Pedro Aguirre Cerda, aprobó la incorporación al Frente, estableciendo una combinación política con comunistas, socialistas, democráticos y la CTC, hecho ratificado en la convención de 1937. A mediados de ese año, los comunistas intentaron integrar el pacto al movimiento nazi, llamado después Vanguardia Popular Socialista, partidario de presentar la candidatura presidencial del general Ibáñez.

La matanza del Seguro Obrero

El 5 de septiembre de 1938, un grupo de jóvenes nacionalsocialistas ingresó intempestivamente al edificio donde funcionaba la Caja del Seguro Obrero, dando muerte al carabinero que custodiaba la entrada. Mientras se atrincheraban en el séptimo piso, otros tomaban la casa central de la Universidad de Chile y algunas radioemisoras para proclamar el estallido de una revolución tendiente a derrocar al presidente Alessandri e implantar un gobierno nacionalsocialista.

Desde las ventanas del Seguro Obrero comenzaron a disparar contra el Palacio Presidencial. Las fuerzas militares, mientras tanto, derribaron a cañonazos la puerta de la Universidad entrando en ella. Sus ocupantes se rindieron tras la muerte de seis camaradas. Apresados para trasladarlos a la Prefectura de Investigación, fueron, sin embargo, conducidos al Seguro Obrero, lugar que los carabineros habían recuperado en sus primeros pisos. Ante la posibilidad de que entraran en acción efectivos del ejército, los sublevados se rindieron, siendo fusilados por la policía. La matanza tuvo hondas repercusiones políticas: la derecha perdió apoyo e Ibáñez retiró su candidatura adhiriéndose a la de Aguirre Cerda, del Frente Popular.

LOS GOBIERNOS RADICALES (1938-1952)

Gustavo Ross Santa María, candidato de la derecha, y sus partidarios, desataron una verdadera campaña de terror durante la contienda electoral, especialmente en contra de los comunistas; el Frente respondió que la oligarquía, al defender sus intereses, había provocado el atraso económico del país y la consiguiente crisis social en que se debatía.

En los comicios triunfó, por estrecho margen, Pedro Aguirre Cerda (1938-1941), quien obtuvo casi 60% de los votos en las regiones mineras y cerca de la mitad en las urbes de Santiago, Valparaíso y Concepción. Ross ganó en las agrícolas, partidarias por tradición de la derecha. Al mes de haber asumido el mando, el 24 de enero de 1939, un terremoto azotó el territorio entre las provincias de Talca y Biobío. Varias ciudades quedaron total o parcialmente destruidas, los muertos y heridos se contaban por miles, perdiéndose una cuarta parte de la producción agrícola.

El Frente Popular no constituía un conglomerado que compartiese los mismos planes de gobierno. La izquierda propiciaba una redistribución de los ingresos en favor de los obreros y los radicales deseaban expandir el sector industrial, incrementando, así, el Producto Nacional. El terremoto los ayudó para que el Congreso aprobara la ley que creaba la Corporación de Reconstrucción y Auxilio, encargada de reconstruir las zonas afectadas por el cataclismo y proporcionar créditos, a largo plazo, a agricultores e industriales, y la Corporación de Fomento de la Producción (Corfo) destinada a financiar la creación de empresas que sustituyesen importaciones y elaborasen bienes para el mercado internacional (abril de 1939).

Dentro de la propia izquierda surgieron rupturas a raíz del pacto Molotov-Von Ribbentropp (agosto de 1939). Los socialistas acusaban a la Unión Soviética de traicionar el movimiento internacional al aliarse con los nazis, acometiendo contra los comunistas criollos. La pugna culminó a fines de 1940, cuando Óscar Schnake refutó cualquier acuerdo con ellos, rompiendo, de hecho, un Frente Popular que ya no tenía sentido en vista del compromiso contraído por Stalin y Hitler para repartirse Polonia.

El presidente, por otra parte, debía conciliar las aspiraciones de sus correligionarios para ocupar cargos públicos con las del resto de la coalición. La Vanguardia Nacional Socialista se alejó de ella luego de una refriega a tiros con radicales, a raíz de la cual su jefe, González von Marées, fue conducido al manicomio. Los ibañistas conspiraban con jefes militares con objeto de desencadenar un golpe que derribase al gobierno. No era fácil en esas circunstancias la conducción política del régimen.

En 1941, para poner fin a los enfrentamientos partidistas durante las votaciones, se aprobó la ley que entregó a las Fuerzas Armadas, mediante la designación de jefes de plaza, el control de los procesos electorales.

En 1940 dictó el decreto que delimitaba el territorio antártico chileno.

Al fallecer Aguirre Cerda (23 de noviembre de 1941), entró a la disputa presidencial el general Ibáñez. Ante ello, los partidos políticos constituyeron la Alianza Democrática uniéndose en torno del candidato radical Juan Antonio Ríos (1942-1946), quien triunfó con 55.7% de los votos. De carácter autoritario, imprimó un sello personalista a su gobierno, integrando los gabinetes con amigos y tecnócratas, haciendo caso omiso de las presiones partidistas. Debió resistir la recomendación de la Conferencia de Cancilleres Americanos, celebrada en Río de Janeiro, de romper relaciones diplomáticas y comerciales con Alemania, Italia y Japón, al entrar los Estados Unidos en la guerra (1942). Ríos no era partidario de hacerlo, pues la gran extensión de las costas chilenas no se prestaba para encarar serias contingencias, proponiendo mantenerse neutral como en 1914, aunque continuase enviando materias primas y otros abastecimientos a los aliados, con precios inferiores a los internacionales. Presionado por el gobierno estadunidense, debió, sin embargo, cortar los vínculos con los países del Eje (1943). Al finalizar el conflicto, Chile concurrió a la aprobación de la Carta de las Naciones Unidas (28 de junio de 1945).

Ríos impulsó la electrificación del país por medio de la Empresa Nacional de Electricidad (Endesa), filial de Corfo. Creó la Compañía de Acero del Pacífico (CAP), en Huachipato, y la Empresa Nacional de Petróleos (Enap), que explotó los primeros pozos petroleros descubiertos en Magallanes (1945). También favoreció la mecanización de la agricultura.

En septiembre de 1945, a pesar de su quebrantada salud, el presidente respondió a una invitación del mandatario estadunidense, emprendiendo una gira continental, estrechando lazos de amistad con las naciones visitadas. Reasumió el mando el 17 de enero de 1946. Gravemente enfermo, entregó la subrogación al ministro del Interior, Alfredo Duhalde Vásquez. Ríos falleció el 27 de junio.

Gabriel González Videla (1946-1952), cuyo himno de propaganda "el pueblo lo llama Gabriel" fue compuesto por Pablo Neruda, asumió el poder con el apoyo comunista en las urnas, y de liberales, falangistas y socialistas en el Congreso. En su primer gabinete tres comunistas ocuparon sendos ministerios. Por medio de ellos y otros cargos, trataron de reducir a los socialistas, con quienes disputaban la misma clientela política, generándose serios enfrentamientos armados hasta que el XXI Congreso Socialista adoptó la línea marxista y revolucionaria impulsada por Raúl Ampuero (1946). Los comunistas veían con malos ojos a los ministros liberales, inculpándolos de detener las iniciativas como el estanco del trigo, la expropiación de latifundios y el corte único del pan, que ellos propiciaban.

El Partido Comunista obtuvo una gran votación en los comicios municipales de abril de 1947. Los liberales se alejaron del gobierno. La crisis ministerial también dejó fuera a los comunistas, pues el presidente nombró un ministerio exclusivamente radical. Arreciaron los ataques contra ellos por medio del nacionalista *Estanquero* y de la paramilitar Acción Chilena Anticomunista (Acha), organización que incluía a radicales, conservadores, liberales y socialistas. Los comunistas respondieron movilizando sindicatos y otras instituciones sociales. Los graves trastornos económicos provocados por huelgas y paralizaciones laborales motivaron la formación de un gabinete de concentración nacional e impulsaron una política abiertamente anticomunista que culminó con la promulgación de la Ley de Defensa Permanente de la Democracia (3 de septiembre), denominada *ley maldita* por los comunistas, pues colocaba en la ilegalidad al Partido y sus militantes.

En octubre de 1948 se descubrió el "complot de las patitas de chancho", en el cual se habían coludido algunos suboficiales del ejército y de la aviación con elementos nacionalistas, del Acha e ibañistas para derribar al gobierno. Éste obtuvo del Congreso facultades extraordinarias a fin de reprimir los desmanes posteriores.

En medio del ajetreo político, el presidente puso en marcha el Plan Serena, destinado a reactivar en lo económico a su natal provincia de Coquimbo. Colonos italianos recibieron parcelas en la costa mientras la ciudad era remodelada erigiendo edificios de estilo colonial. Creó la base naval Capitán Arturo Prat (1947) e inauguró, personalmente, la base militar General O'Higgins en la Antártida, reafirmando los derechos de Chile en esa región (febrero de 1948).

Al finalizar el periodo radical, los gremios habían logrado numerosas conquistas sociales, utilizando el derecho de huelga y paros de advertencia, que las más de las veces provocaban presiones inflacionarias y nuevas luchas por reajustes de sueldos y salarios. La estrecha vinculación entre partidos políticos y sindicatos se demostraba con la pugna por dominar sus directivas. Así surgió un clima de desconfianza y rechazo a las pugnas ideológicas que capitalizó Carlos Ibáñez, elegido en marzo de 1949 senador por Santiago, cuyos impetuosos partidarios intentaron, a mediados de 1951 con el complot de Colliguay, derribar a González Videla y establecer una junta de gobierno.

El general de la esperanza y su escoba (1952-1958)

La candidatura de Ibáñez fue lanzada por el Partido Democrático del Pueblo, adhiriéndose, después, los partidos Femenino de Chile, fundado por María de la Cruz, Agrario Laborista, Radical Doctrinario, Socialistas Populares y un sinfín de pequeños movimientos ibañistas, conformados por sectores medios de una población desilusionada de los políticos, la corrupción y su nula capacidad para resolver, con *mano dura*, los urgentes problemas económicos y sociales. Ibáñez era, para ellos, la *escoba*, el caudillo que barrería los vicios y deshonestidades atribuidas a la clase política.

Pese al gran triunfo (46.8% de los votos), Ibáñez, más preocupado por limpiar su imagen de tirano adquirida en 1927, se apegó a la Constitución, aislándose de la masa que veía en él a un salvador del país. Por no contar con apoyo político en el Congreso, poco podía hacer. Intentó un acercamiento con la Falange Nacional sin lograrlo. Entretanto, los ministerios tenían efímera existencia. Sus partidarios, achacando la situación a la oposición del Parlamento, planearon clausurarlo cuando las huelgas y la agitación social alcanzaron su punto más crítico. Ante la gravedad de los hechos, en 1954 varios oficiales del ejército y de la aviación organizaron un grupo denominado Línea Recta, dispuesto a secundarlo, aun por vías extraconstitucionales, para restaurar el orden y la estabilidad socioeconómica. Ibáñez se reunió con ellos a comienzos de 1955, sin informar a los altos mandos, lo cual provocó la reacción del cuerpo de generales. El presidente debió renunciar a la ayuda y los oficiales implicados fueron llamados a retiro. No obstante, cuando un alza en el precio del transporte colectivo (abril de 1957) encendió violentas protestas estudiantiles y de la poderosa Central Única de Trabajadores (CUT), el ejército prestó su colaboración para sofocar los desmanes en las calles.

En 1953 Ibáñez creó el Banco del Estado, fusionando las cajas Nacional de Ahorro, de Crédito Hipotecario, de Crédito Agrícola y el Instituto de Crédito Industrial, a fin de solventar planes de ampliación industrial, agrícola y comercial. También proporcionó préstamos a particulares para adquirir viviendas.,

La inercia administrativa del gobierno no logró detener la inflación, que llegó a más de 80% en 1954. Al año siguiente, contrató los servicios de la empresa estadunidense Klein-Sacks con objeto de que propusiera un plan estabilizador. La misión recomendó controlar las remuneraciones, eliminar sus reajustes anuales de acuerdo con el alza del costo de la vida, reducir los gastos públicos, limitar el crédito bancario e implantar una tasa de cambio única y fluctuante. Ello debería acompañarse con una reforma tributaria que nunca se llevó a cabo. El plan fue olvidado en 1958.

Entre las obras de esta administración resaltan la creación de un centro de desarrollo en el extremo norte del país, dando el *status* de puerto libre a la ciudad de Arica; el Plan Chillán de fomento agrícola; la puesta en marcha de la Fundición de Ventanas; la creación del Instituto de Seguros del Estado (ISE), la Superintendencia de Educación, el Departamento del Cobre y

la Corporación de la Vivienda (Corvi); la promulgación del Estatuto del Inversionista y el establecimiento
de la base Pedro Aguirre Cerda en la Antártida. Otorgó
una asignación familiar por cada carga a empleados y
obreros jefes de familia y fijó un salario mínimo campesino. Derogó la ley de Defensa Permanente de la Democracia.

En 1956 se constituyó el Frente de Acción Popular
(Frap), integrando a los partidos Socialista de Chile,
Democrático, Nacional Socialista Popular, del Trabajo
y el clandestino Comunista, que impulsaría la candidatura de Salvador Allende.

El regreso de los independientes: Jorge Alessandri Rodríguez (1958-1964)

El hastío por el juego político, el fracaso del ibañismo
populista y el temor a la izquierda marxista llevaron al
poder a un hombre que representaba, en sí mismo, la
sobriedad y la antidemagogia. Apodado *el Paleta*, hombre bueno en lenguaje popular, apoyado por independientes, conservadores y liberales, triunfó con 31.2%
de los votos. De inmediato adoptó medidas para racionalizar la administración pública, equilibrar el presupuesto de la nación y frenar la inflación. El éxito se
reflejó en la disminución de ésta desde 33% en 1959 a
9.7% en 1961 a pesar del terremoto que sacudió al país
el 21 de mayo de 1960, causando pérdidas por más de
550 millones de dólares. Ese mismo año el peso era
cambiado por el escudo como moneda nacional, cuyo
valor equivalía a un dólar estadunidense.

En las elecciones parlamentarias de 1961 la derecha
perdió un tercio del Congreso. Alessandri llamó a co-
laborar a los radicales a fin de contar con una base po-

lítica que respaldase sus proyectos de desarrollo económico y social. Así nacieron, en 1962, el Consejo Superior de Desarrollo Agropecuario, la Corporación de la Reforma Agraria (Cora) y el Instituto de Desarrollo Agropecuario (Indap) destinados a llevar a cabo la Reforma Agraria expropiando los predios mal trabajados. La escasa cuantía de ellos hizo que se le llamara, despectivamente, "reforma de macetero", fomentando la acción política en el ámbito rural. También se crearon las Asociaciones de Ahorro y Préstamo para adquirir viviendas. Durante su gobierno se construyeron 150 000 casas. Dichas innovaciones estuvieron, en gran parte, influidas por la Alianza para el Progreso, implantada por el presidente John F. Kennedy, a fin de ayudar a salir del subdesarrollo a Latinoamérica sin pasar por un proceso similar al de la Revolución cubana. Ellas, sin embargo, no detuvieron la agitación social, agudizada por el aumento de la inflación que, en 1963, llegó a 45.3% y a 38.5% en 1964.

LA "REVOLUCIÓN EN LIBERTAD" DE EDUARDO FREI MONTALVA (1964-1970)

El Frap, cuyo abanderado era Salvador Allende, presentó un programa presidencial propugnando la intensificación de la reforma agraria; la expropiación de la gran minería del cobre, en manos de compañías estadunidenses, y de la banca privada; la democratización del ejército, y una reforma electoral que otorgase derecho a voto a los mayores de 18 años aun cuando fuesen analfabetos. El de la Democracia Cristiana proponía como "vigas maestras" de la "revolución en libertad" —en contraposición con la marxista— la reforma agraria; la chilenización del cobre, es decir, la adquisición por parte del Estado de 51% de las acciones de la gran minería; la Promoción Popular y la reforma educativa. Una elección complementaria de diputados en la tradicionalmente conservadora provincia de Curicó, realizada siete meses antes de la presidencial, en la que triunfó de manera inesperada el socialista Óscar Naranjo, volcó a la derecha hacia Frei, quien obtuvo 55.6% de los votos. Al año siguiente, la Democracia Cristiana controló las dos cámaras del Congreso, instaurando un gobierno unipartidista. A pesar de ello, no reformó la administración pública, prefiriendo crear una paralela, con sus militantes, recargando el gasto fiscal. La "aplanadora" democristiana llevó a la fusión de liberales y conservadores en el Partido Nacional (1966) y empujó a la mayoría de los radicales hacia la izquierda.

En 1967 se aprobó una reforma constitucional que permitió expropiar latifundios y tierras mal trabajadas o abandonadas, pagándolas, de acuerdo con su avalúo fiscal, con un porcentaje en efectivo y otro en bonos de la Cora. Los ex propietarios podían conservar 80 hectáreas de riego básico. En los predios incautados, los campesinos, aglutinados en asentamientos, se sindicalizaron y formaron cooperativas con el auxilio de técnicos de la Promoción Popular, sin lograr incrementar la productividad como se pretendía. Más éxito tuvo la chilenización del cobre, pues las inversiones estatales permitieron un incremento de la producción y refinación del metal, además de participar en su comercialización por medio de la Corporación del Cobre (Codelco).

Los planes de estudios de la enseñanza escolar fueron profundamente modificados. A la formación prebásica siguió un nivel básico de ocho años y otro medio de cuatro. A fin de supervisar su desarrollo, se creó el Centro de Perfeccionamiento, Experimentación e Investigaciones Pedagógicas. La reforma universitaria, iniciada en 1967, desató agresivas manifestaciones estudiantiles.

La inflación nunca controlada, la violencia generalizada en las urbes, con huelgas frecuentes, tomas de terrenos para instalar campamentos de los sin casa, y las tomas de tierras rurales fueron polarizando a la población. El presidente intentó mantener una política moderada, sobrepasada por su propio partido, del cual saldría el sector que propulsaba una "vía no capitalista de desarrollo". La izquierda se agrupó en la Unidad Popular y la derecha renació en el Partido Nacional, transformada en segunda fuerza electoral en las parlamentarias de 1969. En octubre, el regimiento Tacna, comandado por el general Roberto Viaux, se acuarteló en demanda de mayores sueldos y mejoramiento de equipos militares. Aunque no se plegaron otras unidades y el *tacnazo* apenas duró algunas horas, demostró el descontento en todos los sectores de la sociedad.

LA "REVOLUCIÓN A LA CHILENA: CON EMPANADAS Y VINO TINTO". SALVADOR ALLENDE GOSSENS (1970-1973)

Los partidos derechistas recurrieron al independiente Jorge Alessandri R. como su abanderado, resaltando la condición de técnico pragmático que pondría fin a la demagogia y politiquería, conservando las obras de progreso efectuadas por la administración anterior. La Democracia Cristiana, con Radomiro Tomic, prometió radicalizados "cambios en libertad". La Unidad Popular, encabezada por Salvador Allende, propuso un programa de 40 medidas que abarcaba desde la nacionalización del cobre, salitre y hierro, de la banca y servicios de

utilidad pública, la expropiación de superficies agrícolas superiores a 40 hectáreas de riego básico, reformar
el Poder Judicial y el Parlamento, promover la planificación económica e industrialización, hasta el reparto
de medio litro diario de leche a cada niño chileno.
Tras una campaña electoral en la que hubo numerosos hechos de violencia, Allende obtuvo 36.3% de los
votos. Para ser elegido presidente, necesitaba del apoyo
democristiano en el Congreso. A fin de obtenerlo, aceptó firmar un Estatuto de Garantías, asegurando conservar las libertades de enseñanza, prensa, asociación y
reunión, y la indemnización legal de todos los bienes
expropiados. Dos días antes de reunirse el Congreso en
pleno, un atentado ultraderechista dio muerte al comandante en jefe del ejército, general René Schneider,
quien se había comprometido a respetar el veredicto
parlamentario, iniciándose de este modo la beligerancia
que predominó entre los distintos sectores de la vida nacional durante el periodo allendista.

La vía chilena al socialismo

En el primer discurso pronunciado luego de asumir
el mando, el presidente Allende reseñó lo que sería el
camino a la instauración de un régimen socialista en
democracia, pluralismo y libertad. Instó a "iniciar la
construcción del socialismo en forma progresiva, a través de la lucha consciente y organizada en partidos y
sindicatos libres". Abogó por la libertad de expandir
las fuerzas productivas con la libre colaboración ciudadana, "de acuerdo con su conciencia y sus creencias", a
fin de alcanzar "el control y la propiedad social de sus
centros de trabajo". La vía sería también de la igualdad
"para superar progresivamente la división entre chile-

nos que explotan y chilenos que son explotados [...] para que cada uno participe de la riqueza de común acuerdo con su trabajo y de modo suficiente para sus necesidades [...] para reducir las enormes diferencias de remuneraciones por las mismas actividades laborales. Sólo logrando dicha igualdad cada hombre disfrutará de "la dignidad y respeto que debe exigir". Desde el punto de vista económico, era indispensable recuperar para el país los recursos naturales, lo cual, unido a la participación del pueblo en su dirección política, permitiría "crear una nueva sociedad que asegure a cada familia, a cada hombre o mujer, a cada joven y a cada niño, derechos, seguridad, libertades y esperanzas". En lo internacional, dijo ser partidario del respeto a los compromisos contraídos y de los principios de autodeterminación, no intervención y coexistencia pacífica de los pueblos. Similares conceptos virtió en su primer Mensaje al Congreso en pleno (21 de mayo de 1971).

Consecuente con lo anterior, nacionalizó la gran minería del cobre, evaluándola según el "valor libro", descontadas las "ganancias excesivas". Siendo éstas mayores, no se pagó indemnización, atrayéndose la enemistad de las transnacionales y del gobierno de los Estados Unidos que, por medio de la CIA, planeó desestabilizar el régimen. Aumentó los salarios al tiempo que congeló los precios y expropió industrias metalmecánicas y alimentarias. El primer año, la producción creció en 12% gracias a las inversiones efectuadas con emisiones inorgánicas de dinero. Ello, unido a la pérdida de reservas del Banco Central, aumentó la inflación, que en 1973 llegaba a 1% diario.

El triunfo de la Unidad Popular en los comicios municipales de 1971, con casi 50% de los votos, impulsó a algunos sectores extremistas minoritarios, no integra-

314

dos formalmente a la Unidad Popular, a propugnar la lucha armada para imponer el socialismo. Arreciaron las tomas de tierras, de industrias y la formación de grupos paramilitares de distintas tendencias. El mismo año se creó la Empresa Nacional de Distribución y Comercialización (Dinac) a fin de asegurar el normal abastecimiento de alimentos y otros bienes, ya que la creciente escasez de ellos aumentaba el mercado negro con precios muy superiores a los subsidiados oficiales. El desabastecimiento provocó largas filas ante cualquier local que anunciaba vender algún bien básico. La galopante inflación obligó a hacer reajustes periódicos, acelerando la bancarrota estatal, incapaz de cumplir sus compromisos exteriores y financiar el presupuesto nacional sin emisiones inorgánicas, agudizando la desesperada situación económica, mientras era estatizado todo tipo de industrias. Estallaron huelgas en el cobre y entre los campesinos; una manifestación de mujeres, la "marcha de las cacerolas vacías", en protesta por la falta de alimentos, dejó 150 heridos al enfrentarse brigadas de izquierda con el nacionalista Movimiento Patria y Libertad, de tendencia fascista. La URSS y otros países socialistas otorgaron un crédito por 300 millones de dólares para fomentar la industria.

En 1972 surgieron las Juntas de Abastecimientos y Precios (JAP) a fin de suministrar alimentos a las familias inscritas en ellas. Se proyectó establecer tarjetas de racionamiento o canastas populares. Ante estos y otros planes, como la Escuela Nacional Unificada (ENU), que no se materializaron, la oposición arreció sus críticas, especialmente durante la larga visita de Fidel Castro, quien opinó y se inmiscuyó en los asuntos internos del país. El Congreso aprobó acusaciones constitucionales a ministros de Estado. El presidente, empleando los llamados resquicios legales, en lugar de pedirles la renuncia, los nombraba en otra cartera. La polarización hizo que se formara la Confederación de la Democracia (Code), agrupando a todos los partidos no marxistas para hacer frente a las elecciones parlamentarias de marzo de 1973, mientras una huelga general de gremios empresariales y profesionales casi paralizó al país, exigiendo aceptar una serie de demandas contenidas en el llamado Pliego de Peticiones de Chile (octubre de 1972).

En los comicios, el bloque de partidos de la Unidad Popular obtuvo 43.3% de los votos, mientras que la oposición logró 54.2%, sin alcanzar los dos tercios del Senado requeridos para destituir al presidente. En mayo, la Corte Suprema de Justicia declaró quebrantada la juridicidad en Chile. Al mes siguiente, la Contraloría General de la República, el Colegio de Abogados y la Cámara de Diputados manifestaron que el gobierno había vulnerado el orden constitucional, en tanto que una huelga de transportistas detenía al país, carente de gasolina para la movilización particular. Poco antes de promulgar parcialmente la reforma a la Carta Fundamental consagrando tres áreas económicas: estatal, mixta y privada, declarada inconstitucional por la Contraloría, la Facultad de Ciencias Jurídicas y Sociales de la Universidad de Chile señaló que ello "significaba la destrucción del estado de derecho y la asunción, por parte del Ejecutivo, de la totalidad del poder". Mientras tanto, amparados por la Ley de Control de Armas, efectivos de las fuerzas armadas realizaban operativos tendientes a requisar armamento introducido por guerrilleros extranjeros que preparaban grupos extremistas y organizaban los cordones industriales en defensa del régimen, dejando la sensación de que se avecinaba el estallido de una lucha civil. En agosto se recrudecieron las huelgas y solicitudes de renuncia a

Allende; el 3 de septiembre, la Confederación Única de Profesionales de Chile hizo un paro indefinido, al cual se agregaron estudiantes universitarios y otros gremios. El mandatario señalaba angustiosamente que sólo se disponía de trigo para tres o cuatro días más (6 de septiembre).

El ingreso de las fuerzas armadas al gabinete

A fines de octubre de 1972, la totalidad de los ministros, por diversos motivos, presentó la renuncia a sus cargos. El presidente decidió formar un gabinete de paz social, incorporando como ministro del Interior al comandante en jefe del ejército, general Carlos Prats González, y en las carteras de Obras Públicas y Minería al contralmirante Ismael Huerta y al general de brigada aérea Claudio Sepúlveda, con el propósito de que su presencia contribuyera a aquietar las presiones políticas y gremiales sobre el gobierno (2 de noviembre). El general Prats expresó su voluntad de que el paro quedase resuelto en 48 horas, llegando a principios de acuerdo sobre aquellas peticiones que no implicasen soluciones legislativas. El paro fue suspendido pero los ánimos no se calmaron debido a las represalias tomadas —contrariando los deseos del mandatario y de su ministro del Interior— por los mandos medios e interventores en contra de funcionarios que se adhirieron a la paralización de actividades. Después de las elecciones parlamentarias de marzo de 1973, volvió a conformarse un gabinete ministerial exclusivamente político. El retiro del gobierno de los representantes de las fuerzas armadas fue duramente criticado por la oposición, pues veía en ellos un freno a "las violaciones sistemáticas a la Constitución y a la ley", según expresó

317

un senador del Partido Nacional. Allende, por su parte, manifestó: "este gabinete que asume hoy encara una nueva situación y tiene una nueva responsabilidad: fundamentalmente, vencer las serias dificultades económicas. Y no ocultamos las horas difíciles que tendremos que vivir" (27 de marzo de 1973).

Críticas contra la posibilidad de establecer tarjetas de racionamiento; el proyecto de Escuela Nacional Unificada; huelgas en la gran minería del cobre, uso de decretos de insistencia para traspasar al área social industrias requisadas, y los intentos ultraizquierdistas por subvertir a soldados y marinos tornaban cada vez más difícil la posición del gobierno, especialmente tras el inicio de un nuevo paro nacional indefinido de la Confederación de Sindicatos de Dueños de Camiones de Chile (25 de julio) y del fracasado diálogo con la Democracia Cristiana. El gabinete renunció en pleno (3 de agosto) y el 9 juró uno nuevo integrando en él a los comandantes en jefe del Éjército, general Carlos Prats González; la armada, almirante Raúl Montero; la aviación, general del aire César Ruiz Danyau, y el general director de Carabineros, José María Sepúlveda, en las carteras de Defensa Nacional, Hacienda, Obras Públicas, y Tierras y Colonización, respectivamente.

El general Ruiz Danyau presentó su renuncia el 18 de agosto al sentirse sobrepasado por funcionarios civiles en sus intentos de llegar a un acuerdo con el gremio transportista. El presidente le solicitó que dimitiese también a su cargo de comandante en jefe de la fuerza aérea, designando en su lugar al general de Aviación Gustavo Leigh Guzmán. El gobierno, al parecer, necesitaba a los comandantes en jefe dentro del gabinete, razón por la cual rechazó las renuncias presentadas a ambos cargos por el general Prats y el almirante Montero (20 de agosto). Tres días después, luego que nume-

318

rosas esposas de oficiales en servicio activo se presen-
tasen frente a su casa a entregarle una carta a su esposa,
siendo repelidas por carabineros, el general Prats dejó
sus funciones. Lo propio haría, el 24, el almirante Montero aunque permaneció como comandante en jefe
hasta fines del mes.

EL GOLPE MILITAR DEL 11 DE SEPTIEMBRE DE 1973 Y EL GOBIERNO MILITAR (1973-1990)

Las fuerzas armadas y del orden habían planeado, sigi-
losamente, el movimiento que terminaría con el ensayo
socialista. A temprana hora de aquel día, las radioemisoras comunicaron el pronunciamiento de los comandantes en jefe y del general director de carabineros, denunciando la crisis moral y social del país, la
incapacidad del gobierno para controlar el caos y la inevitable guerra a que conduciría la actividad de grupos
extremistas y paramilitares. A fin de asegurar el orden
interno, exigían la inmediata entrega del mando. Allende, acompañado de un pequeño grupo de partidarios,
se atrincheró en La Moneda, dispuesto a resistir en
espera del auxilio de los cordones industriales, que nunca llegó. Aviones bombardearon el Palacio de Gobierno, asediado por tanques y fuerzas de infantería. En
medio de las llamas, alrededor de las 2 de la tarde,
después de solicitar a sus compañeros que se rindiesen y
abandonasen el lugar, el presidente se suicidó. A pesar
del estado de sitio vigente, en las calles se desató una
violenta lucha con innumerables bajas en cada bando.

Asumió el mando una Junta integrada por los comandantes en jefe del ejército, general Augusto Pinochet Ugarte; de la armada, almirante José Toribio Merino; de la fuerza aérea, general de aviación Gustavo

Leigh Guzmán y el general director de carabineros César Mendoza Durán, presidida por el primero de ellos. Al disolver el Congreso ejercieron también los poderes Constituyente y Legislativo. La administración comunal se dejó a cargo de alcaldes designados por la Junta. Los registros electorales fueron destruidos y se decretó el receso de la actividad política. En 1978 fue separado el general Leigh de la comandancia en jefe, remplazándolo el general Fernando Matthei. El general Mendoza renunció en 1985, sustituyéndolo el general Rodolfo Stange. A partir de 1981, el general Pinochet ocupó la presidencia de la república, por un periodo de ocho años, y la Junta, a la que se integró el general César Raúl Benavides, ejerció el Poder Legislativo.

El gobierno militar implantó una división administrativa del país en 13 regiones, creando centros de desarrollo en las antiguas 25 provincias. Impuso una economía social de mercado, de corte neoliberal. Privatizó empresas públicas y proyectó al comercio internacional productos no tradicionales, especialmente agrícolas y forestales con mayores ventajas comparativas. Así, poco a poco, disminuyó la dependencia de las exportaciones cupríferas, consideradas el "sueldo de Chile" durante gran parte del siglo xx. Reformó los sistemas previsionales de salud y educativo, entregándolos a la iniciativa particular y municipal. Impulsó la colonización de Aisén, construyendo una carretera por sus intrincadas selvas. Propendió a arreglar pacíficamente los problemas limítrofes con Argentina. Sometió a plebiscito una nueva Constitución (septiembre de 1980), en la que no participaron los opositores, pues se carecía de registros electorales. Inauguró Villa las Estrellas, primer asentamiento civil en la Antártida (1984).

Lamentablemente, la obra modernizadora del país se

vio opacada por las violaciones a los derechos humanos de partidarios del régimen anterior y opositores al gobierno, cuya defensa tomó la Iglesia por medio de su Vicaría de la Solidaridad. Miles de chilenos fueron obligados al exilio. Más de dos mil detenidos/desaparecidos y muertos fueron el resultado trágico de la actuación de la Dirección de Información Nacional (Dina). La posterior actuación de grupos extremistas, la internación clandestina de armamentos y el atentado al presidente Pinochet (1986) acentuaron la represión de los organismos de seguridad nacional, provocando violentas manifestaciones antigubernamentales. A pesar de ello, en 1987 se promulgó la Ley de Partidos Políticos y se reabrieron los registros electorales a fin de que la ciudadanía tomara partido sobre el nombre propuesto por los comandantes en jefe de las fuerzas armadas y el general director de carabineros, para ejercer la presidencia desde el 11 de marzo de 1989 hasta 1997. Victorioso el NO a la continuación del general Pinochet, la Concertación de Partidos Democráticos apoyó la candidatura de don Patricio Aylwin Azócar, vencedor en los comicios presidenciales del 11 de diciembre de 1989.

La Constitución de 1980

Robusteció el Poder Ejecutivo. El Legislativo disminuyó su potestad fiscalizadora. Proclamó la subsidiaridad estatal en lo económico, social y educativo. Dificultó su reforma por el alto quórum exigido en el Senado. Creó el Tribunal Constitucional a fin de controlar el cumplimiento de las leyes, resolver, inapelablemente, consultas sobre su constitucionalidad y declarar inconstitucionales los movimientos políticos y el Consejo de

Seguridad Nacional, núcleo central de la injerencia militar instituida en la Carta Fundamental. Está compuesto por el primer mandatario, los comandantes en jefe de las fuerzas armadas y del orden, el presidente del Senado y de la Corte Suprema y el contralor general de la república. Es un organismo consultivo y asesor del presidente, pero no puede sesionar sin la asistencia de la totalidad de los comandantes en jefe, quienes, además, disponen de la facultad de convocarlo en casos de discrepancias en ciertas decisiones políticas. Reconoce los derechos a la vida, salud, vivienda, educación y a morar en un ambiente libre de contaminación. Estableció el recurso de protección de actos que vulneren los derechos constitucionales. Decretó la segunda vuelta electoral en las elecciones presidenciales, aumentando de seis a ocho años el periodo de mando. Incorporó al Parlamento a senadores designados y ex presidentes en calidad de vitalicios. Otorgó rango constitucional al Banco Central y a la Ley de Fuerzas Armadas y del Orden.

El artículo 93 limitó las facultades presidenciales al afirmar la inamovilidad de los comandantes en jefe de las fuerzas armadas y el general director de carabineros. Se puso así fin al principio de supremacía del poder civil sobre el militar.

Entre 1980 y 1987 estuvieron vigentes 24 disposiciones transitorias, prohibiendo cualquier actividad de índole político-partidista y permitiendo mantener el estado de emergencia en todo el país, con censura de prensa e impedimento para el libre ejercicio de asociación, reunión, expresión e información.

La Constitución fue reformada mediante nuevo plebiscito (julio de 1989) a fin de asegurar la instauración de una plena democracia.

Los problemas limítrofes pendientes se resolvieron paulatinamente. Con el Perú, el acuerdo logrado en 1929 se cumplió al terminarse las obras que Chile debía levantarle en Arica, en 1985. El Tratado de Paz y Amistad con Argentina (1984) dejó irresolutos 24 puntos de discrepancia. El más conflictivo afecta a la región de Laguna del Desierto (Aisén). Más difícil ha sido satisfacer las aspiraciones bolivianas de una salida soberana al Pacífico. Las relaciones se suspendieron a raíz de la captación de aguas del río Lauca (1962), normalizándose tras el encuentro de los presidentes Pinochet y Hugo Bánzer en Charaña (1975), donde se pactó por fin la cesión de una franja territorial al norte de Arica. La oposición del Perú impidió continuar las negociaciones y Bolivia volvió a romper las relaciones en 1978.

En 1947, a fin de conservar la explotación de los recursos naturales, Chile proclamó la soberanía sobre los recursos marinos y del fondo marítimo hasta una distancia de 200 millas de la costa. Delegados de Chile, el Perú y Ecuador firmaron la Declaración de Santiago (1952), reafirmando dichos derechos, estatuyendo, en el Código Civil, el principio de zona económica exclusiva (1986).

En Bogotá, Chile, Bolivia, el Perú, Ecuador, Colombia y Venezuela firmaron el Pacto Andino (1969), destinado a integrar sus economías. También propició la Asociación Latinoamericana de Libre Comercio (ALALC) y se adhirió al Convenio de los Países Exportadores de Cobre (CIPEC) para defender su precio internacional, en 1972.

Durante el gobierno militar se interrumpieron las relaciones diplomáticas con México y los países socialistas, con excepción de Rumania y China.

Las violaciones a los derechos humanos provocó el rechazo de la comunidad internacional. El 1 de diciembre de 1977, una comisión especial de la Organización de las Naciones Unidas, presidida por el paquistaní Ali Allana, emitió una resolución condenando tales atropellos, con el voto favorable de 98 países, incluyendo a los Estados Unidos de América. Similares reprobaciones manifestaron la Organización de Estados Americanos y otros organismos internacionales.

LA ECONOMÍA

A pesar de la disminución de las ventas de salitre, el Estado logró mantener el ritmo de crecimiento económico merced a créditos obtenidos en el exterior, hasta mediados de 1930, fecha en que la Gran Depresión en los Estados Unidos (1929) comenzó a repercutir sobre el país. Cesó la oferta de nuevos capitales; cayeron los precios de materias primas y bienes, provocando el cierre de industrias y una alarmante cesantía, acompañada de generalizadas hambrunas. El gobierno recurrió a emisiones inorgánicas, desatando la inflación. Huelgas y desórdenes callejeros, motivados por el desabastecimiento y el alza de precios, fueron manifestaciones de la crisis que aceleró la caída de Ibáñez, quien, en 1930, creó la Corporación de Salitres de Chile (Cosach), sociedad anónima, con capitales estatales y privados, a fin de reactivar el sector. Ésta fue dominada por la empresa británica perteneciente a los hermanos Guggenheim, inventores de un sistema para abaratar costos y explotar caliches de baja ley. La preponderancia foránea provocó grandes críticas. Alessandri la sustituyó por la Corporación de Ventas de Salitre y Yodo (Covensa), que monopolizó la compraventa y distribución de dichos minerales (1934). De las utilidades 25% correspondería al fisco. Sin embargo, persistió su continua baja de demanda. En 1968, al finalizar la concesión, se creó la Sociedad Química y Minera de Chile (Soquimich), filial de la Corfo, para evitar la paralización de las pocas oficinas activas y estimular las ventas de minerales.

El cobre llegó a ser la principal fuente de entradas del erario nacional gracias a las inversiones efectuadas por compañías estadunidenses. Su producción aumentó de 192 500 toneladas en 1925 a 1 412 000 en 1988. Durante la segunda Guerra Mundial y la de Corea, Chile vendió el metal a precios fijados por los Estados Unidos, con enormes pérdidas para el fisco. Chilenizado y nacionalizado, financió casi 70% del presupuesto nacional. El Departamento del Cobre (1955) supervisó todo lo relacionado con su producción, venta y contribuciones. En 1966 se constituyó Codelco. Notable incremento tuvieron las extracciones de oro, litio, plata y molibdeno. La industrialización se aceleró a partir de 1938 gracias a la influencia de la Corfo. Durante el gobierno militar aumentó la producción agropecuaria y forestal destinada a mercados externos. Aun así, la modernización originó enormes desigualdades en la distribución del ingreso, estimándose que hacia 1990 había 5 millones de pobres, casi 40% de la población. La lucha contra la inflación, en cambio, tuvo resultados positivos, especialmente en los últimos años de la década de 1980.

En 1974 la deuda externa pública se elevaba a 3 583 millones de dólares, en tanto que la privada alcanzaba 443 millones de dólares. El programa económico de reactivación llevado a cabo por el régimen militar significó una apertura al crédito internacional con el consiguiente endeudamiento, sin que se adoptaran las medidas fiscalizadoras que asegurasen el destino de los préstamos avalados por el Estado. Así, en 1982 la deuda pública había crecido a 5 166 millones de dólares, lo cual representaba un aumento razonable dentro de la perspectiva del modelo económico en boga, aun considerando los riesgos de la inestable economía mundial. La deuda externa privada, sin embargo, llegaba a 8 726 millones de dólares, sin que existiese constancia efectiva de que los grupos económicos que surgieron en la época realmente la hubiesen invertido en proyectos de desarrollo. La crisis económica internacional dejó, en la segunda mitad de 1982, sumido al país en una dramática situación, debiendo suspender el pago oportuno de las amortizaciones. La banca privada estuvo a punto de quebrar. El gobierno decidió intervenirla, asumiendo deudas que superaban los 6 mil millones de dólares. Mientras parte de los más importantes bancos eran traspasados a pequeños inversionistas mediante el proceso de capitalismo popular financiado por la Corfo, el Estado se abocó, con éxito, a renegociar la deuda que tomó a su cargo para salvar el proceso productivo nacional.

LA EDUCACIÓN

Durante el periodo hubo una tendencia a la centralización estatal de la educación que se revirtió a comienzos de la década de 1980. Ya en 1927 se había planteado la necesidad de hacer una reforma integral del sistema educativo chileno que se materializó con el Plan de San Carlos (1945), del cual surgieron las Escuelas Consolidadas, fusión de varios establecimientos primarios para que, con sus propias dotaciones, ofreciesen el primer ciclo de enseñanza secundaria en aquellos sectores carentes de liceos. En 1932 se fundaron los Liceos Experimentales a fin de ensayar nuevas organizaciones, métodos y planes de estudio, cuyos resultados impulsaron la reforma de 1945. Los programas de instrucción media contuvieron ramos comunes, variables y complementaios. La Superintendencia de Educación, creada en 1953, debió coordinar los programas y planes de estudio en los tres niveles de enseñanza: general, preprofesional y profesional. En 1961 se puso en práctica el Plan de Integración Educacional de Arica por el plazo de 10 años, reorganizando, con una concepción globalizadora, la enseñanza parvular, primaria y secundaria. Dicho plan se extendió a todo el territorio en 1965, siendo el antecedente del frustrado proyecto de Escuela Nacional Unificada durante el gobierno de Allende. Posteriormente, la educación fue municipalizada.

En 1929 abrieron sus puertas las universidades Católica de Valparaíso y Federico Santa María; en 1954 lo hizo la Austral de Valdivia. A comienzos de la década de 1960, el rector de la Universidad de Chile, Juan Gómez Millas, impulsó la creación de Centros Universitarios Regionales en varias ciudades del país, los que, al amparo de la ley que permitió abrir centros privados de educación superior (1980), terminarían transformados en universidades autónomas.

La fundación de la Comisión Nacional de Investigación Científica y Tecnológica (Conicyt), en 1967, estimuló el desarrollo de las investigaciones en ciencias y humanidades, financiando proyectos presentados, en concursos, por académicos y particulares.

El criollismo continuó predominando en las obras de Luis Durand, Nicasio Tangol, Lautaro Yankas, Rubén Azócar, Daniel Belmar, Óscar Castro y Francisco Coloane, miembros de la Generación de 1938, que aspiraba a reflejar la esencia del espíritu nacional. De ella derivaría el neorrealismo de Manuel Rojas y de Nicomedes Guzmán. A la misma generación, pero con una perspectiva impresionista, pertenecieron María Luisa Bombal y Eduardo Barrios, junto con autores preocupados en plantear denuncias sociales, como Reinaldo Lomboy y Carlos Droguett.

La llamada Generación de 1950 constituyó una reacción contra el criollismo. Sus obras se caracterizan por la tendencia a acentuar la psicología de los personajes en lugar del entorno físico de la acción. Sus figuras más destacadas son José Donoso, Jorge Edwards, Fernando Alegría, Enrique Lafourcade y Guillermo Blanco. En la corriente surrealista sobresalió Braulio Arenas. La historia novelada fue practicada por Magdalena Petit, Víctor Domingo Silva, Enrique Bunster, Jorge Inostroza y Enrique Campos Menéndez, y los temas marítimos por Salvador Reyes. También resaltan las obras de Benjamín Subercaseaux e Isabel Allende.

La poesía, con excepción de Pablo de Rokha, giró en torno de los dictados de Huidobro y Neruda. Ángel Cruchaga, Eduardo Anguita, Teófilo Cid, Juvencio Valle, Gonzalo Rojas, Enrique Lihn, Miguel Arteche, Efraín Barquero, Jorge Teillier, Roque Esteban Scarpa y José Miguel Ibáñez Langlois destacaron en el cultivo del género. Mención aparte merece el "antipoeta" Nicanor Parra y, más recientemente, Raúl Zurita.

En la creación teatral resaltan Jorge Díaz, Fernando

Debesa, Isidora Aguirre, Fernando Cuadra, Sergio Vo-
danovic, Alejandro Sieveking y Egon Wolff.

La historia continuó su tradición en las plumas de
Francisco Antonio Encina, Luis Galdames, Eugenio
Pereira Salas, Jaime Eyzaguirre, Ricardo Donoso, Guillermo Feliú Cruz, Hernán Ramírez, Mario Góngora,
Julio Heise, Néstor Meza, Ricardo Krebs, formadores
de quienes han hecho innovadores aportes a la historiografía chilena: Rolando Mellafe, Sergio Villalobos y
Álvaro Jara, ganadores de Premios Nacionales de Historia. Importante contribución al estudio del arte colonial americano y de la iconografía nacional ha efectuado Leopoldo Castedo.

En pintura sobresalen los nombres de Arturo Pa-
checo Altamirano, Carlos Pedraza, Israel Roa, Sergio
Montecino, Reinaldo Villaseñor, Mario Carreño, Ne-
mesio Antúnez, Carmen Silva, Roser Bru, José Balmes,
Gracia Barrios, Eduardo Ossandón y, especialmente,
Roberto Matta. En escultura destacan Lily Garafulic,
Marta Colvin y Juan Egeneau. Entre los compositores
figuran los nombres de Enrique Soro, Domingo Santa
Cruz, Alfonso Leng, Carlos Isamitt, Alfonso Letelier y
Acario Cotapos. En el campo de la interpretación se
distinguen el eximio pianista Claudio Arrau y Roberto
Bravo; entre los líricos se cuentan Renato Zanelli y
Ramón Vinay.

BIBLIOGRAFÍA SUMARIA

Allende, Salvador, *Obras escogidas*, Santiago, 1992.

Amunátegui Solar, Domingo, *La sociedad chilena del siglo XVIII, Mayorazgos y títulos de Castilla*, Nacimiento, Santiago, 1901.

Arriagada, Genaro, *De la vía chilena a la vía insurreccional*, Editorial del Pacífico, Santiago, 1974.

Aylwin, Mariana *et al.*, *Chile en el siglo XX*, Editorial Emisión Ltda., Santiago, 1989.

Barros Arana, Diego, *Historia jeneral de Chile*, Imprenta Barcelona, Santiago, 1884.

Benadava, Santiago, *Historia de las fronteras de Chile*, Santiago, 1993.

Bengoa, José, *Historia del pueblo mapuche*, Ediciones Sur, Santiago, 1985.

Bermúdez, Óscar, *Historia del salitre desde sus orígenes hasta la guerra del Pacífico*, Universidad de Chile, Santiago, 1963.

Bravo Lira, Bernardino, *Régimen de gobierno y partidos políticos en Chile: 1924-1973*, Editorial Jurídica, Santiago, 1978.

Bibar, Gerónimo de, *Crónica y relación copiosa y verdadera de los reynos de Chile* (1558), Colloquium Verlag, Berlín, 1979.

Campos Harriet, Fernando, *Historia constitucional de Chile*, Editorial Jurídica, Santiago, 1963.

Cariola, Carmen y Osvaldo Sunkel, *Un siglo de historia económica de Chile: 1830-1930*, Ediciones Cultura Hispánica, Madrid, 1982.

Contador, Ana María (comp.), *Continuismo y discontinuismo en Chile*, Bravo y Allende Editores, Santiago, 1989.

Cruz-Coke, Ricardo, *Geografía electoral de Chile*, Editorial del Pacífico, Santiago, 1952.

Drake, Paul, *Socialismo y populismo. Chile 1936-1973*, Universidad Católica de Valparaíso, Valparaíso, 1992.

Edwards, Alberto, *La fronda aristocrática*, Editorial del Pacífico, Santiago, 1945.

Encina, Francisco, *Nuestra inferioridad económica*, Editorial Universitaria, Santiago, 1978.

Eyzaguirre, Jaime, *Historia de Chile*, Editorial Zig-Zag, Santiago, 1973.

Faúndez, Julio, *Izquierda y democracia en Chile. 1932-1973*, Ediciones BAT, Santiago, 1992.

Fundación Mario Góngora, *Formas de sociabilidad en Chile 1840-1940*, Santiago, 1992.

Galdames, Luis, *Historia de Chile*, Productos Raval, Santiago, 1974.

Garretón, Manuel y Tomás Moulián, *La Unidad Popular y el conflicto político en Chile*, Ediciones Minga, Santiago, 1983.

Gazmuri, Cristián, *Testimonio de una crisis: Chile 1900-1925*, Editorial Universitaria, Santiago, 1980.

Góngora, Mario, *Estancieros y encomenderos*, Valparaíso, 1970.

———, *El origen de los inquilinos de Chile Central*, Editorial Universitaria, Santiago, 1960.

Heise, Julio, *Años de formación y aprendizaje políticos: 1810-1833*, Editorial Universitaria, Santiago, 1978.

———, *Historia de Chile. El periodo parlamentario: 1861-1925*, Editorial Andrés Bello, Santiago, 1974.

Izquierdo, Gonzalo, *Historia de Chile*, Editorial Andrés Bello, Santiago, 1989.

Jara, Álvaro, *Guerra y sociedad en Chile*, Editorial Universitaria, Santiago, 1984.

Latcham, Ricardo, *La prehistoria de Chile*, Imprenta y Litografía Universo, Santiago, 1928.

Martner, Daniel, *Historia de Chile. Historia económica*, Balcells y Co., Santiago, 1929.

Meza, Néstor, *La conciencia política chilena durante la monarquía*, Editorial Universitaria, Santiago, 1958.

Núñez, Iván, *La descentralización y las reformas educacionales en Chile. 1940-1973*, Academia de Humanismo Cristiano, Santiago, 1989.

Pinto, Fernando, *Crónica política del siglo XX*, Editorial ORBE, Santiago, 1972.

Ramírez, Hernán, *Balmaceda y la contrarrevolución de 1891*, Editorial Universitaria, Santiago, 1959.

Rivas Vicuña, Manuel, *Historia política y parlamentaria de Chile,* Editorial Nascimento, Santiago, 1964.

Salazar, Gabriel, *Labradores, peones y proletarios,* Ediciones SUR, Santiago, 1985.

Silva Castro, Raúl, *Prensa y periodismo en Chile: 1812-1956,* Universidad de Chile, Santiago, 1958.

Silva Galdames, Osvaldo, *Atlas de historia de Chile,* Editorial Universitaria, Santiago, 1983.

Véliz, Claudio, *Historia de la marina mercante de Chile,* Ediciones de la Universidad de Chile, Santiago, 1961.

Vicuña Mackenna, Benjamín, *El libro del cobre y del carbón de piedra en Chile,* Editorial del Pacífico, Santiago, 1966.

————, *La edad de oro en Chile,* Editorial Francisco Aguirre. Buenos Aires, 1972.

Villalobos, Sergio, *Para una meditación de la conquista,* Editorial Universitaria, Santiago, 1976.

————, *La vida fronteriza en Chile,* Ediciones MAPFRE, Madrid, 1992.

————, Osvaldo Silva, Patricio Estellé y Fernando Silva, *Historia de Chile,* Editorial Universitaria, Santiago, 1976.

ÍNDICE

Este libro ser terminó de imprimir en noviembre de 1995 en los talleres de Impresora y encuaderndora Progreso, S. A. de C. V. (IEPSA), Calz. de San Lorenso, 244; 09830 México, D. F. En su composición, parada en el Taller de Composición del FCE, se usaron tipos New Baskerville de 10:11, 9:10 y 8:9 puntos. La edición de 2 000 ejemplares, estuvo al cuidado de *Ricardo Rubio*.